石油高等院校特色规划教材

油气生产安全评价

马庆春　段庆全　张来斌　编著

石油工业出版社

内 容 提 要

本书分为上下两篇。上篇全面讲解了安全评价的研究对象、应用需求，阐述了危险有害因素的辨识方法、系统的评价方法（SCL、PHA、FMEA、HAZOP、ETA、FTA）、典型事故的后果计算模型（泄漏模型、火灾模型、爆炸模型）以及评价报告的编写。下篇提供了评价方法在油气行业的应用实例，给出了钻井生产过程安全检查表、输油管道火灾爆炸事故树、球罐区危险与可操作性研究、加油站模糊综合评价、基于 Fluent 的泄漏事故后果模拟以及基于 CFD 的储罐火灾事故后果模拟等。

本书可作为石油高校安全专业、油气储运专业本科生及研究生教学用书，也可作为油气生产行业技术与管理人员研究和学习用书，还可作为油气生产运行、维护管理人员的安全教育培训教材，同时也是广大石油科技工作者的参考书。

图书在版编目(CIP)数据

油气生产安全评价/马庆春，段庆全，张来斌编著. — 北京：石油工业出版社，2018.6

石油高等院校特色规划教材

ISBN 978-7-5183-2659-4

Ⅰ.①油… Ⅱ.①马…②段…③张… Ⅲ.①油气开采—安全评价—高等学校—教材 Ⅳ.①TE38

中国版本图书馆 CIP 数据核字(2018)第 115233 号

出版发行：石油工业出版社

（北京市朝阳区安华里2区1号楼 100011）

网　　址：www.petropub.com

编辑部：(010)64523693

图书营销中心：(010)64523633　(010)64523731

经　　销：全国新华书店

排　　版：北京市密东文创有限公司

印　　刷：北京中石油彩色印刷有限责任公司

2018年6月第1版　2018年6月第1次印刷

787毫米×1092毫米　开本：1/16　印张：13

字数：328千字

定价：26.00元

（如出现印装质量问题，我社图书营销中心负责调换）

版权所有，翻印必究

油气安全工程系列教材
编 委 会

主 任：张来斌　中国石油大学(北京)校长

　　　　　张凤山　中国石油天然气集团公司安全副总监、安全环保与节能部总经理

副主任：吴苏江　中国石油天然气集团公司安全环保与节能部副总经理

　　　　　闫伦江　中国石油集团安全环保技术研究院院长

　　　　　孙万付　中国石化青岛安全工程研究院院长

委 员：吴世勤　中石油股份公司天然气与管道分公司副总经理

　　　　　邱少林　中石油安全环保与节能部副总工程师

　　　　　帅　健　中国石油大学(北京)教授

　　　　　杜卫东　中国石油安全环保技术研究院副总工程师

　　　　　张　宏　中国石油大学(北京)教授

　　　　　董绍华　中国石油大学(北京)管道技术与安全中心主任、教授

　　　　　相桂生　中海油能源发展集团安全环保公司

　　　　　胡瑾秋　中国石油大学(北京)教授

　　　　　陈国明　中国石油大学(北京)机电工程学院教授

　　　　　杨东棹　中国海洋石油集团有限公司安全环保部处长

总 序

　　石油天然气工业安全是油气工业可持续发展的重要领域,给石油工业带来重大影响。如1988年7月,英国北海油田阿尔法平台爆炸,造成167人死亡,引起海洋石油开采安全管理的重大变革;2010年4月,英国石油公司在美国墨西哥湾租用的钻井平台"深水地平线"发生爆炸,导致大量石油泄漏,酿成一场经济和环境惨剧,是美国历史上"最严重的一次"漏油事故,引起了全球石油工业安全工作者的高度重视。石油安全管理成为21世纪石油工业领域的重要内容。

　　随着石油工业生产难度的加大,石油安全面临的问题越来越复杂,人才的培养逐渐成为行业内所有工程专家学者的共识。要杜绝或减少石油工业安全事故,提高安全专业学生的培养质量和专业素质成为行业发展的基础。鉴于石油安全学科设立的时间较短,针对当前石油安全的教材体系仍然没有建立起来,致使人才培养系统性不强的问题,如何将最新的安全技术与管理知识传授给学生,需要建立安全专业教材体系,编制覆盖石油勘探、开发、钻井、储运、炼制等全生产业务链条的安全工程教材非常必要。

　　油气安全工程系列教材由中国石油大学(北京)油气安全工程系列教材编委会组织编写,包括《石油工程安全技术》、《石油化工安全技术》、《油气工业HSE管理》、《油气生产安全评价》、《油气管道完整性检测评价技术》、《海洋油气生产安全技术》、《油气火灾工程技术》和《油气装备安全技术》等8本教材。系列教材全面地概括总结了石油工业安全技术的发展,既体现安全基础知识和安全理论,又重视安全技术和方法的应用,同时教材中的案例分析来源于实践和科研成果,力求与生产实践紧密结合。

　　油气安全工程系列教材全面落实教育部关于教材建设的精神,编委会深刻认识到教材建设是高等学校一项重要的教学基本建设,高质量的教材既是一个学校、一个专业教学质量、科研水平和师资水平高低的重要标志，又是提高教学质量和师资水平的重要途径。

油气安全工程系列教材编委会组织编写的这套教材，较好地反映了安全工程专业教学目标要求，总结了石油安全行业发展以及在实践中的新理论、新技术和新方法，分析了石油工业面临的新技术、新情况、新问题，在此基础上进行了完善提升，具有很强的实践性、实用性和较高的理论性、思想性。这套教材的开发和出版，对推动石油安全工程专业的教学科研以及专业发展意义重大。

这套教材的编制和出版，一定会提高安全工程专业教师的教学水平，提高学生掌握专业知识的广度和深度，必将对推进安全工程人才培养和安全学科建设发挥重要作用。

中国工程院院士

2017 年 12 月

前　　言

石油天然气的易燃、易爆、有毒、腐蚀等性质决定了其固有危险性，同时石油天然气的生产、加工、储存、运输等工艺的特殊性也决定了石油工业是一个高风险的产业体系。近年来，全球发生多起油气行业重特大事故，造成重大人员伤亡、财产损失和环境破坏，社会影响巨大，公共安全受到严重威胁，石油天然气行业的安全管理成为社会发展的重要指标。

本套教材主要面向油气工业安全，以油气安全工程风险、事故致因、检测评价等技术为主要研究对象，综合运用工程技术和管理科学等知识，辨识和预测存在的风险因素，防止油气生产事故发生或最大限度减轻事故损失。本套教材共计8本，以满足石油类院校的教学需求为目标，兼顾油气生产现场技术人员学习的需求，由中国石油大学（北京）油气安全工程系列教材编委会组织编写，力求覆盖整个石油工业勘探、开发、炼化、储运各个环节。

油气生产安全评价作为安全系统工程的核心内容，结合油气行业生产特点，最能体现安全学科的综合属性。

本书在中国石油大学（北京）多年授课教案的基础上，结合现有的安全系统工程教材，以理论和方法为基础，系统地介绍了安全评价的主要内容、方法和评价报告的编写，结合编者的研究工作和工程实践，提供了许多在油气行业特定场所的应用实例。全书集成了国内外通用的生产评价技术、方法，也总结了目前先进的基于计算流体力学方法进行事故后果分析的方法，力求简洁清晰、通俗易懂，同时也突出了方法的实用性和可拓展性。

本书具体编写分工如下：第1章到第4章由中国石油大学（北京）段庆全编写；第5章由中国石油大学（北京）张来斌编写；第6章到第12章由中国石油大学（北京）马庆春负责编写。本书的编写得到中国石油大学（北京）朱冰冰、唐国平、王霞、郭雅梅、贺雅丽、高乾宇、王东东、李昊阳、张旭亮的支持和帮助，特此致谢。

由于作者水平有限，错误和不足之处在所难免，诚恳广大读者批评指正。

编著者

2018年2月

目 录

1 安全评价概述 1
　1.1 安全评价的应用需求 1
　1.2 安全评价的研究对象、内容与方法 2
　1.3 人—机—环境系统安全分析 3
2 危险和有害因素辨识 5
　2.1 危险和有害因素概述 5
　2.2 危险和有害因素调查 12
　2.3 危险区域的界定 14
　2.4 存在条件和触发因素分析 17
　2.5 危险和有害因素辨识原则与方法 20
3 系统评价方法 25
　3.1 系统评价流程 25
　3.2 安全检查表 25
　3.3 预先危险性分析方法 29
　3.4 故障类型及影响分析 32
　3.5 危险和可操作性分析 36
　3.6 事件树分析 42
　3.7 事故树分析 44
4 系统安全评价 59
　4.1 安全评价概述 59
　4.2 可接受风险准则 60
　4.3 概率评价法 63
　4.4 指数评价法 64
5 典型事故后果计算模型 91
　5.1 事故后果分析概述 91
　5.2 泄漏模型 92
　5.3 火灾模型 102
　5.4 爆炸模型 110
6 安全评价报告的编写 120
　6.1 风险分析与合同评审 120
　6.2 评价现场检查 122

  6.3 评价结论的主要内容 ·· 125
  6.4 评价结论的编制原则 ·· 126
  6.5 评价报告的自审与审核 ··· 127
7 钻井生产过程安全检查表 ·· 130
  7.1 钻井生产过程 ·· 130
  7.2 安全检查表制度 ··· 135
  7.3 安全检查表在钻井作业中的应用 ·································· 138
8 输油管道火灾爆炸事故树分析 ··· 143
  8.1 事故树编制说明 ··· 143
  8.2 输油管道事故树的构造 ·· 144
  8.3 事故树的定性分析 ·· 152
  8.4 预防事故的对策及建议 ·· 153
9 球罐区危险和可操作性分析 ·· 157
  9.1 分析流程说明 ·· 157
  9.2 评价单元划分 ·· 159
  9.3 2000m³ 液化丙烯球罐危险和可操作性分析 ··················· 161
10 加油站模糊综合评价 ·· 167
  10.1 加油站安全评价指标体系 ··· 167
  10.2 单因素模糊综合评价 ··· 170
  10.3 加油站模糊综合评价 ··· 171
11 基于 Fluent 的泄漏事故后果模拟 ····································· 173
  11.1 Fluent 软件介绍 ·· 173
  11.2 数值模拟计算模型的构建 ··· 175
  11.3 数值模拟结果与分析 ··· 176
12 基于 FDS 的储罐火灾事故后果模拟 ································· 182
  12.1 软件介绍 ·· 182
  12.2 模拟事故背景 ··· 183
  12.3 后果模拟 ·· 186
  12.4 结论 ··· 191
参考文献 ··· 192

1 安全评价概述

本章学习目标

(1) 了解安全评价的目的及意义。
(2) 掌握安全评价的研究对象、内容与方法。
(3) 理解人—机—环境系统的安全分析。

1.1 安全评价的应用需求

1.1.1 安全评价的由来

随着科学技术的发展,人们在享受现代生产技术所创造的物质文明带来的便利和舒适的同时,也不得不承受现代生产所带来的安全问题。一方面,由于科学技术的进步,人们有条件采用更先进和更安全的设备、设施和工艺方法,促进安全生产水平的不断提高。另一方面,随着新产品、新材料、新技术的使用,以及生产规模的不断扩大,在生产系统中的危险有害物质和能量也在增多,由此可能产生更多新的安全问题。

安全评价的目的是寻求最低事故率、最少损失和最优的安全投资效益。安全评价的目的包括以下四个方面:

(1) 促进实现本质安全化生产。通过安全评价,从工程及系统设计、建设、运行等过程系统地对事故和事故隐患进行科学分析。针对事故与事故隐患发生的各种可能的致因因素和条件,提出消除危险源和降低风险的安全技术措施方案,特别是从设计上采取相应措施,提高生产过程的本质安全化水平,并做到即使发生误操作或设备故障,系统存在的危险因素也不会因此导致重大事故的发生。

(2) 实现全过程安全控制。在设计之前进行安全评价,可避免选择不安全的工艺流程和危险的原材料以及不合格的设备、设施,或提出必要的降低或消除危险的有效方法。设计之后进行评价,可查出设计中的缺陷和不足,及早采取改进和预防措施。系统建成以后运行阶段进行系统安全评价,可了解系统的实际危险性,为采取进一步降低危险性的措施提供依据。

(3) 建立系统安全的最优方案,为决策者提供依据。通过安全评价,分析系统存在的危险源及其分布部位、数目,预测事故的概率和事故严重程度,提出应采取的安全对策措施,为决策者选择系统安全最优方案和管理决策提供依据。

(4) 为实现安全技术、安全管理的标准化和科学化创造条件。通过对设备、设施或系统在生产过程中的安全性是否符合有关技术标准、规范、相关规定的评价,对照技术标准、规范找出存在的问题和不足,以实现安全管理的标准化、科学化,为安全技术和安全管理标准的指定提供依据。

1.1.2 安全评价的意义

安全评价与日常安全管理和安全监察工作不同。安全评价从技术带来的负效应出发，对产生的损失和伤害的可能性、影响范围、严重程度及应采取的对策措施等方面进行分析、论证和评估。安全评价有以下四个方面的意义：

(1) 安全评价是安全生产管理的重要内容。"安全第一，预防为主"是我国生产的基本方针，作为预测、预防事故重要手段的安全评价，在贯彻安全生产方针中起着十分重要的作用。通过安全评价，可确认生产经营单位是否具备了安全生产条件，是否在生产过程中贯彻安全生产方针。

(2) 安全评价有助于政府安全监督管理部门对生产经营单位的安全生产实行宏观控制。项目建设前的安全预评价，有效地提高工程安全设计的质量和投产后的安全可靠程度；建设项目建成后、正式投产前的安全验收评价，是根据国家有关法律法规和标准对设备、设施及系统进行符合性评价，可以提高安全达标水平；系统运转阶段的安全技术、安全管理等方面的安全现状评价，可以客观地对生产经营单位安全水平做出结论，使生产经营单位不仅能够了解可能存在的危险有害因素及其可能导致事故的危险性，而且能够明确如何改进安全现状，同时为安全监督管理部门了解生产经营单位安全生产现状、实施宏观控制提供基础资料。

(3) 安全评价有助于安全投资的合理选择。安全评价不仅能确认系统的危险性，而且还能进一步考虑危险性发展为事故的可能性和事故造成损失的严重程度，进而计算事故风险率，并以此说明系统危险可能造成负效益的大小，以便合理地选择控制事故发生的措施，确定安全措施投资的多少，从而使安全投入和可能减少的负效益达到合理的平衡。

(4) 安全评价有助于提高生产经营单位的安全管理水平，可以促使生产经营单位转变安全管理模式。

① 将"事后处理"转变为"事前预防"。传统"事后处理"安全管理方法的特点是凭经验进行管理，多为事故发生后再进行处理的"事后过程"。通过安全评价，可以预先识别系统的危险性，分析生产经营单位的安全状况，评价系统及各部分的危险程度和安全管理状况，促使生产经营单位达到规定的安全要求。

② 将"纵向单一管理"转变为"全面系统管理"。安全评价使生产经营单位所有部门都能按照要求认真评价本系统的安全状况，将安全管理范围扩大到生产经营单位各个部门，使生产经营单位的安全管理实现全过程、全方位和贯穿整个生产时间的系统化安全管理。

③ 将"经验管理"转变为"目标管理"。仅凭经验、主观意志和思想意识进行安全管理，没有统一的标准和目标；而安全评价可以使各部门明确各自的安全指标要求，在明确的目标下，统一步调分头进行，从而将安全管理工作做到科学化、系统化和标准化。

1.2 安全评价的研究对象、内容与方法

1.2.1 安全评价的研究对象

安全评价作为一门科学技术，有它本身的研究对象。生产系统是安全评价的主要研究对象。任何一个生产系统都包括三个部分：从事生产活动的操作人员和管理人员、生产必需的机器设备等物质条件以及生产活动所处的环境。这三个部分构成一个"人—机—环境"系统，每一部分都是该系统的一个子系统，称为人子系统、机器子系统和环境子系统。

1.2.2 安全评价的研究内容

按照《安全评价通则》(AQ 8001—2007)的定义,安全评价是以实现安全为目的,应用安全系统工程原理与方法,辨识与分析工程、系统、生产经营行为和社会活动中的危险和有害因素,预测发生事故或造成职业危害的可能性和严重程度,提出科学、合理、可行的安全对策,做出评价结论的活动。安全评价可针对一个特定的对象,也可针对一个特定区域范围。

安全评价的具体研究内容包括:
(1)评价的目的、依据,以及相关的法律法规和技术文件;
(2)评价对象简介;
(3)评价对象的危险和有害因素分析;
(4)评价单元的确定和评价方法的选择;
(5)进行定性评价、定量评价;
(6)提出建议的安全卫生对策;
(7)做出评价结论。

随着国家对安全的重视和人们安全意识的提高,安全评价应用越来越广泛,不仅应用于新建、改建、扩建企业的事故预防,也用于生产企业安全状况的评价。

1.2.3 安全评价的研究方法

安全评价方法是对系统的危险性和有害性进行分析、评价的工具。目前已开发出数十种不同特点的评价方法,按其特征可分为定性安全评价、定量安全评价和综合安全评价。

(1)定性安全评价。定性安全评价是借助于对事物的经验、知识及观察,科学地进行分析、判断的方法。运用这类方法以找出项目(工程)或系统中存在的危险和有害因素,进一步根据这些因素从技术、管理、教育等方面提出安全对策措施,加以控制,达到项目(工程)或系统安全的目的。

目前应用较多的定性评价方法有"安全检查表(SCL)"、"预先危险性分析(PHA)"和"故障类型及影响分析(FMEA)"等。

(2)定量安全评价。定量安全评价是根据统计数据、检测数据、同类和类似项目(工程)或系统的数据资料,按有关标准,应用科学的方法构造数学模型进行定量评价的一类方法。定量安全评价主要有以下两种类型:

①以可靠性和安全性为基础,先查明系统中的隐患并求出其损失率、有害因素的种类及其危害程度,然后再与国家规定的有关标准进行比较,常用的方法有"事故树分析(FTA)"、"事件树分析(ETA)"和"模糊综合评价法"等。

②以物质系数为基础的危险度分级方法,常用方法有"火灾、爆炸危险指数评价法"和"蒙德法"等。

(3)综合安全评价。综合安全评价是指将两种以上方法进行组合的安全评价。

1.3 人—机—环境系统安全分析

以"人—机—环境"作为整体,通过系统安全分析,可以查明系统中的危险源,分析可能出现的危险状态,估计事故发生概率、可能产生的伤害及产生后果的严重程度,为通过修改系统设计或改变控制系统运行程序来进行安全风险控制提供依据。

人—机—环境系统安全分析的主要内容有:
(1)对系统中存在的各种危险源及其相互关系进行调查和分析;
(2)对与系统有关的环境条件、设备、人员及其他因素进行调查和分析;
(3)对能够利用适当的设备、规程、工艺或材料控制或根除某种特殊危险源的措施进行分析;
(4)调查和分析危险源的控制措施及实施这些措施的最好方法;
(5)调查和分析不能根除的危险源失去控制或减少控制可能出现的后果;
(6)调查和分析一旦危险源失去控制,为防止伤害和损失应当采取的安全防护措施。

❖ 本章小结 ❖

(1)安全评价的目的及意义。

安全评价的目的是寻求最低事故率、最少损失和最优的安全投资效益,主要包括:促进实现本质安全化生产;实现全过程安全控制;建立系统安全的最优方案,为决策者提供依据;为实现安全技术、安全管理的标准化和科学化创造条件。

安全评价与日常安全管理和安全监察工作不同。安全评价由技术带来的负效应出发,对产生的损失和伤害的可能性、影响范围、严重程度及应采取的对策措施等方面进行分析、论证和评估。安全评价有以下四个方面的意义:安全评价是安全生产管理的重要内容;安全评价有助于政府安全监督管理部门对生产经营单位的安全生产实行宏观控制;安全评价有助于安全投资的合理选择;安全评价有助于提高生产经营单位的安全管理水平,可以促使生产经营单位安全管理模式转变。

(2)安全评价的研究对象、内容。

安全评价的研究对象:从事生产活动的操作人员和管理人员、生产必需的机器设备等物质条件以及生产活动所处的环境。

安全评价的研究内容:辨识与分析工程、系统、生产经营行为和社会活动中的危险和有害因素,预测发生事故或造成职业危害的可能性和严重程度,提出科学、合理、可行的安全对策,做出评价结论。

(3)理解人—机—环境系统的安全分析。

以"人—机—环境"作为整体,通过系统安全分析,可以查明系统中的危险源,分析可能出现的危险状态,估计事故发生概率、可能产生的伤害及产生后果的严重程度,为通过修改系统设计或改变控制系统运行程序来进行安全风险控制提供依据。

复习思考题

1. 解释安全评价的定义。
2. 安全评价的研究对象是什么?
3. 安全评价的研究内容是什么?

2 危险和有害因素辨识

本章学习目标

(1) 掌握危险和有害因素的定义和分类。
(2) 了解危险和有害因素的调查范围、时间及流程。
(3) 掌握危险区域的等级划分。
(4) 理解危险和有害因素的存在条件和触发因素。
(5) 掌握危险和有害因素的辨识方法,特别是重大危险源的辨识。

2.1 危险和有害因素概述

2.1.1 危险和有害因素定义

在生产活动中,由工业毒物、不良气象条件、生物因素、不合理的劳动组织以及一般卫生条件恶劣的职业性毒害引起的疾病称为职业病。在劳动过程中发生的人身伤害、急性中毒事故称为伤亡事故。而能对人造成伤亡、对物造成突发性损坏,或影响人的身体健康导致疾病、对物造成慢性损坏的因素称为危险和有害因素。这里的因素应该理解为事故、作业过程、行为和环境,因为在不同的行业主要的危险和有害因素差别较大。火灾、瓦斯爆炸、中毒、触电等属于事故;设备的检修、爆破作业、运输等属于作业过程;违章操作、违章指挥等属于行为;高温、雷电、雨雪等属于自然环境。

危险因素和有害因素的区别是:危险因素是指能对人造成伤亡或对物造成突发性损害的因素;有害因素是指能影响人的身体健康、导致疾病或对物造成慢性损害的因素。危险因素在时间上比有害因素来得快、来得突然,造成的危害性比后者严重。

为了保护劳动者在劳动生产过程中的安全、健康,改善劳动条件,预防工伤事故及职业病,实现劳逸结合,需要采取各种组织措施和技术措施,确保安全生产,为此需要进行危险和有害因素辨识与分析。危险和有害因素辨识与分析是安全评价过程的一个重要步骤,其准确性、客观性和预测性决定安全评价报告的质量优劣,反映安全评价人员业务素质的高低。危险和有害因素辨识与分析的作用在于为被评价单位找出生产过程中的主要危险、次要危险以及有害因素的种类、分布情况、严重程度和潜在的事故隐患,以便提出客观、可行的对策、措施与建议,确保企业的生产活动在安全条件下及安全环境中运行。

2.1.2 危险和有害因素分类

危险和有害因素分类有多种方法。这些标准的划分依据和划分类别差别较大,目前最常采用的标准是《生产过程危险和有害因素分类与代码》(GB/T 13861—2009),该标准危险和有害因素分为:"人的因素"、"物的因素"、"环境因素"和"管理因素"四种。人的因素指与生产各环节有关的,来自人员自身或人为性质的危险和有害因素。物的因素指机械、设备、设施、材料等方面存在的危险和有害因素。环境因素指生产作业环境中的危险和有害因素。管理因素指管理上的失误、缺陷和管理责任所导致的危险和有害因素。该标准适用于各行业在规划、设计和组织生产时,对危险和有害因素的预测、预防,对伤亡事故原因的辨识和分析,也适用于职业安全卫生信息的处理与交换。危险和有害因素的分类与代码如表2.1所示。

表2.1 生产过程危险和有害因素分类与代码表

代码	危险和有害因素	说 明
1	人的因素	
11	心理、生理性危险和有害因素	
1101	负荷超限	
110101	体力负荷超限	指易引起疲劳、劳损、伤害等的负荷超限
110102	听力负荷超限	
110103	视力负荷超限	
110199	其他负荷超限	
1102	健康状况异常	指伤、病期等
1103	从事禁忌作业	
1104	心理异常	
110401	情绪异常	
110402	冒险心理	
110403	过度紧张	
110499	其他心理异常	
1105	辨识功能缺陷	
110501	感知延迟	
110512	辨识错误	
110599	其他辨识功能缺陷	
1199	其他心理、生理性危险和有害因素	
12	行为性危险和有害因素	
1201	指挥错误	
120101	指挥失误	包括生产过程中的各级管理人员的指挥
120102	违章指挥	
120199	其他指挥错误	
1202	操作错误	
120201	误操作	
120202	违章作业	
120299	其他操作错误	
1203	监护失误	
1299	其他行为性危险和有害因素	包括脱岗等违反劳动纪律行为
2	物的因素	
21	物理性危险和有害因素	
2101	设备、设施、工具、附件缺陷	

续表

代码	危险和有害因素	说　　明
210101	强度不够	
210102	刚度不够	
210103	稳定性差	抗倾覆、抗位移能力不够。包括重心过高、底座不稳定、支承不正确等
210104	密封不良	指密封件、密封介质、设备辅件、加工精度、装配工艺等缺陷以及磨损、变形、气蚀等造成的密封不良
210105	耐腐蚀性差	
210106	应力集中	
210107	外形缺陷	指设备、设施表面的尖角利棱和不应有的凹凸部分等
210108	外露运动件	指人员易触及的运动件
210109	操纵器缺陷	指结构、尺寸、形状、位置、操纵力不合理及操纵器失灵、损坏等
210110	制动器缺陷	
210111	控制器缺陷	
210199	设备、设施、工具、附件其他缺陷	
2102	防护缺陷	
210201	无防护	
210202	防护装置、设施缺陷	指防护装置、设施本身安全性、可靠性差,包括防护装置、设施、防护用品损坏、失效、失灵等
210203	防护不当	指防护装置、设施和防护用品不符合要求、使用不当。不包括防护距离不够
210204	支撑不当	包括矿井、建筑施工支护不符合要求
210205	防护距离不够	指设备布置、机械、电气、防火、防爆等安全距离不够和卫生防护距离不够等
210299	其他防护缺陷	
2103	电伤害	
210301	带电部位裸露	指人员易触及的裸露带电部位
210302	漏电	
210303	静电和杂散电流	
210304	电火花	
210399	其他电伤害	
2104	噪声	
210401	机械性噪声	
210402	电磁性噪声	
210403	流体动力性噪声	
210499	其他噪声	
2105	振动危害	

续表

代码	危险和有害因素	说　明
210501	机械性振动	
210502	电磁性振动	
210503	流体动力性振动	
210599	其他振动危害	
2106	电离辐射	包括 X 射线、γ 射线、α 粒子、β 粒子、中子、质子、高能电子束等
2107	非电离辐射	
210701	紫外辐射	
210702	激光辐射	
210703	微波辐射	
210704	超高频辐射	
210705	高频电磁场	
210706	工频电场	
2108	运动物伤害	
210801	抛射物	
210802	飞溅物	
210803	坠落物	
210804	反弹物	
210805	土、岩滑动	
210806	料堆(垛)滑动	
210807	气流卷动	
210899	其他运动物伤害	
2109	明火	
2110	高温物质	
211001	高温气体	
211002	高温液体	
211003	高温固体	
211099	其他高温物质	
2111	低温物质	
211101	低温气体	
211102	低温液体	
211103	低温固体	
211199	其他低温物质	
2112	信号缺陷	
211201	无信号设施	指应设信号设施处无信号,如无紧急撤离信号等
211202	信号选用不当	
211203	信号位置不当	
211204	信号不清	指信号量不足,如响度、亮度、对比度、信号维持时间不够等

续表

代码	危险和有害因素	说　明
211205	信号显示不准	包括信号显示错误、显示滞后或超前等
211299	其他信号缺陷	
2113	标志缺陷	
211301	无标志	
211302	标志不清晰	
211303	标志不规范	
211304	标志选用不当	
211305	标志位置缺陷	
211399	其他标志缺陷	
2114	有害光照	包括直射光、反射光、眩光、频闪效应等
2199	其他物理性危险和有害因素	
22	化学性危险和有害因素	依据 GB 13690 中的规定
2201	爆炸品	
2202	压缩气体和液化气体	
2203	易燃液体	
2204	易燃固体、自燃物品和遇湿易燃物品	
2205	氧化剂和有机过氧化物	
2206	有毒品	
2207	放射性物品	
2208	腐蚀品	
2209	粉尘与气溶胶	
2299	其他化学性危险和有害因素	
23	生物性危险和有害因素	
2301	致病微生物	
230101	细菌	
230102	病毒	
230103	真菌	
230199	其他致病微生物	
2302	传染病媒介物	
2303	致害动物	
2304	致害植物	
2399	其他生物性危险和有害因素	
3	环境因素	包括室内、室外、地上、地下(如隧道、矿井)、水上、水下等作业(施工)环境
31	室内作业场所环境不良	
3101	室内地面滑	指室内地面、通道、楼梯被任何液体、熔融物质润湿,结冰或有其他易滑物等

续表

代码	危险和有害因素	说　明
3102	室内作业场所狭窄	
3103	室内作业场所杂乱	
3104	室内地面不平	
3105	室内梯架缺陷	包括楼梯、阶梯、电动梯和活动梯架,以及这些设施的扶手、扶栏和护栏、护网等
3106	地面、墙和天花板上的开口缺陷	包括电梯井、修车坑、门窗开口、检修孔、孔洞、排水沟等
3107	房屋基础下沉	
3108	室内安全通道缺陷	包括无安全通道,安全通道狭窄、不畅等
3109	房屋安全出口缺陷	包括无安全出口、设置不合理等
3110	采光照明不良	指照度不足或过强、烟尘弥漫影响照明等
3111	作业场所空气不良	指自然通风差、无强制通风、风量不足或气流过大、缺氧、有害气体超限等
3112	室内温度、湿度、气压不适	
3113	室内给、排水不良	
3114	室内涌水	
3199	其他室内作业场所环境不良	
32	室外作业场地环境不良	
3201	恶劣气候与环境	包括风、极端的温度、雷电、大雾、冰雹、暴雨雪、洪水、浪涌、泥石流、地震、海啸等
3202	作业场地和交通设施湿滑	包括铺设好的地面区域、阶梯、通道、道路、小路等被任何液体、熔融物质润湿,冰雪覆盖或其他易滑物等
3203	作业场地狭窄	
3204	作业场地杂乱	
3205	作业场地不平	包括不平坦的地面和路面,有铺设的、未铺设的、草地、小鹅卵石或碎石地面和路面
3206	航道狭窄、有暗礁或险滩	
3207	脚手架、阶梯和活动梯架缺陷	包括这些设施的扶手、扶栏和护栏、护网等
3208	地面开口缺陷	包括升降梯井、修车坑、水沟、水渠等
3209	建筑物和其他结构缺陷	包括建筑中或拆毁中的墙壁、桥梁、建筑物;筒仓、固定式粮仓、固定的槽罐和容器;屋顶、塔楼等
3210	门和围栏缺陷	包括大门、栅栏、畜栏和铁丝网等
3211	作业场地基础下沉	
3212	作业场地安全通道缺陷	包括无安全通道,安全通道狭窄、不畅等
3213	作业场地安全出口缺陷	包括无安全出口、设置不合理等
3214	作业场地安光照不良	指光照不足或过强、烟尘弥漫影响光照等
3215	作业场地空气不良	指自然通风差或气流过大、作业场地缺氧、有害气体超限等
3216	作业场地温度、湿度、气压不适	

续表

代码	危险和有害因素	说　明
3217	作业场地涌水	
3299	其他作业场地环境不良	
33	地下(含水下)作业环境不良	不包括以上室内室外作业环境已列出的有害因素
3301	隧道/矿井顶面缺陷	
3302	隧道/矿井正面或侧壁缺陷	
3303	隧道/矿井地面缺陷	
3304	地下作业面空气不良	包括通风差或气流过大、缺氧、有害气体超限等
3305	地下火	
3306	冲击地压	指井巷(采场)周围的岩体(如煤体)在外载作用下产生的变形能,当力学平衡状态受到破坏时,瞬间释放,将岩体、气体、液体急剧、猛烈抛(喷)出造成严重破坏的一种井下动力现象
3307	地下水	
3308	水下作业供氧不当	
3399	其他地下作业环境不良	
39	其他作业环境不良	
3901	强迫体位	指生产设备、设施的设计或作业位置不符合人类工效学要求而易引起作业人员疲劳、劳损或事故的一种作业姿势
3902	综合性作业环境不良	显示有两种以上作业环境致害因素且不能分清主次的情况
3999	以上未包括的其他作业环境不良	
4	管理因素	
41	职业安全卫生组织机构不健全	包括组织机构的设置和人员的配置
42	职业安全卫生责任制未落实	
43	职业安全卫生管理规章制度不完善	
4301	建设项目"三同时"制度未落实	
4302	操作规程不规范	
4303	事故应急预案及响应缺陷	
4304	培训制度不完善	
4399	其他职业安全卫生管理规章制度不健全	包括隐患管理、事故调查处理等制度不健全
44	职业安全卫生投入不足	
45	职业健康管理不完善	包括职业健康体检及其档案管理等不完善
49	其他管理因素缺陷	

2.2 危险和有害因素调查

2.2.1 危险和有害因素调查原则

危险和有害因素的调查原则主要包括四个方面：

(1)科学、准确、清楚。危险和有害因素的辨识是分辨、识别和分析确定系统内存在的危险，而并非研究防止事故发生或控制事故发生的实际措施。它是预测安全状况和事故发生途径的一种手段，这就要求进行危险和有害因素辨识必须要有科学的安全理论做指导，使之能真正揭示系统安全状况、危险和有害因素存在的部位、存在的方式和事故发生的途径等，对其变化的规律予以准确描述并以定量的概念清楚地表示出来，用严密的合乎逻辑的理论予以解释。

(2)分清主要危险和有害因素及相关危险。不同行业的主要危险和有害因素不同，同一行业的主要危险和有害因素也不完全相同，所以，在进行危险和有害因素辨识中要根据企业的实际情况，辨识企业的主要危险和有害因素，体现项目的特点，对于其他共性的危险和有害因素可以简单分析。

(3)防止遗漏。辨识危险和有害因素时不要发生遗漏，以免留下隐患。辨识时不仅要分析正常生产运转中存在的危险和有害因素，还要分析开车、停车、检修时装置受到破坏及操作失误情况下的危险和有害因素。

(4)避免惯性思维。实际上在很多情况下，同一危险和有害因素由于物理量不同，作用的时间和空间不同，导致的后果也不相同。所以，在进行危险和有害因素辨识时应避免惯性思维，坚持实事求是的原则。

2.2.2 危险和有害因素调查范围

危险和有害因素调查应考虑过去、现在和将来三种时态，同时也应考虑正常、异常和紧急三种状态。调查范围应包括：
(1)规划、设计和建设、投产、运行等阶段；
(2)常规和非常规活动；
(3)事故及潜在的紧急情况；
(4)所有进入作业场所的人员的活动；
(5)原(辅)材料、产品的装卸、运输和使用过程；
(6)作业场所的设备、设施、安全防护用品与应急器具；
(7)人为因素，包括违反安全生产管理制度和操作规程；
(8)丢弃、废弃、拆除与处置；
(9)气候、地震及其他自然灾害。

2.2.3 危险和有害因素调查时间

(1)设定第二年度的安全目标前，进行全面辨识；
(2)厂组织结构发生重大调整时，进行全面辨识；
(3)有新的或变更的法律法规，或其他要求、工艺条件或操作要求发生重大变更，危险作业活动作业前，相关方的要求发生重大变化时，进行专项辨识。

2.2.4 危险和有害因素调查流程

根据调查对象的特点和复杂程度,选择一种或多种危险和有害因素辨识方法。根据选取的辨识方法编制危险和有害因素调查表,一般如表2.2所示,然后依据流程依次调查。

(1)安全员将危险和有害因素调查表发放到相关部门或岗位。

(2)各部门及岗位根据危险和有害因素调查表,结合活动、设备、设施、产品、服务和运行条件等,找出存在的危险和有害因素,填写危险和有害因素调查表,并反馈给安全员。

(3)安全员对收集回来的危险和有害因素调查表进行审核、汇总,填写危险和有害因素评价汇总表。

表2.2 危险和有害因素调查表

危险和有害因素及其控制措施一览表						
序号	危险和有害因素	涉及部门或区域	涉及作业	类别	危害或可能导致的事故	风险级别	控制措施

编制:　　　　　　审核:　　　　　　批准:
时间:　　　　　　时间:　　　　　　时间:

2.2.5 危险和有害因素调查实例

【例2.1】 某油库的危险和有害因素调查。

某厂油库为20世纪70年代所建,由于历史原因,未对其进行安全论证,运行十余年后,通过多次安全消防检查,发现油库地下室内因设计缺陷通风不良,不能保证地下室内油气浓度低于爆炸极限下限;同时因墙体未做防潮处理,以致在暑季油气中蜡质在墙壁上凝聚,电气防爆性能已完全失效,甚至连绝缘都处于不可靠状态;另外油罐、管道均未设防静电接地设施,也未作电气连接。总之,危险因素甚多,经厂务会议研究决定,结合一次大修,解决油库安全问题。在此项工程的设计、施工前,先对这项工程存在的危险因素、事故发生条件、造成事故的后果进行宏观的概略分析,其目的是预先提出防范措施,避免考虑不周使工程中各类危险因素发展为事故。该油库的危险和有害因素调查如表2.3所示。

表 2.3 油库的危险和有害因素调查分析表

序号	工序	危险和有害因素	触发事件	形成事故	危险等级	预防措施
1	油品清除	地下室油气浓度达到爆炸极限范围	碰撞、摩擦火花、电气火花	爆炸火灾	Ⅲ级	油品清除前打开门通风;作业人员不得穿化纤衣物,鞋底不准有铁钉;作业时严禁撞击、切断室内一切电路,配用防爆手电筒
2	罐侧墙开通风洞孔	地下室油气浓度达到爆炸极限范围	碰撞火花	爆炸火灾	Ⅲ级	油罐内注满清水,排净残油;开洞施工时边拆边浇水;室内水泥地面垫湿草袋;施工时消防配合
3	罐体要设防静电接地装置	焊接高温	罐内残油发生化学变化,溢出燃爆气体	燃烧	Ⅱ级	焊接作业前测试汽油气浓度在爆炸极限范围之外,通风、焊接点尽可能远离罐壁体,作业中可靠通风、消防监护
4	罐体反接地体防腐蚀处理	防腐蚀作业中材料高温	作业区油气浓度达到爆炸极限范围	燃爆	Ⅱ级	防腐作业前及作业中必须可靠通风
5	罐口改造				Ⅰ级	卸装罐盖防止火花
6	地下室通风、采光改造工程	地下室内油气聚集	明火近罐引燃	燃爆	Ⅱ级	焊接作业前测试汽油气浓度在爆炸极限范围之外,通风、焊接点尽可能远离罐壁体,作业中可靠通风、消防监护
7	罐体抽水放水				Ⅰ级	必须使用防爆工具
8	管道连接施工	地下室及空罐内残余油气	明火引燃	燃爆	Ⅰ级	放工前,测试油气浓度并采取通风置换措施,使油气在爆炸极限范围之外

2.3 危险区域的界定

2.3.1 危险区域等级划分

在区域内的危险和有害因素查出之后,应对区域进行划分等级,排列出危险因素的先后次序和重点,以便分别处理。危险区域等级划分如表 2.4 所示。

表 2.4 危险区域等级划分表

级别	名称	描述	处理
Ⅰ级	安全的	不会发生事故	可以忽略
Ⅱ级	临界的	有导致事故的可能性,事故处于临界状态,可能造成人员伤亡和财产损失	应该采取措施予以控制
Ⅲ级	危险的	会导致事故发生,造成人员伤亡或财产损失	必须采取措施进行控制
Ⅳ级	灾难的	导致大事故发生,造成人员严重伤亡或财产巨大损失	必须果断排除,重点防范

在实际生产中一般依据爆炸性混合物的产生条件、时间、物理性质及其释放频繁程度大小等来界定危险区域。划分过程中也必须考虑实际的特殊环境和各种不同情况的特殊细节。例如，油井设施危险区域的划分是指在一般情况下确定的，如果油井的油压或气压非常高，则危险区域的相应范围就会扩大。

2.3.2 爆炸场所的分级

爆炸危险场所是指生产、使用和储存易燃易爆物质，并能形成爆炸性混合物，且有爆炸危险的场所。爆炸性物质及其加工处理过程中产生爆炸性气体，并向周围扩散，而形成爆炸性气体混合物。不同的爆炸性气体与空气混合形成的混合物有不同的爆炸上下限、引燃温度、自燃点、闪点、粒度和密度等物理性质。判断有无爆炸性混合物的产生，应根据其空间区域的范围、物料的品种与数量、设备装置运行情况及操作方法、有无通风设备及其效果、容器设备有无破损或误操作的可能性、气体浓度测量的准确性，以及在同行业中曾发生过事故的案例等方面进行。

爆炸危险场所按爆炸性物质的物态，分为气体爆炸危险场所和粉尘爆炸危险场所。爆炸危险场所的分级原则是按爆炸性物质出现的频度、持续时间和危险程度划分为不同危险等级的区域。

（1）气体爆炸危险场所按其危险程度的大小分为三个区域等级：

①0级区域（简称0区），是指在正常情况下，爆炸性气体混合物连续地、短时间频繁地出现或长时间存在的场所。

②1级区域（简称1区），是指在正常情况下，爆炸性气体混合物有可能出现的场所。

③2级区域（简称2区），是指在正常情况下，爆炸性气体混合物不能出现，仅在不正常情况下偶尔短时间出现的场所。

（2）粉尘爆炸危险场所按其危险程度的大小分为两个区域等级：

①10级区域（简称10区），是指在正常情况下，爆炸性粉尘或可燃纤维与空气的混合物可能连续地、短时间频繁地出现或长时间存在的场所。

②11级区域（简称11区），是指在正常情况下，爆炸性粉尘或可燃纤维与空气的混合物不能出现，仅在不正常情况下偶尔短时间出现的场所。

2.3.3 火灾危险场所的分级

火灾危险场所是指在生产过程中，产生、使用、加工、储存或转运闪点高于场所环境温度的可燃液体，或者有可燃粉尘、可燃纤维，或者有固体状可燃物质，并在可燃物质的数量上和配置上能引起火灾危险的场所。

火灾危险场所只有一类，但由于在这个区域内火灾危险物质的危险程度和物质状态不一样，又将其分成三个不同危险程度的区。

（1）21区：指具有闪点高于环境温度的可燃液体，在数量和配置上能引起火灾危险的环境。

（2）22区：具有悬浮状、堆积状的可燃粉尘或可燃纤维，虽不可能形成爆炸混合物，但在数量和配置上能引起火灾危险的环境。

（3）23区：具有固体状可燃物质，在数量和配置上能引起火灾危险的环境。

在火灾危险环境中，能引起火灾危险的可燃物质分为下列四种：

(1)可燃液体,如柴油、润滑油、变压器油等;
(2)可燃粉尘,如铅粉、焦炭粉、煤粉、面粉、合成树脂粉等;
(3)固体状可燃物质,如煤、焦炭、木等;
(4)可燃纤维,如棉花纤维、麻纤维、毛纤维、木质纤维、合成纤维等。

2.3.4 危险区域等级划分实例

【例 2.2】 根据地面工程方案提供的有关资料数据,针对工程特点,划分凝析油储存区的区域危险等级。

选取表 2.5 中的各单元进行定量评价,其评价结果可作为装置采取安全对策措施的依据。

表 2.5 工艺单元

工艺单元	物 质	场 所
甲醇储罐	甲醇	
凝析油储罐	凝析油	甲醇集中处理站
甲醇处理装置	甲醇	
天然气计量分离装置	甲烷	集气站

评价对象:站场单元,包括新建集气站和甲醇集中处理站。将 700 m³ 浮顶罐作为一个评价单元,预测其发生火灾、爆炸事故可能导致的危害及损失。其火灾、爆炸危险指数评价过程如下:

(1)确定物质系数。在美国《道化学公司火灾、爆炸危险指数评价方法(第七版)》中查得甲醇的物质系数 MF(甲醇) = 16。

(2)求取工艺单元危险系数。

一般工艺危险基本系数为 1.00。

物料处理和输送:根据《道化学公司火灾、爆炸危险指数评价方法(第七版)》,取甲醇潜在的火灾、爆炸危险系数为 0.85。

排放和泄漏控制:设有防火堤以防止泄漏液流到其他区域,危险系数取为 0.50。

因此,一般工艺危险系数为

$$F_1 = 1.00 + 0.85 + 0.50 = 2.35$$

特殊工艺危险系数为 1.00。

毒性:根据《道化学公司火灾、爆炸危险指数评价方法(第七版)》,取甲醛毒性危险系数为 0.20。

燃烧范围或其附近操作:只有在仪表或装置失灵时,储罐才处于爆炸极限范围内,取系数为 0.50。

易燃及不稳定物质的量:通过计算储罐总能量值,并根据《道化学公司火灾、爆炸危险指数评价方法(第七版)》,确定其危险系数为 1.20。

腐蚀:储罐内部采取了防腐措施。根据类比工程,取设备腐蚀速率小于 0.127 mm/a,故取腐蚀系数为 0.10。

接头和填料泄漏:假定储罐、管道、阀门的接头、填料的接头填料连接处可能产生轻微泄漏,故取泄漏系数为 0.10。

因此,工艺单元危险系数为

$$F_2 = 1.00 + 0.20 + 0.50 + 1.20 + 0.10 + 0.10 = 3.10$$

(3)计算火灾、爆炸危险指数。

火灾、爆炸危险指数(F&EI)用来估计生产过程中事故可能造成的破坏。储罐的固有火灾、爆炸危险指数为

$$F\&EI = MF \times F_3 = 16 \times 7.30 = 116.80$$

表 2.6 是 F&EI 值与危险等级之间的关系。根据 F&EI 可确定评价单元的火灾、爆炸危险等级。由表 2.6 可知,甲醇储罐的固有火灾、爆炸危险等级为中等。

表 2.6 F&EI 与危险等级

F&EI	1~60	61~96	97~127	128~158	≥159
危险等级	最轻	较轻	中等	很大	非常大

其他单元的评价过程与此类似。通过定量分析,各单元火灾、爆炸危险指数评价结果见表 2.7。

表 2.7 各单元火灾、爆炸危险指数评价结果

工艺单元	F&EI	危险等级
甲醇储罐	116.8	中等
凝析油储罐	123.2	中等(偏大)
甲醇处理装置	80.0	较轻
天然气计量分离装置	85.1	较轻

火灾、爆炸危险指数评价结果表明,甲醇储罐单元和凝析油储罐单元固有的火灾、爆炸暴露区域的半径和暴露区域面积较大,在爆炸区域内的人员或建筑物都有可能受到伤害或破坏,因此必须避免其他设施布置在其火灾、爆炸暴露区域内。

为保证甲醇回收处理站的安全运行,必须加强罐区的安全管理,采取可靠的安全防护措施,并确保各项安全措施有效,如安装可燃气体检测器、采用防火涂料、保证消防水压力及用量、设置泡沫灭火系统和配备与火灾危险相适应的移动式灭火器等。

2.4 存在条件和触发因素分析

危险和有害因素就是指在一定条件下能够导致事故发生的潜在因素。它具有一定的潜在性,一般存在于系统内部。我们可以从能量的转换概念出发认识其存在特性。

2.4.1 能量失控模式

一般来说,能量失控情况可分为两种模式:物理模式和化学模式。各类生产企业中,机械设备很多,因此从事故数量上来看,物理模式的能量引起的事故占大多数。

2.4.1.1 物理模式

物理能可以以位能形式出现,如处于高处的物体、受压的弹性元件、受压气体、储存的热量和电压等;也可以以动能的形式出现,如运动的机构、电流和流动的液体等。在正常情况下,物理能受到控制则做有用功,但失去控制则做破坏功。物理模式主要有物理爆炸、锅炉爆炸、机械失控、电气失控和其他物理能量失控。

(1)物理爆炸。物理爆炸是纯粹物理现象产生的冲击波,它的特点是因压力容器的破坏而产生的,受压弹性气体突然释放,能够造成很大的破坏。

(2)锅炉爆炸。锅炉爆炸比单纯的受压气体爆炸有更大的破坏性,这是由于在相同的压力下,蒸汽比同等体积的气体能量大许多倍。另外,由于容器破坏,里面储存的过热水闷蒸成蒸汽,使蒸汽中所含的热量进一步加大。

直接用火加热的锅炉破坏的可能性更大。如果炉体上积有水垢并且遇到水位过低的情况,受火焰直接加热的外壳就可超过其屈服点面发生破裂,形成爆炸。所有的蒸汽发生器,包括烧沸水的设备及家用水暖设备都有可能发生爆炸。

(3)机械失控。机械把一种形式的能量转化为另一种形式的能量,例如把蒸汽的热能转变为电能,或是把机械能转变成充气、压缩、混合、成型和挤压等有用功。正在运转的机器具有很大的功能,有次序地进行能量转换工作。

关键的零部件发生故障或是超负荷运转,都可能造成机械失控,对机器本身或其附近目标做破坏功。例如,离心机超速发生爆炸;汽轮机的涡轮叶片超速引起的内应力超过轮筋的拉力时,就可能发生爆炸。

(4)电气失控。电动机、发电机、输电线、变压器和配电设备等,都会因元件故障或超负荷而发生电气失控,进一步造成火灾或其他损失。

(5)其他物理能量失控。一些物理因素如热辐射、核污染、噪声、电场、微波和激光等,都会引起人员伤亡或财物损失。

2.4.1.2 化学模式

化学模式主要有直接火灾、间接火灾、自动反应。

(1)直接火灾。当可燃物质和氧气共存时,遇到火源就有可能发生火灾。应该注意某些物质发生直接火灾的可能性,如各类粉尘,包括有机塑料粉尘、染料粉尘、某些金属粉尘、煤尘及谷物粉尘等,它们能和空气充分结合,有些还有吸附空气的能力,特别是在加工、运输、储藏过程中,容易造成粉尘爆炸,产生严重后果。

在石油和易燃液体加工过程中,液体本身很少和空气接触。但应该注意到某些设备创造了易燃液体必须和空气接触的条件,如储罐的呼吸阀,当环境温度高时排出多余的蒸气,环境温度低时(夜间或雨后)则又吸入周围的空气,因而就会在储罐空间形成爆炸性的气体,遇到火花或静电就会发生爆炸。

(2)间接火灾。间接火灾是指受到外力破坏引起本身发生火灾的情况,如设备或其他容器遭受外来事故的波及,遇火源发生事故。因此,在设计时要注意设备之间、装置之间、工厂之间的间距,避免间接火灾的影响。

(3)自动反应。有些化学物质本身带有含氧分子团,不需外部供氧就能发生氧化反应。如炸药、过氧化物等,性质极不稳定,遇到冲击震动或其他刺激因素,就能发生火灾爆炸。另外,有一些化合物本身能聚合(如不饱和烃类)和分解(如乙炔),受到温度、压力或储存时间的影响,就会自动发生反应,造成火灾爆炸。

很多化学物质都会对人造成急性或慢性的毒害,因此操作环境中规定了这些有害物质的最高允许浓度。越过了规定的浓度,便被认为存在着危险性。

2.4.2 触发因素

触发因素一般包括人为力和自然力两个方面。人为力是指受外界发生事故的波及,例如受到外厂爆炸造成的冲击波、爆破碎片的袭击等。自然力是指地震、洪水、雷击、飓风等造成的损坏。

2.4.3 存在条件和触发因素分析实例

【例2.3】 某站场的危险和有害因素存在条件和触发因素分析。

研究对象:站场单元,包括新建集气站和甲醇集中处理站。站场单元的危害主要有火灾、爆炸、中毒窒息、机械伤害、触电等,具体如表2.8所示。其中最易于发生及危害最为严重的事故是火灾和爆炸。

表2.8 站内单元预先危险性分析汇总

事故类别	触发因素	存 在 条 件	事故后果
火灾爆炸	天然气、甲醇、氨	管线设计承压不够;管线材质缺陷,密封部分老化;流程倒错、管线超压;焊接质量不合格;阀门、法兰等附件密封不好;地层运动等地质、自然原因;泄压设备失灵、不动作;随意排放清管杂物;其他原因,如站内施工等;在火灾爆炸危险场所使用的电气防爆等级不够或未采用防爆电气设备;压缩机泄漏、疲劳断裂;雷击	人员伤亡、财产损失
中毒窒息	天然气、甲醇、氨	天然气泄漏;抢险人员在没有防护情况下进行抢险;注醇系统、甲醇处理系统设备、管道损坏;压缩机氨气泄漏	人员伤亡
触电	电气设备	防触电保护失效;工作人员疏忽或违章操作	
物体打击	承压零部件	操作时身体正对阀门顶丝、收发球装置快开盲板等	人员伤亡
机械伤害	机械设备	机械外漏运转部件如防护罩缺损或不符合规范;检修时设备意外启动	人员伤亡

(1)可燃物质泄漏引起的火灾、爆炸。若站内管道、设备穿孔或破裂,将导致可燃物质泄漏。泄漏的可燃气体(天然气、甲醇蒸气)遇火源(明火、雷电、机械火花、静电火花等)可引发火灾爆炸事故。

(2)加热炉爆炸。地面工程方案选择水套炉加热作为天然气在温度较低时的加热方式。加热炉盘管、烟管工作条件恶劣和炉管腐蚀等都将严重影响加热炉的安全运行。加热炉熄火或重新点火,炉膛内存在大量天然气可导致加热炉爆炸。防爆门、安全阀、压力表等安全附件不齐全,或不能正常启用,紧急放空管线堵塞等,可导致超压爆炸。

(3)换热器爆炸。换热器设计有缺陷、制造质量差、焊接质量差等导致泄漏或材料疲劳,零部件被破坏,大量甲醛溢出,发生爆炸;腐蚀使管束失效或严重泄漏,遇明火发生爆炸;违章操作、操作失误、阀门关闭等引起超压爆炸等。

(4)氨制冷机组爆炸。压缩机安全装置失灵,超压、超温、超速运行,缺油、缺水运行,出入口阀、法兰泄漏导致制冷剂泄漏,润滑油标号不符合规定,积炭未及时清理等,有可能导致压缩机爆炸。

(5)天然气发电机组爆炸。进气管道泄漏、发电机气缸、活塞杆曲轴等零部件损坏等都可导致压缩机爆炸。

(6)压力容器、管道物理爆炸。集气站有计量分离器、油水分离器等一、二类压力容器,以及天然气管道和注醇管道等高压管道。由于施工存在缺陷、腐蚀严重、遭受雷击、违章动火安全泄放失效等原因,压力容器、管道受力超过强度极限,发生物理爆炸。伴随压力容器、管道的物理爆炸,易燃易爆介质大量泄漏,引发"二次火灾爆炸"。

2.5 危险和有害因素辨识原则与方法

2.5.1 危险和有害因素辨识原则

危险和有害因素辨识必须采用科学的方法、借助科学的仪器设备和科学的态度进行。各行各业的危险和有害因素各有不同,必须熟练掌握运用系统工程原理,从物质、能量及其外力条件或自身变化全面地分析辨识;同时运用科学的技术方法对未知的危险和有害因素进行辨识。

危险和有害因素辨识的原则主要有四个方面:

(1)应科学、客观地进行危险和有害因素的辨识,要求以科学的安全理论为指导,要说明和分析伤害方式和途径。伤害方式指对人身健康造成损害的方式,如机械伤害的挤压、咬合、碰撞和剪切等。伤害途径和范围指大部分危险和有害因素是通过与人体直接接触造成伤害;爆炸是通过冲击波、火焰、飞溅物体在一定空间范围内造成伤害;毒物是通过直接接触或定区域内通过呼吸带的空气作用于人体;噪声是通过一定距离的空气损伤听觉的。

(2)应系统地进行危险和有害因素的辨识,对系统进行全面剖析。分清主要危险和有害因素与其他相关因素的关系,要说明和分析主要危险和有害因素对导致事故发生条件的直接原因和间接原因,从而为确定评价目标、评价重点、划分评价单元、选择评价方法和采取控制措施计划提供基础。

(3)应全面地进行危险和有害因素的辨识,要说明和分析危险和有害因素分布。为有序、便捷地进行分析,防止遗漏,宜按选址→平面布局→建筑物→危险化学品→生产工艺及设备→辅助生产设施→作业环境七个单元分别分析其存在的危险和有害因素。

(4)应有预测性地进行危险和有害因素的辨识,不能遗漏重大危险和有害因素。不仅要分析正常生产运输、操作时的重大危险和有害因素,更重要的是要分析设备、装置破坏及操作失误时能产生严重后果的危险和有害因素,要采用模拟分析预测导致恶性事故的危险和有害因素的存在部位。

2.5.2 危险和有害因素辨识方法

2.5.2.1 直观经验法

直观经验法适用于有可供参考先例、有以往经验可以借鉴的系统危险和有害因素辨识,一般分为:

(1)对照、经验法:对照有关标准、法规、检查表或依靠分析人员的观察分析能力,借助于经验判断能力对评价对象的危险和有害因素进行分析。

(2)类比法:利用相同或相似工程或作业条件的经验和劳动安全卫生的统计资料来类推、分析评价对象的危险和有害因素。

(3)案例法:收集整理国内外相同或相似工程发生事故的原因和后果,相类似的工艺条件、设备发生事故的原因和后果,对评价对象的危险和有害因素进行分析。

【例2.4】 采用对照、经验法对各行各业的主要危险和有害因素进行识别。

根据各行业本身特点,划分危险和有害因素的类别。结合工作实际情况,划分情况如表2.9所示。

表 2.9 危险和有害因素分类标准

类别	分类别		主要的危险和有害因素
矿山	煤矿		瓦斯爆炸、煤尘爆炸、冒顶片帮、中毒、窒息、电气设备、设施伤害、火灾、机械伤害、水灾、提升、车辆运输、高处作业、掘进作业、采煤作业、顶底板灾害、爆破作业等
	非煤矿山		地压、粉尘、爆破作业、中毒、窒息、触电、设施伤害、火灾、机械伤害、水灾、提升、运输、坠落、噪声与振动危害、放射性危害、起重伤害、沉陷、裂缝、坍塌、位移、管涌、流土、滑坡、物体打击、车辆运输、高温、冻伤等
石油化工			火灾、化学爆炸、中毒、化学腐蚀、物理爆炸、窒息、高温灼烫、低温冻伤、辐射、粉尘爆炸、高处坠落、开停车、检修、危险品运输等
烟花爆竹			药剂热感度、火焰感度、机械感度、电能敏感度、化学能敏感度等;明火引燃、引爆成品和半成品;静电引起爆炸;雷电引发事故
民用爆破器材			高温、撞击摩擦、静电火花
建筑			倒塌、高处坠落、物体打击和挤压、电击、起重机械伤害、火灾爆炸、交通事故等
交通运输	公路		恶劣天气、运输的危险货物、道路状况、车辆、人员等
	水路		恶劣天气、航道(宽度、弯曲度、深度、航路标志的设置)、海上礁石、浅滩及水中障碍物、机器故障、淹溺等
	航空		恶劣天气、机械故障等
	铁路		恶劣天气、轨道故障、电气火灾等
电力			触电、电气火灾、静电危害、雷击、停电、短路、过载、灼烫、中毒、高处坠落、车辆伤害、电磁辐射、噪声、振动、高温、粉尘等
机械行业	静止的危险		切削刀具的刀刃;机械加工设备突出较长的机械部分;毛坯、工具、设备边缘锋利飞边和粗糙表面;引起滑跌、坠落的工作平台
	运动的危险		卷绕和绞缠;卷入和碾压;挤压、剪切和冲撞;飞出打击;物体坠落打击;切割和擦伤;碰撞和刮蹭
	电离辐射危害		放射性物质、X射线装置、γ射线装置等的电离辐射
	非电离辐射危害		紫外线、可见光、红外线、激光和射频辐射等
共性危险和有害因素	噪声		机械噪声、电磁性噪声、空气动力性噪声等
	锅炉压力容器、压力管道		设备本身失效、承压元件失效、安全保护装置失效等
	其他特种设备		挤压、坠落、物体打击、超载、碰撞、基础损坏、夹钳、擦伤、卷入等
	人员		违反操作规程、工作人员失误、违章指挥、监护不利、生理缺陷、心理缺陷等
	管理缺陷		安全责任制、安全管理制度、岗位安全操作规程不健全,不能够有效贯彻落实,不能够持续改进等;事故应急预案不健全、不使用、不能够持续改进、不举行演练、演练未达到效果等
	防护缺陷		无防护设施、设备;防护设施、设备不符合要求等

2.5.2.2 系统安全分析法

系统安全分析法常用于复杂、没有事故经验的新开发系统危险和有害因素辨识。常用的系统安全分析方法主要有以下几种:安全检查表、预先危险性分析、事故树分析、事件树分析、故障类型及影响分析、危险和可操作性分析等。各自的适用范围如表2.10所示。

表 2.10　常用安全系统分析方法及适用范围

方法	分析目录	适用范围	定性或定量	可提供的分析结果			
				事故原因	事故频率	事故后果	危险分级
安全检查表(SCL)	危害分析、安全等级	设备设施管理活动	定性 / 半定量	不能	不能	不能	不能提供
预先危险性分析(PHA)	危害分析、风险等级	项目的初期阶段维修、改扩建、变更	定性	提供	不能	提供	提供
事故树分析(FTA)	事故原因、事故概率	已发生的和可能发生的事故、事件	定性、定量	提供	提供	不能	频率分级
事件树分析(ETA)	事故原因、触发条件、事故概率	初始事件	定性、定量	提供	提供	提供	提供
故障类型及影响分析(FMEA)	故障原因、影响程度、风险等级	机械、电气系统	定性、定量	提供	提供	提供	事故后果分级
危险和可操作性分析(HAZOP)	偏离原因、后果及其对系统的影响	复杂工艺系统	定性、定量	提供	提供	提供	事故后果分级

2.5.3 重大危险源辨识

2.5.3.1 重大危险源辨识依据

重大危险源辨识是危险和有害因素辨识一个非常重要的部分,目前重大危险辨识主要的依据是《危险化学品重大危险源辨识》(GB 18218—2009)和《关于开展重大危险源监督管理工作的指导意见》(安监管协调字〔2004〕56 号,以下简称《指导意见》),但是这两个依据内容存在较大的差别,详细情况见表 2.11。在涉及物质的辨识时,如《危险化学品重大危险源辨识》内明确有该物质,则参照该标准进行;其他则依据的是《关于开展重大危险源监督管理工作的指导意见》。

表 2.11　《危险化学品重大危险源辨识》和《指导意见》的不同点

不同点	《危险化学品重大危险源辨识》	《指导意见》	备　注
定义	长期地或临时地生产、加工、搬运、使用或储存危险化学品,且危险化学品的数量等于或超过临界量的单元	长期地或者临时地生产、搬运、使用或储存危险物品,且危险物品的数量等于或超过临界量的场所和设施,以及其他存在危险能量等于或超过临界量的场所和设施	前者强调的重大危险源主要是"危险化学品";后者不仅是物质,也包含场所和设备
适用范围	危险化学品的生产、使用、储存和经营等各企业或组织	储罐区(储罐);库区(库);生产场所;压力管道;锅炉;压力容器;煤矿(井工开采);金属非金属地下矿山;尾矿库	最大的不同是《危险化学品重大危险源辨识》不适用于采掘业,而《指导意见》明确包含煤矿(井工开采)、金属非金属地下矿山和尾矿库
辨识依据	物质的危险特性及其数量	对重大危险源划分为 9 个类别,给出了每个类别的具体辨识依据	无

2.5.3.2 重大危险源辨识指标

单元内存在危险化学品的数量等于或超过规定的临界量,即被定为重大危险源。单元内存在危险化学品的数量根据处理危险化学品种类的多少区分为以下两种情况:

(1)若单元内存在的危险化学品为单一品种,则该危险化学品的数量即为单元内危险化学品的总量;若等于或超过相应的临界量,则定为重大危险源。

(2)若单元内存在的危险化学品为多品种,则按式(2.1)计算;若满足式(2.1),则定为重大危险源:

$$q_1/Q_1 + q_2/Q_2 + \cdots + q_n/Q_n \geq 1 \tag{2.1}$$

式中 $q_1, q_2, \cdots, q_n$ ——每种危险化学品实际存在量,t;

$Q_1, Q_2, \cdots, Q_n$ ——与各危险化学品相对应的临界量,t。

◆◆ 本章小结 ◆◆

(1)危险和有害因素的定义和分类。

能对人造成伤亡、对物造成突发性损坏,或影响人的身体健康导致疾病、对物造成慢性损坏的因素称为危险和有害因素。

《生产过程危险和有害因素分类与代码》(GB/T 13861—2009)将危险和有害因素分为:"人的因素"、"物的因素"、"环境因素"和"管理因素"四种。人的因素是指与生产各环节有关的、来自人员自身或人为性质的危险和有害因素。物的因素指机械、设备、设施、材料等方面存在的危险和有害因素。环境因素指生产作业环境中的危险和有害因素。管理因素管理上的失误、缺陷和管理责任所导致的危险和有害因素。

(2)危险和有害因素的调查原则主要包括四个方面:科学、准确、清楚;分清主要危险和有害因素与相关危险;不要发生遗漏,以免留下隐患;应避免惯性思维,坚持实事求是的原则。

(3)掌握危险区域的等级划分:在实际生产中,一般依据爆炸性混合物的产生条件、时间、物理性质及其释放频繁程度大小等来界定危险区域。划分过程中也必须考虑实际的特殊环境和各种不同情况的特殊细节。

(4)危险和有害因素的触发因素有人为力和自然力两个方面。人为力是指受外界发生事故的波及,例如受到外厂爆炸造成的冲击波、爆破碎片的袭击等。自然力是指地震、洪水、雷击、飓风等造成的损坏。

(5)危险和有害因素辨识的原则主要有四个方面:应科学、客观地进行危险和有害因素的辨识,要求以科学的安全理论为指导,要说明和分析伤害方式和途径;应系统地进行危险和有害因素的辨识,对系统进行全面剖析;应全面地进行危险和有害因素的辨识,要说明和分析危险和有害因素分布;应有预测性地进行危险和有害因素的辨识,不能遗漏重大危险和有害因素的辨识。

(6)重大危险源:单元内存在危险化学品的数量等于或超过规定的临界量,即被定为重大危险源。

复习思考题

1. 解释危险和有害因素的定义和分类。
2. 危险和有害因素的调查范围、时间及流程是什么?
3. 解释危险区域的等级划分。
4. 危险和有害因素的存在条件和触发因素是什么?
5. 危险和有害因素的辨识方法有哪些?如何辨识重大危险源?
6. 解释重大危险源的定义。

3 系统评价方法

> **本章学习目标**
> (1) 了解系统评价的流程。
> (2) 熟悉几种常用的定性和定量系统评价方法的基本概念、特点、原理和编制过程。
> (3) 掌握定量系统评价方法(事件树、事故树)的分析步骤和计算过程。
> (4) 体会定性和定量系统评价方法之间的联系。

3.1 系统评价流程

系统评价的基本流程,可概括为四个步骤:

第一步,评价准备。根据安全评价合同规定的评价对象和范围,收集有关的法律法规、技术标准及技术资料,分析、研究业主提供的有关技术文件。

第二步,危险和有害因素辨识与分析。根据现行的有关法律法规对危险化学物品、生产过程及公用工程、自然条件等方面的危险和有害因素进行重大危险源辨识与分析,确定危险和有害因素存在的部位、存在的方式、事故发生的途径及其变化的规律。

第三步,评价单元的确定和评价方法的选择及定性、定量评价。在危险和有害因素辨识和分析的基础上,根据被评价的项目(工程)或系统的特点和安全评价的目的,选择科学合理的评价方法。

第四步,评价结果。评价方法确定后,对项目(工程)或系统发生事故的可能性和严重程度进行定性、定量评价。

(1) 安全对策措施。根据定性、定量评价结果,提出消除或减弱危险和有害因素的教育措施、技术措施、管理措施以及事故应急救援预案要求。

(2) 安全评价结论及建议。简要列出评价结果,分析结果,得出评价结论。同时还应指出项目(工程)或系统应重点防范的重大危险和有害因素,明确生产经营者应高度重视的主要安全对策措施。

(3) 安全报告的编制、评审等管理程序。依据安全评价的结果编制相应的安全评价报告,按照项目(工程)或系统审批的权限,报安全生产行政管理部门组织的专家组进行评审。评价单位应根据专家组提出的评审意见,对安全评价报告进行补充、修改和完善后提交业主并报安全生产行政管理部门备案。

3.2 安全检查表

安全检查是及时发现不安全状态及不安全行为的有效途径,是消除事故隐患、防止伤亡事故发生的重要安全管理手段之一。安全检查的最有效工具是安全检查表(safety check list, SCL),它是为检查某些系统的安全状况而事先制定的问题清单。

3.2.1 安全检查表概述

早在20世纪50年代,安全检查表在许多发达国家的保险、军事等部门进行应用,并且对系统安全评价起到了很大作用。随着科学技术的进步和生产规模的扩大,安全检查表引起了人们的高度重视,在各部门和行业生产中得到了广泛应用。

安全检查表的定义:安全系统工程的方法,发现系统以及设备、机器装置和操作管理、工艺、组织措施中的各种不安全因素,列成表格进行分析。

根据用途和安全检查表的内容,安全检查表可以分为以下几种类型:

(1)审查设计的安全检查表。新建、改建和扩建的厂矿企业,革新、挖潜的工程项目,都必须与相应的安全卫生设施同时设计、同时施工和同时投产,即利用"三同时"原则全面、系统地审查工程的设计、施工和投产等各项的安全状况。检查表中除了已列入的检查项外,还要列入设计应遵循的原则、标准和必要数据。用于设计的安全检查表主要应包括厂址选择、平面布置、工艺过程、装置的布置、建筑物与构筑物、安全装置与设备、操作的安全性、危险物品的储存以及消防设施等方面。

(2)厂级的安全检查表,主要用于全厂性的安全检查,也可用于安全技术、防火等部门进行日常检查。主要内容包括安全设置与设施、危险物品的储存与使用、消防通道与设施、操作管理及遵章守纪等方面的情况。

(3)车间的安全检查表,用于车间进行定期检查和预防性检查,重点放在人身、设备、运输、加工等不安全行为和不安全状态方面。内容包括工艺安全、设备布置、安全通道、通风照明、安全标志、尘毒和有害气体的浓度、消防措施及操作管理等。

(4)工段及岗位的安全检查表,用于工段和岗位进行自检、互检和安全教育,重点放在因违规操作而引起的多发性事故上,其内容应根据岗位的操作工艺和设备的抗灾性能而定,要求检查具体、易行。

(5)专业性安全检查表。此类检查表是由专业机构或职能部门所编制和使用的,主要用于进行定期的或季节性的安全检查,如对电气设备、起重设备、压力容器、特殊装置与设施等的专业性检查。

安全检查表的特点有:

(1)系统化、科学化,为事故树的绘制和分析做好准备;
(2)容易得出正确的评估结果;
(3)充分认识各种影响事故发生的因素的危险程度(或重要程度);
(4)按照原因事件的重要顺序排列,有问有答,通俗易懂;
(5)易于分清责任,还可以提出对改进措施的要求,并进行检验;
(6)符合我国现阶段的实际情况,为安全预测和决策提供坚实的基础;
(7)只能定性评价,不能给出定量评价结果;
(8)只能评价已经存在的对象。

3.2.2 安全检查表的编制

安全检查表的编制人员主要由熟悉检查对象和具有实践经验的技术人员、管理人员和现场工作人员组成,必要时,邀请关注检查对象的人员如周围居民、社区、政府、其他工厂等参与。对于复杂工程或系统,应根据工程实际进行分工,划分成若干个专业编制小组。

安全检查表的编制依据有：
(1)国家有关法律法规；
(2)国家和行业的标准、规范、规定；
(3)上级单位和本单位有关的规章制度、操作规程等；
(4)国内外的事故案例；
(5)系统安全分析的结果。

安全检查表的格式没有统一规定，可以根据不同的要求设计不同的检查表，原则上应条目清晰、内容全面，要求详细、具体。目前应用最多的两种形式是提问式安全检查表和对照式安全检查表。

(1)提问式安全检查表。提问式安全检查表的检查项目采用提问方式进行。这种格式适用于企业非安全专业人员实施自行检查，只需按检查表内容和生产实际情况符合性填写，其一般格式见表3.1。

表3.1 提问式安全检查表

序号	检查项目	检查内容要点	检查结果(是或否)	备注
1				
2				
……		……		
检查人		时间	直接负责人	

(2)对照式安全检查表。对照式安全检查表的检查项目内容附上合格标准，检查时对比合格标准进行作答。这种格式适用于企业安全管理或安全监管机构的专业人员。对照式安全检查表的一般格式见表3.2。

表3.2 对照式安全检查表

序号	检查项目	国家技术标准规定项	检查结果	备注
1				
2				
……	……	……		
检查结论				

简单的安全检查表只有几个栏目，包括序号、检查项目、结果和备注，有时表末或表头注明检查者和检查日期等信息。

安全检查表要综合考虑人、物、环境和管理四个方面的因素。安全检查表也应该列举所有需查明的能导致工伤事故或其他事故的不安全状态和行为。在编制安全检查表过程中要注意以下几点：
(1)内容具体，简明扼要；
(2)突出重点；
(3)各类安全检查表都有其适用的对象，不宜通用；
(4)各级安全检查表项目应各有侧重；
(5)应由工程技术人员、安全管理人员和操作者等共同编制，并不断修改、完善。

3.2.3 安全检查表的实例

【例3.1】 仪表岗位HSE现场检查表见表3.3。

表3.3 仪表岗位现场检查表

岗位责任人： 编号：

序号	检查考核内容	评价		备注
		符合	不符合	
1	个人防护用品的使用			
2	是否按岗位和职业卫生要求定期检查身体			
3	是否具备岗位资质与条件			
4	岗位HSE职责和岗位工作范围风险内容掌握情况			
5	是否定期参加HSE培训教育活动			
6	对季节安全、环保相关知识、规定掌握情况			
7	各种仪表工具、用品安全可靠、定期检验			
8	不许在带压设备或管道上紧固、拆卸仪表的一次性元件			
9	装有电气设备的仪表盘、箱接地、接零保护			
10	手持移动电动工具漏电保护			
11	电子仪表接线是否遵守安全工作规程			
12	使用行灯是否符合规定要求			
13	安装仪表动火时,是否履行动火手续			
14	高空和双层作业是否落实防护措施			
15	相关消防知识的掌握			
16	仪表校验是否执行安全技术规程			
17	工作范围内固体废弃物的清理			
18	工作区自然环境的保护			
19	营地生活、饮食卫生规定的遵守情况			
20	发现不符合项是否及时整改或上报			

考核人： 考核时间： 复检人：

【例3.2】 施工作业现场安全检查表见表3.4。

表3.4 施工作业现场安全检查表

工程名称： 检查时间：

序号	确认项目	确认结果		备注
		是	否	
1	施工单位现场负责人、安全监督、监护人员是否到位			
2	是否制定作业计划书			
3	现场应急措施是否符合作业计划书的要求			
4	施工作业票是否办理			
5	班前是否进行安全会议			
6	安全教育记录是否齐全			

续表

序号	确认项目	确认结果 是	确认结果 否	备注
7	特殊作业人员是否持有证件			
8	作业人员穿戴劳保护具是否齐全			
9	劳保护具是否有效			
10	施工机具、设备、电线电缆是否完好			
11	施工现场的警示标志是否到位			
12	现场消防设备是否配备到位			
13	消防人员是否到位			
14	工艺流程是否进行有效切断			
15	工艺流程是否进行有效置换			
16	可燃气体检测是否合格(检测人在备注处签字)			
施工单位：		施工单位监护人签字：		
检查单位：		施工作业人员签字：		

3.3 预先危险性分析方法

预先危险性分析(preliminary hazard analysis，PHA)是一种定性分析方法，用来评价系统内危险因素和危险程度。预先危险性分析一般是在设计、施工、生产之前，或技术改进后，即制定操作规程和使用新工艺等运转活动之前进行。

3.3.1 预先危险性分析的研究内容和主要优点

预先危险性分析可以对系统存在的危险类别、出现条件、可能造成事故的后果进行客观的概略分析，研究内容包括：

(1) 识别危险的设备、零部件，并分析其发生危险的可能性条件；
(2) 分析系统中各子系统、各元件的相互关系与影响；
(3) 分析原材料、产品特别是有害物质的性能及储运；
(4) 分析工艺过程及其工艺参数或状态参数、人机关系(操作、维修等)；
(5) 分析环境条件；
(6) 分析用于保证安全的设备、防护装置等。

预先危险性分析的主要优点包括：

(1) 分析工作做在行动之前，可及早采取措施排除、降低或控制危害，避免考虑不周造成损失；
(2) 系统开发、初步设计、制造、安装、检修等的分析结果，可以提供应遵循的注意事项和指导方针；
(3) 分析结果可为制定标准、规范和技术文献提供必要的资料；
(4) 根据分析结果可以编制安全检查表以保证实施安全，并可以作为安全教育的材料。

3.3.2 预先危险性分析的步骤及注意问题

(1)熟悉系统:对系统的目的、工艺流程、操作运行条件、周围环境作充分的调查了解危险源。

(2)辨识"危险因素":运用危险因素的各种辨识方法,查找能够造成人员伤亡、财产损失和系统功能丧失的危险因素。

(3)找出触发事件(原因事件),分类制成分析表。

(4)识别与确定危险因素转化为事故的"发生条件"。

(5)确定危险因素的危险等级。

(6)根据危险等级,制定相应安全措施。

表格的编制格式见表3.5,可以根据需要加以增删或调整。

表3.5 预先危险性分析表格示例

系统:　　　　　　　运行方式:　　　　　　　分析日期:

序号	危险源	事故情况	事故的可能性	危害后果	风险等级	控制措施

应注意的问题如下:

(1)人员"三结合":对新系统或新的操作方法,至少应有设计人员、操作人员参与分析。

(2)系统合理分解:这样做不仅可以避免过早陷入细节问题而忽视重点问题的危险,且可以防止漏项。

(3)设法采用理论分析:迭代法、抽象法和控制论。

(4)事先准备检查表:指出查找危险性的范围。

3.3.3 危险性控制

危险性识别后就可采取相应的预防措施,避免它发展成为事故。采取预防措施的原则首先是采取直接措施,即从危险源着手;其次是采取间接措施,如隔离、个人防护等。危险性控制主要方法如下:

(1)防治与控制能量破坏,主要包括限制能量的集中与蓄积、控制能量的释放和隔离能量。

(2)采用降低损失程度的措施。事故一旦发生,应马上采取措施,抑制事态发展,减轻危害的严重性。

(3)防止人为失误。为了减少人的失误,应为操作人员创造安全性较强的工作条件,设备要符合人机工程学的要求,重复操作频率大的工作应用机械代替手工,变手工操作为自动控制。

3.3.4 预先危险性分析实例

【例3.3】 常减压装置开停工的安全预评价。

从常减压的工艺和装置特点考虑,根据系统安全工程的原理,采用预先危险性分析对常减压装置进行分析,从事故结果找出引起的原因,并提出相应的对策措施。分析结果见表3.6。

表 3.6　常减压开停工预先危险性分析表

危险因素	触发事件	现象	事故原因	事故情况	事故后果	危险等级	建议的安全措施
天然气	加热炉点火	爆炸	与空气混合达到爆炸极限	加热炉爆炸	人员伤亡、财产损失	Ⅲ	吹扫置换干净,爆炸性气体分析
油气	减压塔负压生产	爆炸	空气进入减压塔达到爆炸极限	减压塔爆炸	人员伤亡、财产损失	Ⅲ	开工前按规定试正压和试负压;认真巡检
油气	电脱盐罐送电	爆炸	与空气混合达到爆炸极限	电脱盐罐爆炸	人员伤亡、财产损失	Ⅲ	蒸汽吹扫置换,罐顶排空
硫化亚铁	人孔开启	自燃	硫化亚铁在空气中氧化自燃	火灾	财产损失	Ⅲ	减压塔填料进行水冲洗
汽油	回流罐液位失灵	着火	汽油从不凝气线进入加热炉	火灾	人员伤亡、财产损失	Ⅲ	采用双法兰液位计;及时核对液位
渣油	取样或机泵、换热器法兰泄漏	带压自燃	高温渣油泄漏,在空气中自燃	火灾	人员伤亡、财产损失	Ⅲ	规范操作;提高检修质量;认真巡检
油气	塔腐蚀穿孔	着火	油气泄漏至高温设备自燃	火灾	人员伤亡、财产损失	Ⅲ	严格审核设计;定期检测设备;投用火灾报警监测仪
常顶汽油	停电或顶回流中段回流不上量	不凝气高点放空喷油	塔内热量上移,大量油气进入塔顶回流罐	火灾	人员伤亡、财产损失	Ⅲ	做好应急方案,迅速转移回流罐油气
油气	油气窜入蒸汽	着火	油气压力高于蒸汽,阀门关不严	火灾	人员伤亡、财产损失	Ⅱ	蒸汽阀加盲板;使用蒸汽前放空排凝检查
油气	循环水管线动火作业	闪爆	循环水管线低洼处顶部积存油气和空气混合物	闪爆	人员伤亡、财产损失	Ⅱ	作业前进行可燃气检测;接临时蒸汽对管线吹扫
油气	装置内死角点存油窜入动火点	着火	注剂线、仪表线、污泥等有死角	火灾	人员伤亡、财产损失	Ⅱ	疏通死角点存油,防止油气在有限空间积聚,避免交叉作业
油气	装置外油气窜入装置内	着火爆炸	装置外来油气进入装置内	火灾、爆炸	人员伤亡、财产损失	Ⅱ	油品进出装置处全部用盲板隔断上锁
蒸汽	蒸汽吹扫	水击	有凝结水未排尽,升温过快	震动	财产损失	Ⅱ	蒸汽排凝排尽再缓慢给汽
原油	停工退料进罐,罐内存水	突沸	退料温度超过安全温度发生突沸	冒罐	财产损失	Ⅱ	退料罐应用空罐,退料温度不能超过安全温度

续表

危险因素	触发事件	现象	事故原因	事故情况	事故后果	危险等级	建议的安全措施
热烟气	加热炉风机提前停用	热管爆管	加热炉热烟气温度高,进风停用热管未取走热,温度过高	热管爆管	财产损失	II	待炉膛温度降至安全温度下再停用风机
水	初馏塔进水	冲塔	原料带水或顶回流带水	冲塔	油品污染、财产损失	II	电脱盐投用脱水,控制回流罐界位不超高
水	塔底泵带水	塔板拉翻	水进塔遇高温油气急剧汽化膨胀	冲塔	人员伤亡、财产损失	III	泵存水排尽,进塔前要缓慢开大阀门
蒸汽	顶部放空关闭	塔、容器抽瘪	蒸汽试压后顶部放空未开,蒸汽冷却后容器内成负压	容器抽瘪	财产损失	II	塔、容器试压后应排尽蒸汽,顶部放空打开,防止气体冷却后收缩成负压
蒸汽	开停工吹扫	烫伤	劳保穿戴不规范,皮肤接触高温管线	烫伤	人员伤亡	II	劳保穿戴规范,熟悉工艺条件,提高安全意识
油品	塔底液位失真	淹塔	塔底液位失真,液位上涨	淹塔	财产损失	II	及时校对仪表,及时监测参数变化
结垢及杂物	堵塞管线	管路不通	结晶物、结垢物堵塞设备管线	管路堵塞	停工、财产损失	I	开工前认真检查,蒸汽贯通、水联运
沥青	出装置温度低	冻凝	沥青出装置温度低,黏度大	重油冻凝	停工、财产损失	II	减少换热,提高沥青出装置温度
泵轴空转	泵不上量	烧轴、泄漏	泵空转,密封、轴承无油润滑	烧轴、密封泄漏	财产损失	II	泵上量不好要及时停用;开工平稳
油气	阀芯掉落	塔跳安全阀	阀芯掉落延误人判断操作	塔跳安全阀	财产损失	II	阀门质量受控,试压合格才能使用
汽提污水	进水量供应不足	罐抽瘪	汽提污水罐放空阀关闭	罐抽瘪	财产损失	II	不能关闭放空阀,改用水封

3.4 故障类型及影响分析

故障类型及影响分析(failure modes and effects analysis,FMEA),是自下而上的归纳分析方法。它采用系统分割的概念,根据实际需要分析的水平,把系统分割成子系统或进一步分割成元件,顺序分析和考察,查出系统中各子系统或元件可能发生的故障、原因及其状态,并进一步分析它们对系统功能造成的影响,提出可能采取改进措施,以提高系统的可靠性和安全性。

3.4.1 基本概念

故障:指元件、子系统、系统在规定的运行时间、条件内,达不到设计规定的功能。并不是所有的故障都能造成严重的后果,而是其中有些故障会影响系统,导致不能完成任务或造成事故损失。

故障模式:故障出现的状态,是故障现象的表征,是由故障机理发生的结果,相当于医学上的疾病症状。

故障原因:故障发生的原因,分内因和外因。内因指固有可靠性,如系统、产品的硬件设计不合理或存在潜在的缺陷;系统、产品中零部件有缺陷;制造质量低,材质选用有错或不佳;运输、保管、安装不善。外因指使用可靠性,如环境条件和使用条件。

故障机理:指诱发零件、产品、系统发生故障的物理与化学过程、电学与机械过程。故障机理考虑某个故障是如何发生的,以及发生的可能性有多大。

故障等级:衡量故障对系统任务、人员和财产安全造成影响的尺度,根据故障的等级大小采取相应的措施。

(1)简单划分法:按影响的严重程度(后果)将故障分四个故障等级,见表3.7。

表 3.7 故障等级的划分

故障等级	影响程度	可造成的危害或损失
IV	致命的	可造成灾害性事故,全系统破坏(必须立即排除)
III	危险的	可致伤亡、职业病、主系统损坏(立即采取措施)
II	临界的	可致轻伤、轻度职业病、次要系统损坏(采取措施)
I	安全的	不会造成伤、病、损(可无措施)

(2)风险矩阵法划分。风险矩阵法是综合评定的依据。它由风险率表示,而风险率是由故障概率和严重度共同得到的。如表3.8是严重度等级的划分,表3.9是故障概率等级的划分。

表 3.8 严重度等级的划分

严重度等级	内 容
I	对系统任务无影响
低的	对子系统造成的影响可忽略
	通过调整故障易于消除
II	对系统任务有影响,但可忽略
主要的	导致子系统功能下降
	出现的故障能够立即修复
III	系统功能有所下降
关键的	子系统功能严重下降
	出现的故障不能立即修复
IV	系统功能严重下降
灾难性的	子系统功能全部丧失
	出现的故障需修理才消除

表 3.9　故障概率等级的划分

故障概率等级		内　容
Ⅰ	很低	元件故障发生的概率很小,可忽略
Ⅱ	低	元件故障发生机会不易出现
Ⅲ	中	元件故障发生的概率 0.5 左右
Ⅳ	高	元件故障发生的机会容易出现

故障概率等级和严重度等级确定后,以故障概率等级为纵坐标,严重度等级为横坐标,画出如图 3.1 所示的风险率矩阵图。处在右上角方块内的故障类型风险率最大。

彩图 3.1

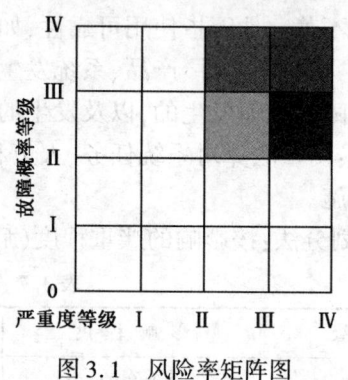

图 3.1　风险率矩阵图

3.4.2　故障类型及影响分析的特点

(1)故障类型及影响分析是通过原因来分析系统故障,即用系统工程方法,从元件的故障开始,由下向上逐次分析其可能发生的问题,预测整个系统的故障,利用表格形式,找出不希望的初始原因事件。

(2)故障类型及影响分析除考虑系统中上、下级的层次概念,还主要考虑功能关系;从可靠性的角度看,侧重于建立上级和下级的逻辑关系,因此它是以功能为中心、以逻辑推理为重点的分析方法。

(3)故障类型及影响分析是一种定性分析方法,不需要数据作为预测依据,只要有理论知识和故障的经验积累就可以了,因而便于掌握,当个人知识不够时可以采用集思广益的办法进行分析。

(4)故障类型及影响分析适用于产品设计、工艺设计、装备设计、维护和管理等。

3.4.3　故障类型及影响分析的步骤

第一步,明确系统情况和目的。收集与系统有关的各种资料,如了解系统任务书、设计书、图纸、使用说明书、标准、规范、事故情报等。

第二步,确定分析层次及深度。系统是由若干个子系统组成的,子系统又可逐层向下分至元件。分析到哪一层应事先明确,一般根据分析目的而定。例如,用于设备设计等分析,一般要深入至元件为止,比较复杂;用于安全管理分析,则分析到阀门、泵、开关、继电器、罐体等即可。

第三步,绘制功能框图和可靠性框图。功能框图是表达各子系统及其所含功能件功能与相互关系的框图。可靠性框图是研究如何保证系统正常运行的一种系统图,而不是按系统的结构顺序绘制的结构图。

第四步,建立故障模式清单、分析故障类型及影响。根据理论知识、实践经验和有关故障资料,判明系统中所有实际可能出现的故障模式,即导致规定输出功能的异常和偏差。分析过程的出发点,不是从故障已发生开始考虑,而是分析现有设计方案,会有哪种故障发生,即对每一种输出功能的偏差,预计可能发生什么故障,对部件、子系统、系统有什么影响及程度,列出认为可能发生的全部故障。

第五步,结果汇总。故障类型及影响分析完成后,对系统影响大的故障要汇总列表,详细分析并制定安全措施加以控制。对危险性特别大的故障类型,尽可能做到致命度分析。

3.4.4 致命度分析

致命度分析(criticality analysis,CA)是在故障类型及影响分析的基础上扩展出来的。在系统进行初步分析之后,对特别严重的故障模式再单独进行详细分析;致命度分析就是对系统中各个不同的严重故障模式计算临界值——致命度指数,即给出某故障模式产生致命度影响的概率。致命度分析是一种定量分析方法,与故障类型及影响分析结合使用,称为故障模式、影响及致命度分析(FMECA)。

3.4.4.1 致命度分析的目的

(1)尽量消除致命度高的故障模式;

(2)当无法消除故障模式时,应尽量从设计、制造、维修和使用等方面去降低其致命度和减少其发生的概率;

(3)根据故障模式不同的致命度,对零件、部件或产品提出相应的不同质量要求,以提高其安全性和可靠性;

(4)根据不同情况可采取对产品或部件的有关部位增设保护措施、监测预报系统等措施。

3.4.4.2 致命度指数计算

致命度指数是用式(3.1)进行计算,它表示元件运行 100 万小时(次)发生致命故障的次数:

$$C_r = \sum_{i=1}^{n}(\alpha \cdot \beta \cdot K_A \cdot K_B \cdot \lambda_G \cdot t \cdot 10^6) \tag{3.1}$$

式中 α——该故障类型所占的比率;

β——发生故障时,致命的影响发生的概率;

K_A——故障率修正系数;

K_B——环境条件修正系数;

λ_G——故障率;

n——故障类型的号数;

t——完成任务运行的小时数或周期数。

3.4.5 应用举例

【例3.4】 电动机运转系统故障类型及影响分析见表 3.10。电动机的电路如图 3.2 所示。

表 3.10 电动机运转系统故障类型及影响分析

元素	故障类型	可能的原因	对系统的影响
按钮	卡住	机械故障	电动机不转
	接点断不开	机械故障 人员没放开按钮	电动机运转时间过长 短路会烧毁熔断器
继电器	接点不闭合	机械故障	电动机不转
	接点不断开	机械故障 经过接点电流过大	电动机运转时间过长 短路会烧毁熔断器
熔断器	不熔断	质量问题 熔断器过粗	短路时不能断开电路
电动机	不转	质量问题 按钮卡住 继电器接点不闭合	丧失系统功能
	短路	质量问题 运转时间过长	电路电流过大烧毁熔断器 使继电器接点粘连

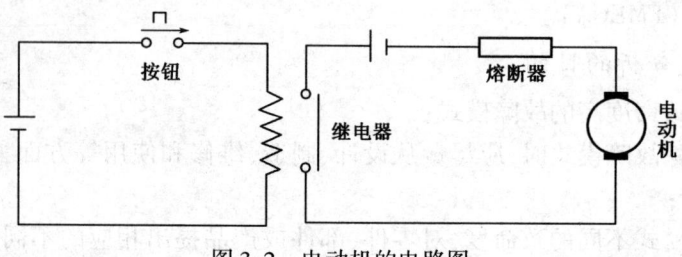

图 3.2 电动机的电路图

3.5 危险和可操作性分析

危险和可操作性分析(hazard and operability analysis,HAZOP)是应用系统审查法来审查新设计或已有工厂的生产工艺和流程,以评价由装置、设备的部分误操作或机械故障引起的潜在危险,进而评价其对整个工厂的影响。

3.5.1 危险和可操作性分析概述

危险和可操作分析是英国帝国化学工业公司于 1974 年针对化工装置而开发的评价方法,同时也是用于热力—水力系统的安全分析方法。该方法是由相关领域专家组成的小组采用头脑风暴法来进行创造性的工作完成的。

危险和可操作性分析的基本过程是以关键词为引导,找出工艺过程状态参数的变化偏差,然后分析造成偏差的可能原因和偏差可能造成的后果,并且决定需采取的措施。通过危险和可操作性分析,能够探明装置及操作过程中的危险,依据危险带来的后果确定系统中的主要危险。

危险和可操作性分析的特征如下:

(1)危险和可操作性分析是一种创造性过程。通过系统应用一系列引导词来辨识偏差,并利用这些偏差作为"触发器",引发小组成员思考该偏差发生的原因以及可能产生的后果。

(2)危险和可操作性分析是在训练有素、富有经验的分析组长的引导下进行,组长必须在富有逻辑的思维下确保对系统进行全面的分析。分析组长最好配有一名记录员,记录识别的危险和操作干扰,以备进一步评估和决策。

(3)危险和可操作性分析需要多专业的专家,他们具备相应的技能和经验,有较好的直觉和判断能力。

(4)危险和可操作性分析应在积极思考和坦率讨论的氛围中进行,当识别出一个问题时,应做好记录以便后续的评估和决策。

(5)对识别出的问题提出解决方案并非危险和可操作性分析的主要目标,但是一旦提出解决方案,应做好记录供设计人员参考。

常用危险和可操作性分析术语见表3.11。

表 3.11 常用危险和可操作性分析术语

项 目	说 明
工艺单元或分析节点	对具有确定边界的设备(如两容器之间的管线)单元内工艺参数的偏差进行分析;对位于管线及仪表(PID)图上的工艺参数进行偏差分析
操作步骤	间隙过程的不连续动作,或者是由危险和可操作性分析小组分析的操作步骤,可能是手动、自动或计算机自动控制的操作,间隙过程每一步使用的偏差可能与连续过程不同
工艺指标	确定装置如何按照希望的操作而不发生偏差,即工艺过程的正常操作条件。采用一系列的表格,用文字或图表进行说明,如工艺说明、流程图、管道图、管线及仪表图等
引导词	用于定性或定量设计工艺指标的简单词语,引导识别工艺过程的危险
工艺参数	与过程有关的物理和化学特性,包括概念性的项目如反应、混合、浓度、pH值,及具体项目如温度、压力、相数和流量等
偏差	分析组使用引导词系统地对每个分析节点的工艺参数(如流量、压力等)进行分析发现的一系列偏离工艺指标的情况(如无流量、压力高等)
原因	发生偏差的原因。一旦找到发生偏差的原因,就意味着找到了对付偏差的方法和手段。这些原因可能是设备故障、人为失误、不可预见的工艺状态(如组成改变),以及来自外部的破坏(如电源故障)等
后果	偏差所造成的结果(如释放出有毒物质)。分析组常假定发生偏差时已有安全保护系统失效,不考虑那些细小的与安全无关后果
安全保护	设计的工程系统或调节控制系统,用以避免或减轻发生偏差时所造成的后果(如报警、联锁装置及操作规程等)
措施或建议	修改设计、操作规程,或者进一步进行分析研究(如增加压力报警、改变操作步骤的顺序)

3.5.2 危险和可操作性分析原则

危险和可操作性分析的基础是"引导词检查",它是仔细地查找与设计目的背离的偏差。为便于分析,可将系统分成多个部分,各个部分的设计目的应能充分定义。所选部分的大小取决于系统的复杂性和危险的严重程度。系统特定部分的设计目的通过要素表示,要素体现该部分的基本特性,代表该部分的自然划分。要达到分析目的,可通过多种组合方式实现,因而分析要素的选择在某种程度上是一种主观决定,也可能取决于特定的运用。要素可能是一个程序中不连续的步骤或阶段,或是控制系统中的单独信号和设备元件,或是工艺和电子系统中的设备零部件等。

设计目的包含以下要素:物料、操作以及可视为该部分要素的来源和目的地。要素常通过定量或定性的特性做更明确的定义。例如,在化工系统中,"物料"要素可以进一步通过温度、压力和成分等特性定义;对于"运输活动"要素,可通过行驶速率或乘客数量等特性定义;对基于计算机的系统,信息(不是物料)可作为各部分的要素。

危险和可操作性分析研究每种要素(和相关的特性)偏差,一般使用预先确定的"引导词",通过询问过程识别偏差。引导词的作用是激发分析人员的想象性思维,使其专注于分析,提出观点并进行讨论,从而尽可能使分析全面。常用的引导词见表3.12。

表 3.12 危险和可操作性分析引导词及其意义

关键词	意 义	解 释
否 no	规定功能完全否定	完全没发挥规定功能,即什么都没发生
多 more	数量增加	指数量的多或少,如数量、流量、温度、压力、时间(过早或过晚,过长或过短,过大或过小,过高或过低);指性质好坏,如酸性、碱性、黏性;指完成功能程度高低,如加热、反应程度
少 less	数量减少	
而且 as well as	质的增加	达到规定功能,另有其他事件发生,如增加过程(输送时产生静电)、比应有的组分多(附加相、蒸气、固态物质、杂质、空气、水、酸、锈蚀物)
部分 part of	质的减少	仅实现部分功能,有的功能未实现,如多步化学反应没完全实现;物料混合物中某物料少或完全没有;缺少某种元件或不起作用
相反 reverse	逻辑上与规定功能相反	对于过程:反向流动、逆反应(分解与化合)、程序颠倒。对于物料:用催化剂还是抑制剂
其他 other than	其他运行状况其他地方	其他物料、其他状态(原料、中间产物、催化剂、聚集状态)、其他运行状态(开停车、维修、保养、试运、低负荷)、其他过程(不希望的化学反应、分解、聚合)、不适宜的运动过程、不希望的物理过程(加热、冷却、相位变化)

3.5.3 危险和可操作性分析工作程序

危险和可操作性分析的基本步骤包括分析准备、完成分析和编制分析结果文件三个阶段。

3.5.3.1 分析准备

1)分析组的组成

分析组的组织者应当组建有适当人数且有经验的分析组。分析组最少由4人组成,包括组织者、记录员、两名熟悉过程设计和操作的人员。虽然对简单、危险情况较少的过程而言,规模较小的分析组可能更有效率,但5~7人的分析组是更为理想的。如果分析组规模太小,则由于参加人员的知识和经验的限制将可能得不到高质量的分析结果。分析组成员应由具备工业安全和实际进行危害分析及可操作性分析经验的资深工程师担任。

分析组主要人员及职责如下:
(1)生产工程师:熟悉基本设计、程序模拟。
(2)系统工程师:熟悉生产线、仪器图及基本设计规范。
(3)品质工程师:熟悉操作步骤及相关标准。
(4)仪控工程师:具备设备及控制系统选择经验。
(5)安全工程师:了解安全标准、法规、安全管理等。
(6)其他专业人员:工业卫生专业人员、电气工程师、维修工程师等。

2)确定分析的目的、对象和范围

分析的目的、对象和范围必须尽可能地明确。分析对象通常是由装置或项目的负责人确定的,并得到分析组组织者的帮助。应当按照正确的方向和既定目标开展分析工作,而且要确定应当考虑到哪些危险后果。

3)获得必要的资料

在进行危险和可操作性分析工作之前,必须收集下列资料和数据:

(1)流程图、管线及仪表图、设计标准;

(2)流程说明、质能平衡、生产计划、生产目标;

(3)设备规格和设备布置图;

(4)公共和支援设施说明;

(5)操作步骤和维修计划。

4)将资料变成适当的表格并拟定分析顺序

为了使分析过程有条不紊,分析组的组织者通常在分析会议开始之前要制定详细的计划,必须花一定的时间根据特定的分析对象确定最佳的分析程序。

5)安排会议次数和时间

每个分析节点平均需 20~30 分钟,每个设备分配 2~3 小时,每次会议持续时间不超过 4~6 小时(最好安排在上午),而且分析会议应连续举行。最好把装置划分成几个相对独立的区域,每个区域讨论完毕后,会议组作适当修整,再进行下一区域的分析讨论。对于大型装置和工艺过程,可以考虑组成多个分析组同时进行,由某个分析组的组织者担任协调员,协调员首先将过程分成相对独立的若干部分,然后分配给各个组去完成。

3.5.3.2 完成分析阶段

(1)危险和可操作性分析需要将工艺图或操作程序划分为分析节点或操作步骤,然后用引导词找出过程中存在的危险,得到的结果为:

①偏差的原因、后果、保护装置、建议措施;

②需要更多的资料才能对偏差进一步分析。

(2)会议组织者应注意的问题。危险和可操作性分析的组织者把握分析会议上提出问题的解决程度很重要,为尽量减少那些悬而未决的问题,组织者应当在每个偏差的分析及建议措施完成后再进行下一偏差的分析;在考虑采取某种措施以提高安全性之前,应对与分析节点有关的所有危险进行分析。

为保证会议的高效率,组织者必须牢记以下几点:不要与分析组成员对抗;认真听取所有成员的意见;在会议过程中,不允许任何人有抵触;保证必要的休息,以保持旺盛的精力。

3.5.3.3 编制分析结果文件

危险和可操作性分析结果文件如表 3.13 所示。

表 3.13 危险和可操作性分析记录表

分析人员: 图纸号:
会议日期: 版本号:

序号	偏差	原因	后果	安全保护	建议措施
分析节点或操作步骤说明,确定设计工艺指标					

3.5.4 应用实例

【例3.5】 假设一个简单的过程工厂如图3.3所示。物料A和物料B通过泵连续地从各自的供料罐输送至反应器,在反应器中合成并生成产品C。假定为了避免爆炸危险,在反应器中物料A总多于物料B。完整的设计描述将包括很多其他细节,如压力影响、生成物和反应物的温度、反应时间、泵A和泵B的匹配性等,但为简化示例,这些因素将被忽略。工厂中待分析的部分用粗线条表示。分析结果见表3.14。

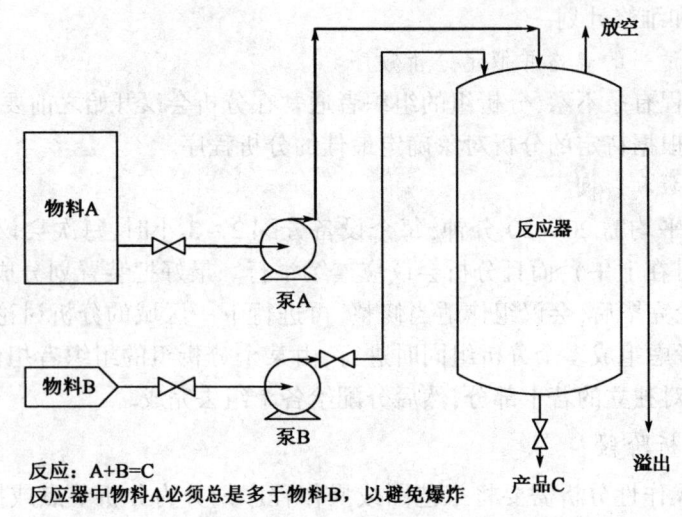

反应:A+B=C
反应器中物料A必须总是多于物料B,以避免爆炸

图3.3 简化流程图

表3.14 过程示例的危险和可操作性分析

分析题目:过程示例　　　　　　　　　　　　　表页:
图纸编号:　　　　　修订号:　　　　　　　　　日期:
小组成员:LB、DH、EK、NE、MG、JK　　　　　　会议日期:
分析部分:从供料罐A到反应器的输送管道
物料:A　　　　　　功能:以大于物料B的输送速率连续输送
设计目的:　　　　　来源:装有物料A的供料罐　　目的地:反应器

序号	引导词	要素	偏差	可能原因	后果	安全措施	注释	建议安全措施	执行人
1	无 no	物料A	无物料A	A供料罐是空的	没有A流入反应器;爆炸	无显示	情况不能被接受	考虑在A供料罐安装一个低液位报警器以及当A低流量时联锁停泵B	MG
2		输送物料A(以大于输送B的速率)	没有输送物料A	泵A停止;管路堵塞	爆炸	无显示	情况不能被接受	物料A流量的测量,外加一个低流量报警器以及当A低流量时联锁停泵B	JK

续表

序号	引导词	要素	偏差	可能原因	后果	安全措施	注释	建议安全措施	执行人
3	多 more	物料A	物料A过量，使罐溢出	当没有足够的容量时，向罐中加料	物料从罐中溢出到边界区域	无显示	可以通过对罐的检测加以识别	如果没有预先被识别出来，考虑高液位报警	EK
4		输送A	输送过多；物料A流速增大	叶轮尺寸选错；泵选型不对	产量可能减少；产品中含过量的A	无	无	在试车时检测泵的流量和特性；修改试车程序	JK
5	少 less	物料A	更少的A	A供料罐液位低	不适当的吸入压头；可能引起涡流导致爆炸；流量不足	无	不可接受	在A供料罐安装一个低液位报警器	MG
6		输送物料A(以大于输送B的速率)	A的流速降低	管线部分堵塞；泄漏；泵工作不正常	爆炸	无显示	不可接受	物料A流量的测量，外加一个低流量报警器以及当A低流量时联锁停泵B	JK
7		物料A	在供料罐中除了物料A还有其他流体物料	供料罐被污染	未知	所有罐车装的物料在卸入罐前应接受检查和分析	认为是可接受的	检查操作程序	LB
8	伴随 as well as	输送A	输送A的过程中，可能发生侵蚀、腐蚀、结晶或分解	根据更具体的细节，对每种潜在的可能都应该加以考虑					NE
9		目的地反应器	外部泄漏	管线、阀门或密封泄漏	环境污染；可能爆炸	采用可接受的管道规范或标准	接受合格品	将能联锁跳车的流量传感器尽可能靠近反应器安装	DH
10	相反 reverse	输送A	反向流动；原料从反应器流向供料罐	反应器压力高于泵出口压力	装有反应物料的供料罐被返回的物料污染	无显示	情况不令人满意	考虑管线上安装一个止逆阀	MG
11	异常 other than	物料A	原料A异常；供料罐内物料不是A物料	供料罐内原料错误	未知，将取决于原料	在供给物料前对物料进行检验分析	情况可以接受		
12		目的地反应器	外部泄漏；反应器无物料进入	管线破裂	环境污染；可能爆炸	管道完整性	检查管道设计	建议规定流量联锁跳车应有足够快的响应时间以阻止发生爆炸	MG

3.6 事件树分析

事件树分析(event tree analysis,ETA)是安全系统工程的重要分析方法之一。它是从给定的一个初始事件的事故原因开始,按时间的进程,采用追踪方法,对构成系统的各要素(事件)的状态逐项进行二择一的逻辑分析,主要分析向前发展中各个环节成功与失败的过程和结果,进而定性与定量评价系统的安全性,最后得到正确的决策。

3.6.1 事件树分析的原理

事件树分析的理论基础是系统工程决策论,是由决策树演化而来,最初用于可靠性分析。系统都是由若干个元件组成的,每一个元件对规定的功能都存在具有和不具有两种可能。元件若具有其规定的功能,表明正常(成功),其状态值为1;若不具有规定功能,表明失效(失败),其状态值为0。按照系统的构成顺序,直到最后一个元件为止。分析的过程用图形表示出来,就得到近似水平的树形图。

3.6.2 事件树分析的作用

(1)事件树分析是一个动态分析过程。通过事件树分析可以看出系统变化过程,查明系统中各个构成要素对导致事故发生的作用及其相互关系,从而判别事故发生的可能途径及危害。

(2)事件树分析时,在事件树上只有两种可能状态,即成或败,而不考虑某一局部或具体的情节。因此事件树分析可以快速推断和找出事故,并能指出避免发生事故的途径,便于改进系统的安全状况。

(3)根据系统中各个要素的故障概率,可以概略地计算出顶事件不发生的概率。

(4)找出最严重的事故后果,为事故树确定顶上事件提供依据。

3.6.3 事件树的绘制

绘制事件树时,从事故的起因事件开始,从左往右画,每个要素两个分支,结果成功的画为上支(可用1或任意大写字母标记),结果失败的画为下支(用0或对应上支字母的补标记),直至得出最后结果为止。根据需要,可标出各支(成功与失败)的概率值,以便进行定量计算。具体程序如下:

(1)确定系统的最初原因事件。它可以是系统故障、设备失效、人员误操作或过程异常等。一般选择影响较大或分析人员最感兴趣的异常事件作为初始事件。

(2)分析系统的组成要素并进行功能分解。找出出现在初始事件之后的一系列可能造成事故后果的其他原因事件。

(3)分析各要素的因果关系及状态。

(4)构造事件树。根据因果关系及状态,从初始时间开始由左向右展开(成功在上,失败在下)。如果某一个环节事件不需要往下分析,则水平线延伸下去,不发生分支。

(5)说明分析结果。在事件树最后写明由初始事件引起的各种事故结果。

(6)进行事件树简化。

(7)制定对策。找出发生事故的途径和类型,进行严重程度分级并制定对策。

3.6.4 事件树分析的注意事项

(1) 应适当地选定起因事件。在选择时,重点应放在对系统的安全影响最大、发生频率最高的事件上。

(2) 逻辑思维要首尾一贯,无矛盾,有根据。

(3) 要注意人的不安全因素,否则会得出错误结果。

3.6.5 事件树分析的优点

(1) 简单易懂,启发性强;

(2) 逻辑严密,判断准确,能找出事故发展规律;

(3) 可以定性分析,也可以定量分析。

3.6.6 事件树分析实用举例

【例 3.6】 反应器冷冻盐水流量减少事件树分析。

某反应器系统如图 3.4 所示。该反应是放热的,为此在反应器的夹套内通入冷冻盐水以移走反应热。如果冷冻盐水流量减少,会使反应器温度升高,反应速度加快,导致反应失控。

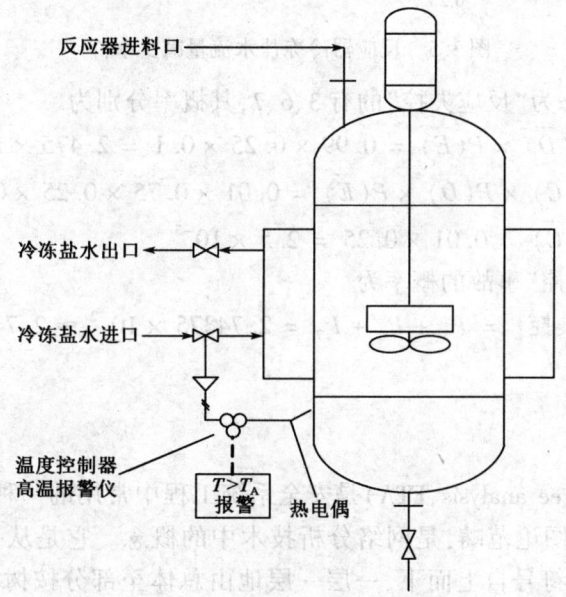

图 3.4 反应器的温度控制

在反应器上安装有温度测量控制系统,并与冷冻盐水入口阀门联结,根据温度控制冷冻盐水流量。

为安全起见,安装了高温报警仪,当温度超过规定值时自动报警,以便操作者及时采取措施。安全功能的故障率见表 3.15,事件树分析如图 3.5 所示。

表 3.15 安全功能的故障率

代码	B	C	D	E
安全功能	高温报警仪报警	操作者发现反应器超温	操作者恢复冷却剂流量	紧急关闭反应器
故障率	0.01	0.25	0.25	0.1

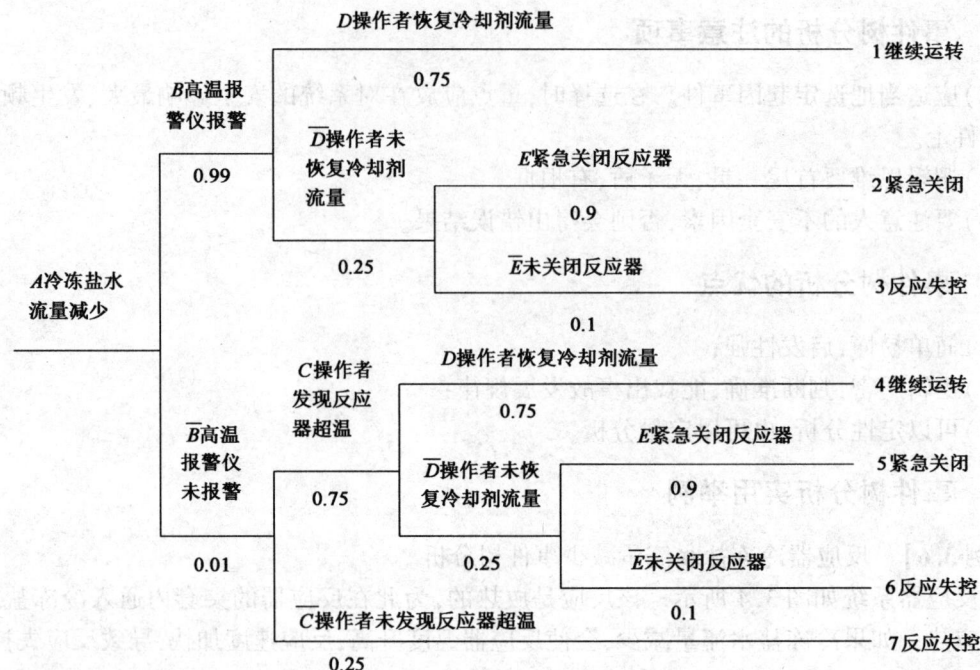

图3.5 反应器冷冻盐水流量减少事件

由上可知,系统状态为"反应失控"的有3、6、7,其概率分别为

$$P_3 = P(B) \times P(\bar{D}) \times P(\bar{E}) = 0.99 \times 0.25 \times 0.1 = 2.475 \times 10^{-2}$$

$$P_6 = P(\bar{B}) \times P(C) \times P(\bar{D}) \times P(\bar{E}) = 0.01 \times 0.75 \times 0.25 \times 0.1 = 1.875 \times 10^{-4}$$

$$P_7 = P(\bar{B}) \times P(\bar{C}) = 0.01 \times 0.25 = 2.5 \times 10^{-3}$$

因此,发生"反应失控"事故的概率为

$$P\{反应失控\} = P_3 + P_6 + P_7 = 2.74375 \times 10^{-2} \approx 2.74 \times 10^{-2}$$

3.7 事故树分析

事故树分析(fault tree analysis,FTA)是安全系统工程中常用的一种分析方法。"树"的分析技术属于系统工程的图论范畴,是网络分析技术中的概念。它是从一个可能的事故(顶事件)开始,用规定的逻辑符号自上而下、一层一层地由总体至部分按树枝状结构逐层细化,分析导致各事故发生的所有可能的直接因素及其相互间的逻辑关系,并由此逐步深入分析,直到找出事故的基本原因,即事故树的基本事件为止,从而确定系统故障原因的各种组合方式和发生概率,并采取相应的措施,提高系统的可靠性。

3.7.1 事故树分析的概述

3.7.1.1 事故树分析的发展概况

1961年,美国贝尔电话研究所的维森(H. A. Watson)首创了事故树,并应用于研究民兵式导弹发射控制系统的安全性评价中,用它来预测导弹发射的随机故障概率。接着,美国波音飞机公司的哈斯尔(Hassle)等人对这个方法又进行了重大改进,采用电子计算机进行辅助分析和计算。1974年,美国原子能委员会应用事故树分析对商用核电站进行了风险评价,发表了拉斯姆逊报告,引起世界各国的关注。目前事故树分析法已从宇航、核工业进入一般电子、电力、化工、机械、和交通等领域,它可以进行故障诊断、分析系统的薄弱环节、指导系统的安全运行和维修,以及实现系统的优化设计。近年来,各国已开发了多种功能的软件包进行事故树分析的定性与定量分析,有些软件已通用化和商品化。

20世纪60年代初,事故树分析在航空业中得到应用,推动了事故树分析的发展。从60年代初期到70年代,事故树分析定量分析得到迅速发展,并且该方法成为原子反应堆、化学工厂以及对可靠性、安全性有特别要求的一些单位不可缺少的分析方法之一。1974年由美国麻省理工学院Rasmussen领导的科研小组发表的WASH-1400关于压水堆事故风险评价报告的核心方法便是事故树分析和事件树分析,在工业界产生极大震动。Vessely认为,这是事故树分析逐步走向成熟的里程碑。科学工作者和工程技术人员越来越倾向于采用事故树分析作为评价系统可靠性和安全性的手段,来预测和诊断故障,分析系统薄弱环节,指导运行和维修,实现系统设计的最优化。

我国引进事故树分析技术相对较晚,1980年首次介绍了事故树分析技术。事故树分析作为系统可靠性分析的有力工具,在航天、航空、核能、电子、化工等领域被相继引用,大批学者和研究人员对其开发、应用进行了广泛的研究。如清华大学核能技术研究所研制了MFFAAP多功能事故树;天津大学的陈金水教授于1989年提出了用矩阵进行事故树分析的新方法,从而为事故树的发展开辟了一条新途径。这一切都标志着我国事故树分析技术的不断发展和进步。

目前事故树分析仍处在发展和完善中,在自动编制、多状态系统事故树分析、相依事件的事故树分析、数据库的建立及事故树分析技术的实际应用等方面有待进一步研究。

3.7.1.2 事故树分析的目的

运用事故树对某个系统进行风险分析,以便达到如下目的:

(1)识别导致事故的基本事件(基本的设备故障)与人为失误的组合,可为人们提供设法减少导致事故基本原因的线索,从而降低事故发生的可能性;

(2)对导致事故的各种因素及逻辑关系能做出全面、简洁和形象的描述;

(3)便于查明系统内固有的和潜在的各种危险因素,为设计、施工和管理提供科学依据;

(4)使有关作业人员全面了解和掌握各项防灾要点;

(5)便于进行逻辑运算,进行定性分析、定量分析和系统评价。

3.7.1.3 事故树分析的优缺点

事故树分析的优点主要有:

(1)事故树分析是一种图形演绎方法,可以围绕某特定的事故进行深入的分析,从而在清晰的事故树图形下表达系统内各事件间的内在联系,并指出单元故障与系统事故之间的逻辑关系,便于找出系统的薄弱环节;

(2)事故树分析具有很大的灵活性,不仅可以分析某些单元故障对系统的影响,还可以对导致系统事故的特殊原因如人为因素、环境因素等进行分析;

(3)进行事故树分析的过程,是一个对系统更深入认识的过程,要求分析人员能把握系统内各要素间的内在联系,弄清各种潜在因素对事故发生影响的途径和程度,因而许多问题在分析的过程中就被解决了,从而提高了系统的安全性;

(4)利用事故树模型可以定量计算复杂系统事故发生的概率,为改善和评价系统安全性提供了定量依据。

事故树分析的缺点主要有:

(1)事故树分析需要花费大量的人力、物力和时间;

(2)事故树分析的难度较大,建事故树过程复杂,需要经验丰富的技术人员参加,即使这样,也难免发生遗漏和错误;

(3)事故树分析只考虑成败状态的事件,而大部分系统存在局部正常、局部故障的状态,因而建立数学模型时,会产生较大误差;

(4)事故树分析虽然可以考虑人的因素,但人的失误很难量化。

3.7.1.4 事故树分析的程序

虽然事故树分析根据对象系统的性质和分析目的的不同,分析的程序则不同,但是一般都按照下面介绍的基本程序进行。有时,使用者还可根据实际需要来确定分析程序。

(1)熟悉系统:要求全面了解系统的整个情况,包括工作程序、重要参数、作业情况,必要时画出工艺流程图和布置图。

(2)调查事故:要求在已发事故实例、有关事故统计的基础上,尽量广泛地调查所能预想到的事故,既包括系统已发生的事故,也包括未来可能发生的事故,同时也要调查外单位的同类系统发生的事故。

(3)确定顶上事件。所谓顶上事件,就是我们要分析的对象事件,即系统失效事件。对调查的事故,要分析其严重程度和发生的概率,从中找出后果严重且发生概率大的事件作为顶上事件。

(4)确定目标:根据以往的事故记录和同类系统的事故资料进行统计分析,求出事故发生的概率(和频率),然后根据这一事故的严重程度确定我们要控制的事故发生概率的目标值。

(5)调查原因事件:调查与事故有关的所有原因和各种因素,包括设备故障、机械故障、操作者的失误、管理和指挥错误、环境因素等,尽量详细查清原因和影响。

(6)绘制事故树。这是事故树分析的核心部分之一。根据上述资料,从顶上事件开始,按照演绎法,运用逻辑推理,一级一级地找出所有原因事件,直到最基本的原因事件为止。按照逻辑关系,用逻辑门连接输入输出关系(即上下层的事件),画出事故树。

(7)定性分析。根据事故树结构进行化简,求出事故树的最小割集和最小径集,确定基本事件的结构重要度大小。根据定性分析的结论,分别采取相应对策。

(8)计算顶上事件发生的概率。根据所调查的情况和资料,确定所有原因事件的发生概率,并标在事故树上。根据这些基本数据,求出顶上事件(事故)发生概率。

(9)分析比较:要根据可维修系统和不可维修系统分别考虑。对可维修系统,把求出的概率与通过统计分析得出的概率进行比较,如果两者不符,则必须重新研究,看原因事件是否齐全,事故树逻辑关系是否清楚,基本原因事件的数值是否设定得过高或过低等。对不可维修系统,求出顶上事件发生概率即可。

(10)定量分析。定量分析包括下列三个方面的内容:

①当事故发生概率超过预定的目标时,要研究降低事故发生概率的所有可能途径,可从最小割集着手,从中选出最佳方案;

②利用最小径集,找出根除事故的可能方案,从中选出最佳方案;

③求各种基本原因事件的临界重要度,从而对需要治理的原因事件按临界重要度大小进行排序,或编出安全检查表,加强人为控制。

(11)制定安全措施。构建事故树的目的是查找隐患,找出薄弱环节,然后加以改进。在对事故树全面分析之后,必须制定安全措施,防止灾害发生。安全措施应在充分考虑资金、技术、可靠性等条件后,选择最经济、最合理、最切合实际的对策。

3.7.2 事故树符号及其意义

3.7.2.1 事件符号

事故树分析中各种非正常状态或不正常情况都称为事故事件,各种完好状态或正常情况都称为成功事件,两者均简称为事件,事故树中的每一个节点皆表示一个事件。事件符号如表 3.16 所示。

表 3.16 事故树的事件符号

事件	结果事件	基本原因事件	省略事件	开关事件	条件事件
符号	▭	○	◇	⬠	⬡

1)结果事件

结果事件是由其他事件或事件组合所导致的事件,总是位于某个逻辑门的输出端,其包括顶事件和中间事件。

顶事件是事故树分析中所关心的结果事件,即所要分析的事件。顶事件位于事故树的顶端,一个事故树只有一个顶事件,因而它只能是某个逻辑门的输出事件,而不能是任何逻辑门的输入事件。

中间事件是位于顶事件和基本事件之间的结果事件。它既是一个逻辑门的输出事件,又是其他逻辑门的输入事件。

2)基本事件

基本事件是导致其他事件的原因事件。它只能是某个逻辑门的输入事件而不能是输出事件。基本事件总是位于事故树的底部,因而又称为底事件,可分为基本原因事件和省略事件。

基本原因事件是指导致顶事件发生的最基本的或不能再向下分析原因的事件。

省略事件是指没有必要进一步向下分析或其原因不明确的事件。此外,省略事件还可表示二次事件,即来自系统之外的原因事件。

3)特殊事件

特殊事件是指在事故树分析中需要表明其特殊性或引起注意的事件。特殊事件分为开关事件和条件事件。

开关事件又称为正常事件,它是在正常工作条件下必然发生或必然不发生的事件。

条件事件是限制逻辑门开启的事件。

3.7.2.2 逻辑门符号

逻辑门符号即连接各个事件并表示逻辑关系的符号,主要有与门、或门、条件与门、条件或门等。

逻辑门符号汇总如表 3.17 所示。

表 3.17 逻辑门符号汇总

逻辑门		说　明	符号
与门		可以连接多个输入事件 $E_1, E_2, \cdots, E_n$ 和一个输出事件，表示仅当所有输入事件都发生时输出事件 E 才发生的逻辑关系	
或门		可以连接多个输入事件 $E_1, E_2, \cdots, E_n$ 和一个输出事件，表示只要有一个输入事件发生，输出事件 E 就会发生	
非门		表示输出事件是输入事件的对立事件	
特殊门	表决门	表示仅当 n 个输入事件中有 m 个($m \leq n$)或 m 个以上事件同时发生时，输出事件才发生	
	异或门	表示仅当单个输入事件发生时，输出事件才发生	
	禁门	表示仅当条件事件发生时，输入事件的发生将导致输出事件的发生	
	条件与门	表示输入事件不仅同时发生，而且必须满足条件 A，才会有输出事件的发生	
	条件或门	表示输入事件至少有一个发生，在满足条件 A 的情况下，才会有输出事件的发生	

3.7.2.3 转移符号

当事故树规模很大或整个事故树中多处包含相同的部分树图时,为了简化整个树图,便可使用转移符号,包括转出符号与转入符号,如表 3.18 所示。

表 3.18 转移符号

种类	转出符号	转入符号
符号	△—	△

3.7.3 事故树的编制

事故树编制是事故树分析最基本、最关键的环节。事故树编制工作一般应由系统设计人员、操作人员和可靠性分析人员组成的编制小组来完成,经过反复研究才能趋于完善。事故树的编制是否完善直接影响到定性分析与定量分析的结果是否正确。编制方法一般分为两类:人工编制和计算机辅助编制。

事故树编制的规则如下:

(1)确定顶上事件时应优先考虑风险大的事故事件,包括易于发生且后果严重的事件、发生频率不高但后果很严重或后果不太严重但频发的事件。

(2)确切描述顶上事件:明确给出顶上事件的定义,确切描述事故状态。

(3)合理确定边界条件:使事故树免于过于繁琐,而且明确规定被分析系统与其他系统的界面,并作一些必要的、合理的假设。

(4)保持门的完整性:不允许门与门直接相连,应逐级进行,任何一个逻辑门的输出都必须有一个结果事件。

(5)事故树编制过程中及编制完成后,需及时进行合理简化。

3.7.4 事故树的定性分析

3.7.4.1 事故树的数学基础

1) 布尔代数运算法则

布尔代数中的变量只有 0 和 1 两种取值,它所代表的是某个事件存在与否或真与假的一种状态,而并不表示变量在数学上的差别。布尔代数中有"与"(+ ,∪)、"或"(· ,∩)、"非"三种基本运算,满足以下几种运算法则:

幂等法则: $A + A = A; A \cdot A = A$

交换法则: $A + B = B + A; A \cdot B = B \cdot A$

结合法则: $A + (B + C) = (A + B) + C; A \cdot (B \cdot C) = (A \cdot B) \cdot C$

分配法则: $A + (B \cdot C) = (A + B) \cdot (A + C); A \cdot (B + C) = A \cdot B + A \cdot C$

吸收法则: $A + A \cdot B = A; A \cdot (A + B) = A$

零一法则: $A + 1 = 1; A \cdot 0 = 0$

同一法则: $A + 0 = A; A \cdot 1 = A$

互补法则: $A + \overline{A} = 1; A \cdot \overline{A} = 0$

德·摩根定律: $\overline{A + B} = \overline{A} \cdot \overline{B}; \overline{A \cdot B} = \overline{A} + \overline{B}$

2）事故树的结构函数

结构函数就是用来描述系统状态的函数。假定一个事故树分析系统由 n 个基本事件组成，可定义事件状态函数 $X = (x_1, x_2, \cdots, x_n)$，其中 x_i 为第 i 个基本事件的状态变量：

$$x_i = \begin{cases} 1 \to \text{表示事件 } i \text{ 发生}(i = 1,2,\cdots,n) \\ 0 \to \text{表示事件 } i \text{ 不发生}(i = 1,2,\cdots,n) \end{cases}$$

3.7.4.2 割集

割集是导致顶上事件发生的基本事件的集合。也就是说，事故树中一组基本事件的发生，能够造成顶上事件发生，这组基本事件就称为割集。

最小割集是引起顶上事件发生的基本事件的最低限度的集合。如果割集中任意去掉一个基本事件后就不是割集，那么这样的割集就是最小割集。所以，最小割集是引起顶事件发生的充分必要条件。

求某一事故树的最小割集有四步：

(1) 逐个标识所有门和基本事件；
(2) 将所有门解析成基本事件集合；
(3) 剔除各集合中的重复事件；
(4) 删除所有的多余集合(已包含在其他集合之中的集合)。

现在以如图 3.6 所示的事故树为例，运用布尔代数化简法求解最小割集。

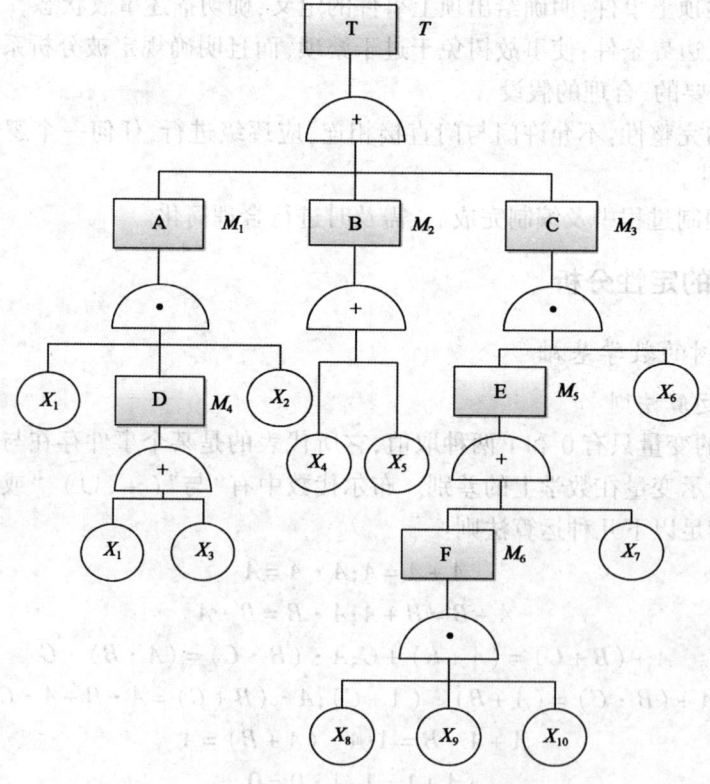

图 3.6 事故树举例

布尔代数化简法：

$$T = M_1 + M_2 + M_3$$

$$= X_1M_4X_2 + X_4 + X_5 + M_5M_6$$
$$= X_1(X_1 + X_3)X_2 + X_4 + X_5 + (M_6 + X_7)X_6$$
$$= X_1(X_1 + X_3)X_2 + X_4 + X_5 + (X_8X_9X_{10} + X_7)X_6$$
$$= X_1X_1X_2 + X_1X_2X_3 + X_4 + X_5 + X_6X_7 + X_6X_8X_9X_{10}$$
$$= X_1X_2 + X_4 + X_5 + X_6X_7 + X_6X_8X_9X_{10}$$

所得的 5 个最小割集为

$$\{X_1,X_2\},\{X_4\},\{X_5\},\{X_6,X_7\},\{X_6,X_8,X_9,X_{10}\}$$

可利用最小割集将事故树表达成一个包含三层事件(顶事件、最小割集所代表的中间事件、基本事件)的等效树,如图 3.7 所示。

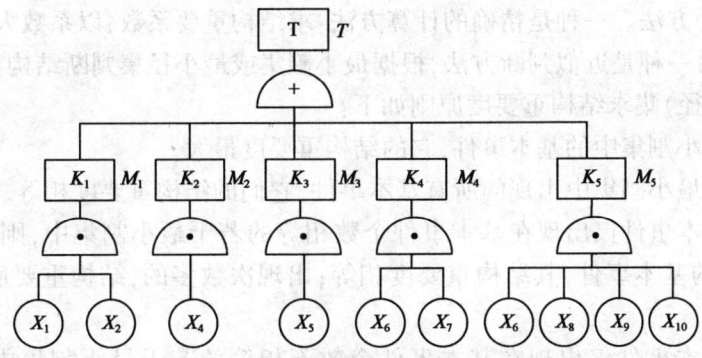

图 3.7 最小割集表达的等效树

最小割集在事故树分析中的作用是:最小割集表示系统的危险性。

(1)最小割集表明顶上事件发生的原因。事故树有几个最小割集,顶上事件的发生就有几种可能途径。所以,求出了最小割集,就掌握了事故发生的各种可能途径;最小割集数目越多,发生事故的可能性就越大,系统也就越危险。如果某个最小割集中的基本事件同时发生,事故就发生。

(2)一个最小割集就代表一种事故模式。如果发生事故,可以遵循最小割集给出的方向迅速找到事故原因,并采取强有力的措施消除事故隐患,避免同类事故的再次发生,同时还给事故预防工作指明了方向。最小割集中的基本事件越少,危险性越大。

(3)用最小割集判断基本事件的结构重要度,计算顶事件概率。

3.7.4.3 径集

径集也称为通集或路集。如果事故树中某些基本事件不发生,顶上事件就不发生,这些基本事件的集合就称为径集。

最小径集是保证顶上事件不发生的最小限度的基本事件集合。如果径集中任意去掉一个基本事件后就不再是径集,那么该径集就是最小径集。所以,最小径集是保证顶上事件不发生的充分必要条件。

最小径集的求法是利用它与最小割集的对偶性,首先做出与事故树对偶的成功树。也就是把原来事故树的与门换成或门,或门换成与门,各类事件发生换成不发生,再利用上述方法即布尔代数化简法,求出成功树的最小割集,即可得到对应原事故树的最小径集。

最小径集在事故树分析中的作用是:最小径集表示系统的安全性。

(1)每个最小径集都是防止顶上事件(事故)发生的一种可能途径,有几个最小径集,就有几种控制事故的途径。所以,求出了最小径集,就掌握了控制事故发生的各种可能途径;最小径集的数目越多,控制事故的途径就越多,系统也就越安全。如果某一最小径集中的基本事件全都不发生,事故就不会发生。

(2)用最小径集可以选择防止事故发生的最佳方案。通过对各个最小径集的比较分析,选择易于控制的最小径集,采取安全措施,保证该最小径集内的各个基本事件全都不发生,就可以保证系统的安全。最小径集中的基本事件越少,危险性就越容易控制。

(3)用最小径集判断基本事件的结构重要度,计算顶事件概率。

3.7.4.4 结构重要度分析

从事故树结构上分析各基本事件的重要性程度,是事故树定性分析的一部分。结构重要度分析可采用两种方法。一种是精确的计算方法:求结构重要系数,以系数大小排列各基本事件的重要顺序。另一种是近似判断方法,根据最小割集或最小径集判断结构重要度的顺序。

根据最小割(径)集求结构重要度原则如下:

(1)单事件最小割集中的基本事件,它的结构重要度最大。

(2)仅在同一最小割集中出现的所有基本事件,它们的结构重要度相等。

(3)若两个基本事件仅出现在基本事件个数相等的若干最小割集中,则在不同最小割集中出现次数相等的基本事件,其结构重要度相等;出现次数多的,结构重要度大;出现次数少的,结构重要度小。

(4)若两个基本事件仅出现在基本事件个数不相等的若干最小割集中,则有如下两种情况:

①若它们重复在各最小割集中出现的次数相等,在少事件最小割集中出现的基本事件,其结构重要度大;

②在少事件最小割集中出现次数少的与多事件最小割集中出现次数多的基本事件,一般前者的结构重要系数大于后者。

用最小割集或最小径集进行结构重要度分析的公式为

$$I_{(j)} = \sum_{x_j \in K_r} \frac{1}{2^{n_j - 1}} \tag{3.2}$$

式中 $I_{(j)}$——基本事件 x_j 结构重要度的近似判别值;

K_r——第 r 个最小割集;

n_j——基本事件 x_j 所在的最小割集包含的基本事件个数。

3.7.5 事故树的定量分析

事故树的定量分析首先是确定基本事件的发生概率,然后求出事故树顶上事件的发生概率,估算系统的可靠性,并以此为依据,考查事故的严重程度,与安全目标值进行比较。当计算值超过目标值时,就需要采取防范措施,使其降至安全目标值以下。

3.7.5.1 事故树顶事件发生的概率

(1)当各基本事件均是独立事件时,凡是与门连接的地方,可用几个独立事件的逻辑积的概率计算公式得到:

$$P(T) = \prod_{i=1}^{n} q_i \tag{3.3}$$

式中 ∏——数学运算符号,表示逻辑积(乘);
$P(T)$——顶事件的发生概率;
q_i——基本事件 i 的发生概率。

(2)当各基本事件均是独立事件时,凡是或门连接的地方,可用几个独立事件的逻辑和的概率计算公式得到:

$$P(T) = \sum_{i=1}^{n} q_i = 1 - \prod_{i=1}^{n}(1 - q_i) \tag{3.4}$$

式中 ∑——数学运算符号,表示逻辑和。

按照给定的事故树写出其结构函数表达式,根据表达式中各基本事件的逻辑关系,可直接计算出顶事件的发生概率。

3.7.5.2 概率重要度

结构重要度分析是从事故树的结构上分析各基本事件的重要程度。如果进一步考虑各基本事件发生概率的变化会给顶事件发生概率以多大影响,就要分析基本事件的概率重要度。我们利用顶事件发生概率 g 函数是一个多重线性函数这一性质,只要对自变量 q_i 求一次偏导,就可得到该基本事件的概率重要度:

$$I_g(i) = \frac{\partial P(T)}{\partial q_i} \tag{3.5}$$

式中 $I_g(i)$——基本事件 i 的概率重要度。

3.7.5.3 临界重要度

由于一个基本事件的概率重要度与该基本事件的概率的大小无关,为了弥补概率重要度这点不足,可采用基本事件发生概率的相对变化率与顶事件发生概率的相对变化之比来表示基本事件的重要程度。这个比值就是临界重要度,也称为关键重要度:

$$I_c(i) = I_g(i) \cdot \frac{q_i}{P(T)} \tag{3.6}$$

式中 $I_c(i)$——第 i 个基本事件的临界重要度。

3.7.6 事故树分析实例

【例 3.7】 聚丙烯生产原料易燃、易爆,生产过程存在的主要危险是火灾、爆炸。为了进一步分析火灾、爆炸的起因并提出防治措施,对单体净化单元的火灾危险进行事故树分析。

(1)选择顶上事件。选择装置丙烯储罐泄漏着火作为顶上事件进行分析。丙烯储罐内所储介质为液态丙烯,丙烯泄漏会产生气态丙烯,如果处理不及时,在达到爆炸极限并满足点火热能要求时将发生着火爆炸事故,造成灾难性后果,故以"丙烯罐储罐泄漏着火"作为顶上事件进行事故树分析。

(2)事故原因分析。发生"丙烯罐储罐泄漏着火"事故的条件有三个:可燃物质、火源和氧气。氧气广泛存在与大气中,因此不列入。

(3)编制事故树。丙烯储罐泄漏着火事故树见图3.8,丙烯罐事故树中各符号代表的意义如表 3.19 所示。

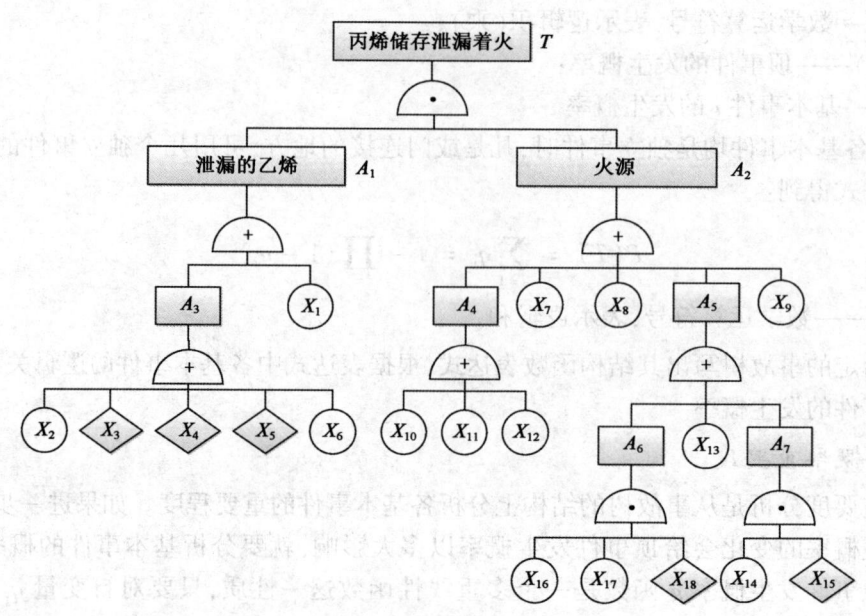

图 3.8 "丙烯储罐泄漏爆炸"事故树

表 3.19 丙烯储罐泄漏着火事故树符号意义对应表

符号	意义	符号	意义
A_3	丙烯泄漏产生的丙烯气	X_8	雷击
A_4	明火	X_9	金属撞击火花
A_5	电气火花	X_{10}	吸烟
A_6	电器线路故障	X_{11}	乙炔火焰
A_7	电弧电火花	X_{12}	电焊喷灯
X_1	正常生产中产生的油蒸气	X_{13}	短路击穿
X_2	操作不当或仪表、附件失灵	X_{14}	合断开关
X_3	丙烯储罐密闭系统性能减弱	X_{15}	熄弧装置不良
X_4	罐体裂纹	X_{16}	监视失误
X_5	腐蚀	X_{17}	过负荷保护无效
X_6	外因造成的罐体破裂	X_{18}	过电流
X_7	静电火花		

求最小割集:将下面的逻辑表达式展开求得最小割集。

$$T = A_1 \cdot A_2$$
$$= (A_3 + X_1)(A_4 + X_7 + X_8 + X_9 + A_5)$$
$$= [(X_2 + X_3 + X_4 + X_5 + X_6) + X_1][(X_{10} + X_{11} + X_{12}) + X_7 + X_8 + X_9 + (A_6 + X_{13} + A_7)]$$
$$= (X_1 + X_2 + X_3 + X_4 + X_5 + X_6)(X_7 + X_8 + X_9 + X_{10} + X_{11} + X_{12} + X_{13} + X_{14}X_{15} + X_{16}X_{17}X_{18})$$

展开式共含 54 项,均为最小割集,即该事故树的最小割集有 54 个:

$P_1 = \{X_1, X_7\}, P_2 = \{X_2, X_7\}, P_3 = \{X_3, X_7\}, P_4 = \{X_4, X_7\}, P_5 = \{X_5, X_7\}$

$P_6 = \{X_6, X_7\}, P_7 = \{X_1, X_8\}, P_8 = \{X_2, X_8\}, P_9 = \{X_3, X_8\}, P_{10} = \{X_4, X_8\}$

$P_{11} = \{X_5, X_8\}, P_{12} = \{X_6, X_8\}, P_{13} = \{X_1, X_9\}, P_{14} = \{X_2, X_9\}, P_{15} = \{X_3, X_9\}$

$P_{16} = \{X_4, X_9\}, P_{17} = \{X_5, X_9\}, P_{18} = \{X_6, X_9\}, P_{19} = \{X_1, X_{10}\}, P_{20} = \{X_2, X_{10}\}$

$P_{21} = \{X_3, X_{10}\}, P_{22} = \{X_4, X_{10}\}, P_{23} = \{X_5, X_{10}\}, P_{24} = \{X_6, X_{10}\}, P_{25} = \{X_1, X_{11}\}$

$P_{26} = \{X_2, X_{11}\}, P_{27} = \{X_3, X_{11}\}, P_{28} = \{X_4, X_{11}\}, P_{29} = \{X_5, X_{11}\}$

$P_{30} = \{X_6, X_{11}\}, P_{31} = \{X_1, X_{12}\}, P_{32} = \{X_2, X_{12}\}, P_{33} = \{X_3, X_{12}\}, P_{34} = \{X_4, X_{12}\}$

$P_{35} = \{X_5, X_{12}\}, P_{36} = \{X_6, X_{12}\}, P_{37} = \{X_1, X_{13}\}, P_{38} = \{X_2, X_{13}\}$

$P_{39} = \{X_3, X_{13}\}, P_{40} = \{X_4, X_{13}\}, P_{41} = \{X_5, X_{13}\}, P_{42} = \{X_6, X_{13}\}$

$P_{43} = \{X_1, X_{16}, X_{17}, X_{18}\}, P_{44} = \{X_2, X_{16}, X_{17}, X_{18}\}, P_{45} = \{X_3, X_{16}, X_{17}, X_{18}\}$

$P_{46} = \{X_4, X_{16}, X_{17}, X_{18}\}, P_{47} = \{X_5, X_{16}, X_{17}, X_{18}\}, P_{48} = \{X_6, X_{16}, X_{17}, X_{18}\}$

$P_{49} = \{X_1, X_{14}, X_{15}\}, P_{50} = \{X_2, X_{14}, X_{15}\}, P_{51} = \{X_3, X_{14}, X_{15}\}, P_{52} = \{X_4, X_{14}, X_{15}\}$

$P_{53} = \{X_5, X_{14}, X_{15}\}, P_{54} = \{X_6, X_{14}, X_{15}\}$

计算结构重要度:结构重要度分析,就是不考虑基本事件发生的概率是多少,仅从事故树结构上分析各基本事件的发生对顶上事件发生的影响程度。根据结构重要度的计算原则进行基本事件结构重要度 $I_{(j)}$ 的计算,计算结果为

$$I_{(1)} = I_{(2)} = I_{(3)} = I_{(4)} = I_{(5)} = I_{(6)} = 7 \times \frac{1}{2^{2-1}} + \frac{1}{2^{3-1}} + \frac{1}{2^{4-1}} = \frac{31}{8}$$

$$I_{(7)} = I_{(8)} = I_{(9)} = I_{(10)} = I_{(11)} = I_{(12)} = I_{(13)} = 6 \times \frac{1}{2^{2-1}} = \frac{24}{8}$$

$$I_{(14)} = I_{(15)} = 6 \times \frac{1}{2^{3-1}} = \frac{12}{8}$$

$$I_{(16)} = I_{(17)} = I_{(18)} = 6 \times \frac{1}{2^{4-1}} = \frac{6}{8}$$

根据上述计算结果可知:

$$I_{(1)} = I_{(2)} = I_{(3)} = I_{(4)} = I_{(5)} = I_{(6)} > I_{(7)} = I_{(8)} = I_{(9)}$$
$$= I_{(10)} = I_{(11)} = I_{(12)} = I_{(13)} > I_{(14)}$$
$$= I_{(15)} > I_{(16)} = I_{(17)} = I_{(18)}$$

【例 3.8】 单根管道失效事故树如图 3.9 所示,图中的基本事件见表 3.20。

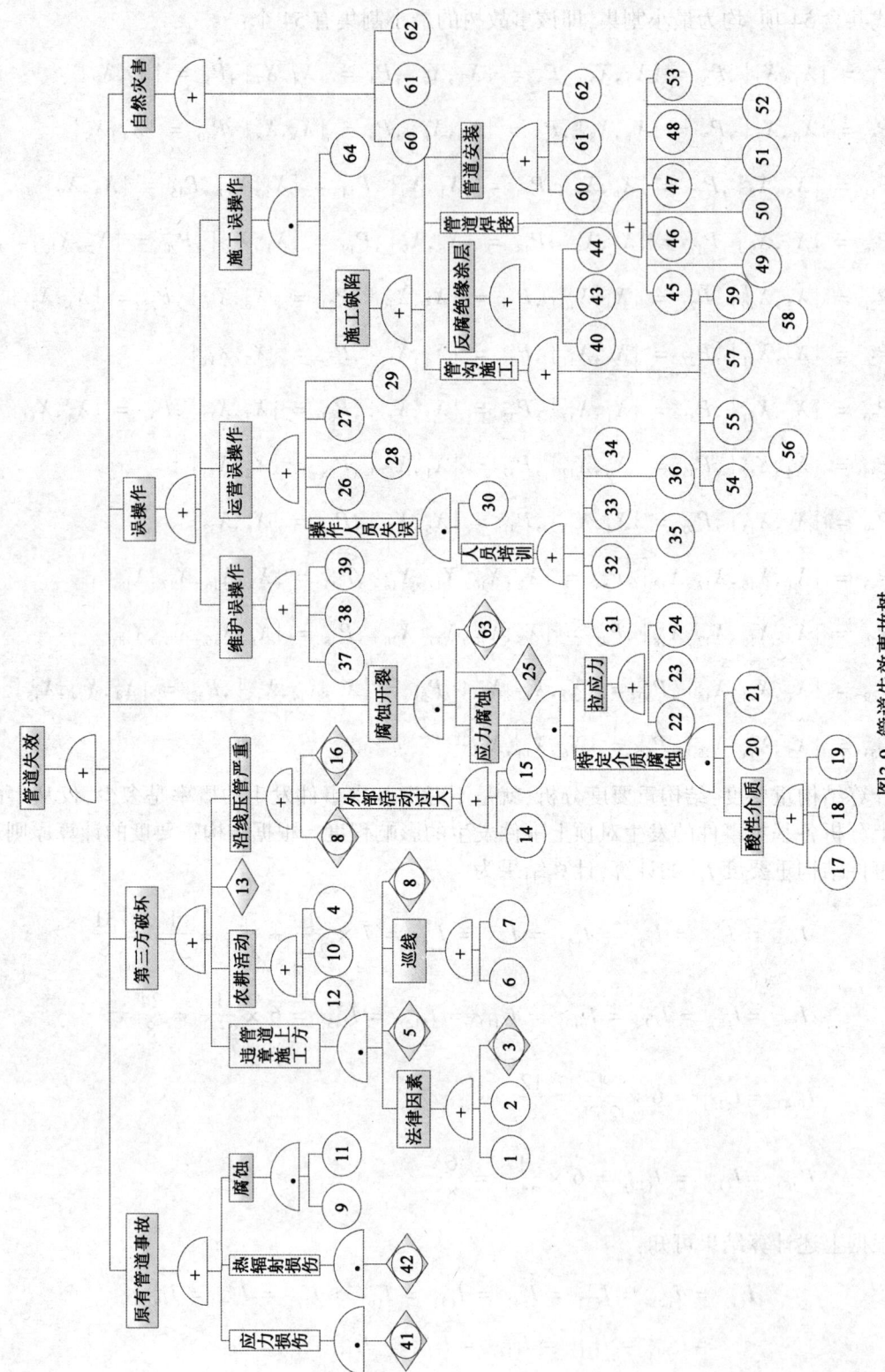

图3.9 管道失效事故树

表 3.20　基本事件表

序号	事件	序号	事件	序号	事件	序号	事件
1	立法不够	17	硫化氢含量	33	应急演习	49	存在显微裂纹
2	执法不严	18	二氧化碳含量	34	进修培训	50	焊后清理不当
3	法制宣传不足	19	氧气含量	35	岗位操作规程	51	焊接材料差
4	管道埋深不够	20	含水量	36	知识掌握测试	52	预处理不当
5	社会关系复杂	21	温度	37	维护文档不全	53	焊接方法不当
6	巡线频率低	22	应力集中区域	38	维护设备差	54	管沟过浅
7	责任感欠缺	23	残余应力	39	维护规程有误	55	边坡稳定性差
8	报警系统失灵	24	内部应力过大	40	防腐层脆性大	56	回填土颗粒粗
9	内腐蚀	25	管材抗腐蚀差	41	原管道爆炸	57	回填土水分多
10	安全教育不足	26	运营规程有误	42	原管道燃烧	58	管沟排水差
11	外腐蚀	27	系统通信问题	43	防腐层过薄	59	回填土腐蚀性
12	管道埋深过浅	28	安全设备故障	44	防腐层老化	60	滑坡
13	恶意破坏	29	运营责任心弱	45	焊缝表面有气	61	洪水
14	交通运输繁忙	30	运营监督检查	46	焊接方法不当	62	泥石流
15	地面设施建设	31	无最低要求文件	47	渗碳现象严重	63	腐蚀检测
16	管材管道设计	32	基本知识不够	48	存在过热组织	64	施工监理不严

◈ 本章小结 ◈

(1)安全检查是及时发现不安全状态及不安全行为的有效途径,是消除事故隐患、防止伤亡事故发生的重要安全管理手段之一。安全检查的最有效工具是安全检查表,它是为检查某些系统的安全状况而事先制定的问题清单。

(2)预先危险性分析是一种定性分析方法,用来评价系统内危险因素和危险程度。预先危险性分析一般是在设计、施工、生产之前,或技术改进后,即制定操作规程和使用新工艺等运转活动之前进行。

(3)故障类型及影响分析,是自下而上的归纳分析方法。它采用系统分割的概念,根据实际需要分析的水平,把系统分割成子系统或进一步分割成元件,顺序分析和考察,查出系统中各子系统或元件可能发生的故障、原因及其状态,并进一步分析它们对系统功能造成的影响,提出可能采取改进措施,以提高系统的可靠性和安全性。

(4)危险和可操作性分析是应用系统审查法来审查新设计或已有工厂的生产工艺和流程,以评价由装置、设备的部分误操作或机械故障引起的潜在危险,进而评价其对整个工厂的影响。

(5)事件树分析是安全系统工程的重要分析方法之一。它是从给定的一个初始事件的事故原因开始,按时间的进程,采用追踪方法,对构成系统的各要素(事件)的状态逐项进行二择一的逻辑分析,主要分析向前发展中各个环节成功与失败的过程和结果,进而定性与定量评价系统的安全性,最后得到正确的决策。

(6)事故树分析是安全系统工程中常用的一种分析方法。它是从一个可能的事故(顶事件)开始,用规定的逻辑符号自上而下、一层一层地由总体至部分按树枝状结构逐层细化,分析导致各事故发生的所有可能的直接因素及其相互间的逻辑关系,并由此逐步深入分析,直到找出事故的基本原因,即事故树的基本事件为止,从而确定系统故障原因的各种组合方式和发生概率,并采取相应的措施,提高系统的可靠性。

复习思考题

1. 系统评价的流程是什么?
2. 解释各类系统评价方法的概念和流程。
3. 简述安全检查表的作用。编制液化石油气瓶库安全检查表。
4. 简述最小割集和最小径集在事故树分析中的作用。
5. 某反应器系统如图 3.10 所示。该化工生产工艺属于放热反应,在反应器外面安装了夹套冷却水系统。为控制反应温度,在反应器上安装了温度测量仪,并与冷却水进口阀门形成联锁系统,根据温度的高低控制冷却水的流量。请用不少于 4 个引导词对冷却水流量进行危险和可操作性分析。

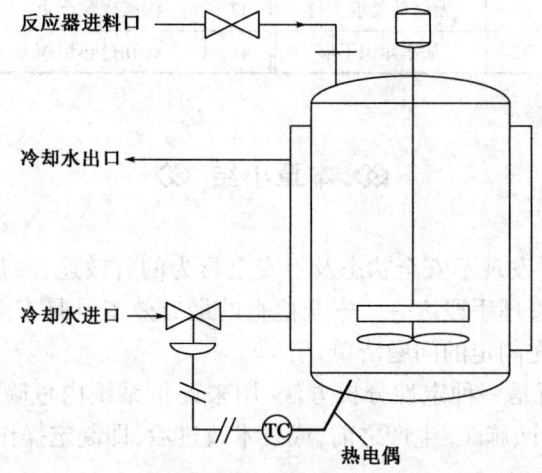

图 3.10 放热反应器的温度控制示意图

6. 由一个泵和两个串联阀门组成的物料输送系统如图 3.11 所示,设泵 A、阀门 B 和阀门 C 的可靠度分别为 0.95、0.9、0.9,计算系统成功的概率。

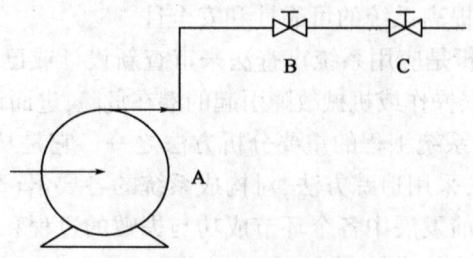

图 3.11 阀门串联的物料输送系统

4 系统安全评价

本章学习目标

(1)解释安全评价的定义和原则。
(2)了解各类可接受风险准则。
(3)掌握各类系统安全评价方法的基本概念和评价步骤。

4.1 安全评价概述

4.1.1 安全评价定义

风险指发生特定危害事件的可能性以及发生事件后果严重性的结合。

个人风险指危险化学品生产、储存装置各种潜在的火灾、爆炸、有毒气体泄漏事故造成区域内某一固定位置人员的个体死亡概率,即单位时间内(通常为一年)的个体死亡率。

社会风险是对个人风险的补充,指在确定个人风险的基础上,考虑到危险源周边区域的人口密度,以免发生群死群伤事故的概率超过社会公众的可接受范围。

为了准确识别和有效地控制危险和有害因素,保障人们的安全和健康,减少事故损失,人们在不断总结事故灾难防治的成功经验和失败教训的基础上,开发了安全评价技术。企业开展安全评价,不仅可以识别生产中的危险和有害因素,根据其危险性制定安全对策措施,而且可以提高安全管理水平。安全评价不仅是企业实现科学化、系统化安全管理的基础,也是政府安全监督管理的需要。

安全评价以实现系统安全为目的,应用安全系统工程原理和方法,对系统中存在的危险因素、有害因素进行辨识与分析,判断系统发生事故和职业危害的可能性及其严重程度,从而为制定防范措施和管理决策提供科学依据。

4.1.2 安全评价原则

4.1.2.1 合法性

安全评价是国家以法规形式确定下来的一种安全管理制度。安全评价机构和评价人员必须由国家安全生产监督管理部门予以资质核准和资格注册,只有取得了认可的单位才能依法进行安全评价工作。政策、法规和标准是安全评价的依据。所以,承担安全评价工作的单位必须在国家安全生产监督管理部门的指导、监督下,严格执行国家及地方颁布的有关安全的方针、政策、法规和标准等,在具体评价过程中,全面深入地剖析评价项目或生产经营单位在执行产业政策、安全生产和劳动保护政策等方面存在的问题,并且在评价过程中主动接受国家安全生产监督管理部门的指导、监督和检查,力争为项目决策、设计和安全运行提出符合政策、法规、标准要求的评价结论和建议,为安全生产监督管理提供科学依据。

4.1.2.2 科学性

安全评价涉及学科范围广,影响因素复杂多变。安全预评价在实现项目的本质安全上具有预测性;安全现状综合评价在整个项目上具有全面的现实性;验收安全评价在项目的可行性上具有较强的客观性;专项安全评价在技术上具有较高的针对性。为保证安全评价能准确地反映被评价项目的客观实际和结论的正确性,在开展安全评价全过程中,必须依据科学的方法、程序,以严谨的科学态度全面、准确地进行工作,提出科学的对策措施,得出科学的结论。

危险和有害因素产生的后果需要一定条件和触发因素,要根据内在的客观规律分析危险和有害因素的种类、产生的原因及其后果,才能为安全评价提供可靠的依据。

现有的评价方法均有其局限性。评价人员应全面分析各种评价方法的原理、特点、适用范围和使用条件,必要时还应用几种评价方法进行评价,进行分析综合、互为补充、互相验证,提高评价的准确性,避免局限和失真;评价时切忌生搬硬套、主观臆断、以偏概全。

受一系列不确定因素的影响,安全评价在一定程度上存在误差。评价结果的准确性直接影响到决策的正确、安全设计的完善和运行的安全。因此,对评价结果进行验证十分重要。为不断提高安全评价的准确性,评价单位应有计划地对同类装置、国内外的安全生产经验、相关事故案例和预防措施以及评价后的实际运行情况进行考察分析,利用建设项目建成后的事后评价进行验证,并运用统计方法对评价误差进行统计和分析,以便改进原有的评价方法和修正评价的参数,不断提高评价的准确性和科学性。

4.1.2.3 公正性

评价结论是评价项目的决策依据、设计依据、能否安全运行的依据,也是国家安全生产监督管理部门进行安全监督管理的执法依据。因此,安全评价的每一项工作都要做到客观和公正,既要防止受到评价人员主观因素的影响,又要排除外界因素的干扰,避免出现不合理的现象。

评价的正确与否直接涉及被评价项目能否安全运行,涉及国家财产和声誉会不会受到破坏和影响,涉及被评价单位的财产会否受到损失、生产能否正常进行,涉及周围单位及居民会否受到影响,涉及被评价单位职工乃至周围居民的安全和健康,因此,评价单位和评价人员必须严肃、认真、实事求是地进行公正的评价。

安全评价有时会涉及一些部门、集团、个人的某些利益,因此,在评价时,必须以国家和劳动者的总体利益为重,要充分考虑劳动者在劳动过程中的安全与健康,要依据有关标准法规和经济技术的可行性提出明确的要求和建议。评价结论和建议不能模棱两可。

4.1.2.4 针对性

进行安全评价时,首先应针对被评价项目的实际情况和特征,收集有关资料,对系统进行全面分析;然后要对众多的危险和有害因素及单元进行筛选,针对主要的危险和有害因素及重要单元应进行重点评价,并辅以重大事故后果和典型案例进行分析、评价,由于各种评价方法都有特定适用范围和使用条件,要有针对性地选用评价方法;最后要从实际的经济、技术条件出发,提出有针对性的对策措施,对被评价项目做出客观、公正的评价结论。

4.2 可接受风险准则

4.2.1 管道风险标准的 ALARP 原则

在油气管道风险评价中,可接受风险水平是安全风险评估的评判法则,也是是否需要采取安全措施降低风险的依据。在目前风险评价的实践中,大多采用 ALARP(as low as reasonably practicable)原则来界定油气管道风险可接受标准,如图4.1所示。

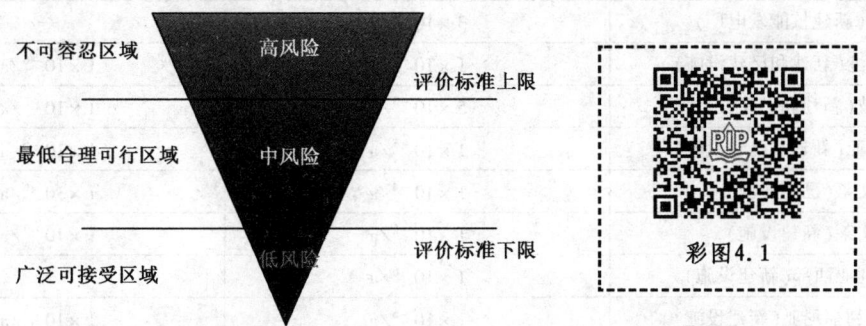

图 4.1　最低合理可行 ALARP 原则

ALARP 原则的意义是:任何系统都存在风险,不可能通过预防或控制措施来彻底消除风险;系统的风险水平越低,再进一步降低就越困难,成本也可能会大幅增加;安全改进措施投资的边际效益递减,趋于零或负值。因此需要在系统的风险水平和成本之间作决策,是否需要进一步降低风险。

油气管道风险评价的 ALARP 原则为:对管道进行定量风险评估,如评估出的风险在评价标准上限以上,则落入不可容忍区域,需立即注意并采用措施降低风险;如评估出的风险在评价标准下限以下,则落入广泛可接受区域,该风险是可以接受的,无需采用安全措施;如评估出的风险在标准上限与标准下限之间,则落入 ALARP 区域,需进行安全措施成本和效益分析,再决定是否采取控制措施来降低风险。

4.2.2　个人可接受风险标准

个人风险用于表示某个特定地点和时期某个人的伤亡概率。个人可接受风险是社会可接受风险的最小单元,一般情况下,在一定时期内,从事某种活动的个体死亡风险基本保持稳定,即死亡风险在一定时期和范围内,保持一致性和稳定性,这是确定风险可接受标准的基础数据和依据。

荷兰水防治技术咨询委员会根据个体对参与各种活动的意愿程度,以及对事故伤亡人数和原因的统计数据,得出了可接受的个人风险计算公式:

$$IR \leq \beta \times 10^{-4}/a \tag{4.1}$$

式中　β——意愿系数,或称政策系数,根据个体参与某项活动的意愿程度及获利的不同而变化;

10^{-4}——人员死于偶然事故的风险值。

荷兰、英国等不同国家和地区所制定的个人可接受风险标准如表4.1所示。

表 4.1　不同国家和地区的个人可接受风险标准

国家和地区	最大容许风险	可忽视风险
荷兰(新建设施)	$1 \times 10^{-6}/a$	$1 \times 10^{-8}/a$
荷兰(已建设施或结合新建设施)	$1 \times 10^{-5}/a$	$1 \times 10^{-8}/a$
英国(已建危险工业)	$1 \times 10^{-5}/a$	$1 \times 10^{-6}/a$
英国(靠近已建设施的新民宅)	$1 \times 10^{-5}/a$	$3 \times 10^{-7}/a$

续表

国家和地区	最大容许风险	可忽视风险
英国(新建核能发电厂)	$3\times10^{-6}/a$	—
中国香港(新建和已建设施)	$1\times10^{-5}/a$	$1\times10^{-6}/a$
新加坡(新建和已建设施)	$5\times10^{-5}/a$	$1\times10^{-6}/a$
马来西亚(新建和已建设施)	$1\times10^{-5}/a$	$1\times10^{-6}/a$
文莱(已建设施)	$1\times10^{-4}/a$	$1\times10^{-6}/a$
文莱(新建设施)	$1\times10^{-5}/a$	$1\times10^{-7}/a$
澳大利亚西部(新建设施)	$1\times10^{-6}/a$	—
美国加利福尼亚(新建设施)	$1\times10^{-5}/a$	$1\times10^{-7}/a$

目前我国采用的个人风险标准是国家安全生产监督管理总局在2014年5月发布的《危险化学品生产、储存装置个人可接受风险标准和社会可接受风险标准(试行)》,该标准适用于确定陆上危险化学品企业新建、改建、扩建和在役生产、储存装置的外部安全防护距离。个人可接受风险基准计算方法如下:

$$IR = 人口分年龄段死亡率最低值 \times 风险可允许增加系数 \qquad (4.2)$$

我国个人可接受风险标准值如表4.2所示。

表4.2 我国个人可接受风险标准值表

防护目标	个人可接受风险标准(概率值)	
	新建装置	在役装置
低密度人员场所(人数<30人):单个、少量暴露人员	$\leq 1\times10^{-5}/a$	$3\times10^{-5}/a$
居住类高密度场所(30人≤人数<100人):居民区、宾馆、度假村等 公众聚集类高密度场所(30人≤人数<100人):办公场所、商场、饭店、娱乐场所等	$\leq 3\times10^{-6}/a$	$\leq 1\times10^{-5}/a$
高敏感场所:学校、医院、幼儿园、养老院、监狱等 重要目标:军事禁区、军事管理区、文物保护单位等 特殊高密度场所(人数≥100人):大型体育场、交通枢纽、露天市场、居住区、宾馆、度假村、办公场所、商场、饭店等	$\leq 3\times10^{-7}/a$	$\leq 3\times10^{-6}/a$

4.2.3 社会风险可接受标准

社会风险用于表示某个事故发生后特定人群伤亡的概率和伤害之间的相互关系,描述特定区域内许多人遭受事故的伤亡状况。针对同一风险源,在特定时期和地点,个体风险相同,但社会风险可能相差很大。我国在《危险化学品生产、储存装置个人可接受风险标准和社会可接受风险标准(试行)》中提出的社会风险可接受标准如图4.2所示。

由图4.2可以看出,不可接受区、尽可能降低区和可接受区代表不同的风险管理要求:

(1)若社会风险曲线落在不可接受区,除特殊情况外,该风险不能被接受;

(2)若社会风险曲线落在可接受区,说明风险处于很低的水平,是可以被接受的,一般无需采取安全改进措施;

(3)若社会风险曲线落在尽可能降低区,需要对各种风险处理措施方案进行成本效益分析,以决定是否采取这些措施来降低风险。

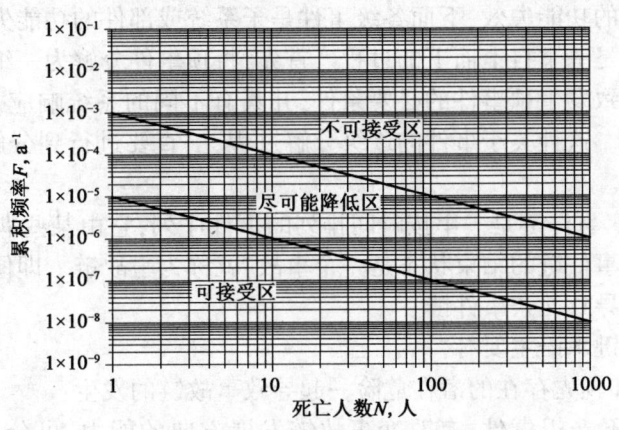

图 4.2 我国社会可接受风险标准图

4.3 概率评价法

4.3.1 概率评价法概述

概率评价法(PRA)又称为概率安全分析(PSA),用于找出复杂工程系统运行中所可能发生的潜在事故、估算其发生概率以及确定它们所可能导致的后果。概率评价法是由安全性和统计学的概念在工程设计的应用中发展而来的。

概率评价法的应用可以追溯到20世纪50年代,最早应用于美国太空总署的阿波罗登月计划。1961年,美国贝尔实验室的H. A. Watson发展PSA的事故树方法,将其应用于"民兵"导弹的发射控制系统的评估中,并获得成功。1972年,PSA分析第一次应用于核电站设施上,里程碑式的报告就是发表于1975年的WASH-1400,开创了对大型设备的安全进行定量化描述的阶段。概率评价法用于工业辐照设备的安全分析开始于20世纪90年代初,近年来取得较大发展。

概率评价法在我国过去则一直没有得到很好的应用,直到1997年航天部门才开始着手推广和应用该方法。概率评价法是定性、定量相结合,以定量为主的安全性分析方法,是对复杂系统进行定量风险评估的一种重要工具。通过应用概率评价法,可以使安全工程师对复杂系统的特性有全面深刻的了解,有助于找出系统的薄弱环节,提高系统的安全性,并可以在概率的意义上区分各种不同因素对风险影响的重要程度,为风险决策提供有价值的定量信息。自从20世纪60年代中期开始发展以来,概率评价法已在核电站、化工等复杂系统的定量风险评估中取得了广泛应用。

4.3.2 概率评价法基本步骤

典型的概率评价法实施过程包括:

(1)定义目标与系统分析。首先应全面熟悉所评价的系统,包括系统的设计、运行及其环境等各方面的信息。这是进行其他工作的基础。

(2)识别初因事件。确定导致事故发生的初因事件可采用主逻辑图法(MLD)。主逻辑图是一种层次结构图,是对顶事件发生的必要条件的一种分级描述。一般说来,上面各级事件是系统顶级或系统单元的功能失效,下面各级事件是子系统或部件的功能失效。

主逻辑图的建立是一个自上而下的过程。首先,将顶事件分解为一组新的下级事件,每个新的下级事件都是导致发生顶事件的必要条件,并具有不同的系统响应;然后,对每个新的下级事件继续进行分解。这种关于事件的逐级分解过程,一直要进行到分解后的新事件都具有相同的系统响应为止。

(3)事件链建模。事件链是一串按时间排列的事件序列,它由某些偶发事件发生,通过干涉事件而结束。如果事件链的结束状态是一个事故,就称为事故链。即便在最简单的系统中,一个初因事件都可以导致几条事件链。

描述事故链的关键术语主要有:

①初因事件,它和预先存在的潜在危险一起导致事故链的发生;

②轴心事件,是不希望事件,有改变事故链发展方向的能力,可分为预防性事件(保护性)、恶化事件或弱化(良性)事件;

③后果,也称结束状态,有满意、良好、不好等多种结果;

④传播时间,指从引发初因事件开始,经过一系列轴心事件到最后结束所花费的时间。

(4)概率评估。在识别出来的一个事件链中,初始事件和中间事件都可能由部件或设备的失效而导致。若把这些事件作为顶上事件,展开事故树分析,即可求出顶上事件即事件链的初始事件或中间事件的发生概率。

(5)模型的量化和集成。为了得到时间序列终态的概率以及将不同的初始事件和系统响应对风险的贡献大小排序,风险模型要进行定量化的评估。

(6)不确定性与敏感性分析。在建模的假设和输入数据中,存在着技术和统计上的不确定性,这种不确定性最终会传播到事件序列的终态事件,因此需要对最后的结果进行不确定性分析。

(7)后果分析。后果不仅包括当时影响,而且还包括事故对人员、环境和设备的长期影响。同一事故的后果也可因当时环境条件的不同而不同,所以要对不同环境条件下的后果进行分析。

4.4 指数评价法

4.4.1 肯特危险指数评价法

肯特危险指数评价法是基于美国运输部的实际运行经验和其他部门的相关研究结果而提出的。该方法独特、通俗易懂、便于掌握,在长输管道的安全分析、评价中发挥了巨大作用,并成为现代安全管理系统工程的重要组成部分。

4.4.1.1 评价程序

肯特危险指数评价法的基本评价过程是,在求取长输管道各分段相对风险指数即肯特危险指数大小的基础上,确定各管段的风险程度。相对风险指数是在分析各段管道的独立影响因素后,求取它们的指数和,再分析介质的危险性和影响系数,最后求取各段管道的指数和与泄漏影响系数的比值。其安全评价程序如图4.3所示。

4.4.1.2 肯特危险指数评价法的基本假设

(1)独立性假设:影响风险的各因素是相互独立的,即每个因素独立地影响风险的状态,总风险是各独立因素的综合。

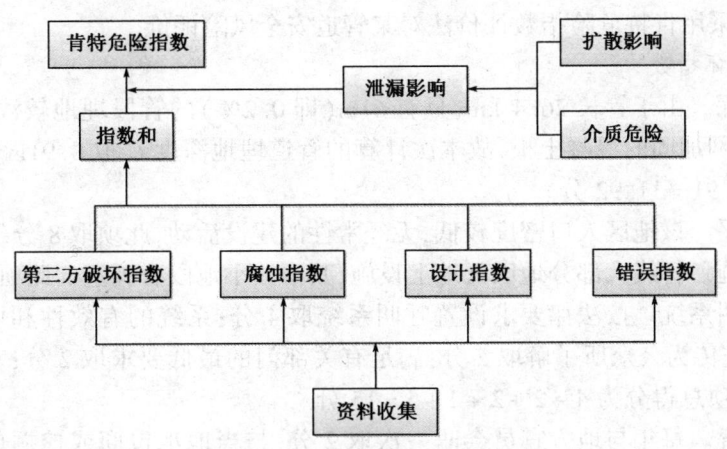

图 4.3 管道风险评价程序

(2)最坏状况假设:评估风险时要考虑最坏的状况。

(3)相对性假设:评估的分数只是一个相对概念。例如,一条管道所评估的风险数与另外几条管道所评估的风险数相比,其分数较高,这表明其安全性高于其他几条管道,即风险低于其他管道。事实上,绝对风险数是无法计算的。

(4)主观性假设:评分的方法及分数的界定虽然有其科学的依据,但主观性难以避免。

4.4.1.3 评价步骤

(1)管道分段。管道风险评价的特点在于,沿程的多样性环境条件决定了管道各段风险大小不一,所以有必要对管道进行分段。管道分段太少无疑会降低评价精度,而管道划分过多又会增加数据采集、处理和维护等方面的成本,最好的方法是在管段内外部条件出现较大变化时插入分段点。影响变化的因素主要包括管径、技术条件、水文、地质状况、土壤特性和人口分布等。

(2)事故因子确定和权重赋值。按事故原因和产生的后果将每个管段的事故因子分为第三方破坏、腐蚀破坏、设计误差和违章操作4类。

(3)介质危险性评价。介质危险性分为急剧危险和缓慢危险,急剧危险有爆炸、火灾和剧毒泄漏等,缓慢危险有水源危险、潜在致癌物质扩散等。介质危险的分值由介质燃烧性、反应性、有毒性以及长期危险性4个方面因素来评定。

(4)泄漏冲击指数的计算。泄漏冲击指数由介质危险性和影响范围决定。

(5)计算相对风险指数。相对风险指数 R_c 等于事故因子指数的和 S 除以泄漏冲击指数 L,其数学模型为

$$R_c = S/L \tag{4.3}$$

其中

$$S = T + C + D + I \tag{4.4}$$

式中　T——第三方破坏指数;

C——腐蚀指数;

D——设计指数;

I——错误指数。

4.4.1.4 肯特危险指数评价法应用举例

【例4.1】 采用肯特危险指数评价法对某管道安全风险评价。

1）第三方破坏指数

(1) 最小埋深。由于管长26.4km,只有61m(即0.2%)的管段埋地较浅,且在此管段中已经设置了钢筋网加固的混凝土板,故本次计算的管道埋地深度C取0.91m。此项总得分为 $13.1C = 13.1 \times 0.91 = 11.92$ 分。

(2) 活动水平。该地区人口密度较低,无经常性的建设活动,此项取8分。

(3) 地面设施。管线大部分地区无地上设施,其中较小地段有阀室。此项取值5分。

(4) 单号呼叫系统。按法律要求设置呼叫系统取4分;系统的有效性和可靠性已得到证实取2分;广泛宣传为公众所了解取2分;满足有关部门的最低要求取2分;对呼叫有适宜的响应取5分。此项总得分为 $4+2+2+2+5=15$ 分。

(5) 公众教育。每年与地方官员会晤一次取2分;与当地承包商或挖掘单位每年举行一次会议取2分。此项总得分为 $2+2=4$ 分。

(6) 管线状态。大部分线路都有指明管道存在的标志,无阻断,清晰,但某些管道用地范围植被过剩,标志不清楚,情况一般。此项总得分为2分。

(7) 巡线频率。每月巡线小于4次但大于1次,取4分。

以上各项总计49.92分,即第三方破坏指数 $T = 49.92$ 分。

2）腐蚀指数

(1) 大气腐蚀。①暴露方式:由于管道设有保护层和支座,该项取4分。②大气类型:管段接触的大气含盐、CO_2、SO_2 等但湿度低,该项取2分。③保护层:检测良好,该项取5分。此项总得分为 $4+2+5=11$ 分。

(2) 管道内腐蚀。①介质腐蚀性:管道内稠油中含有少量腐蚀物质,腐蚀性质取中等,该项取3分。②管道内防护:管道内注射有防腐剂,管内有防腐涂层,该项取9分。此项总得分为 $3+9=12$ 分。

(3) 埋地金属腐蚀。①阴极保护:阴极保护参数每月进行检查,最终保护效果符合有关规范要求,该项取8分。②保护层状态:经过检测,防腐层材料质量符合相关技术要求,保护层状态较好,该项取6分。③土壤腐蚀性:土壤电阻率在 $5 \sim 100\Omega \cdot m$,对管线有中等腐蚀,该项取2分。④运行年限:管线2004年投入运行,年限为5年,此项取2分。⑤其他金属埋地物:各管段均存在少量金属埋设物($1 \sim 10$件),该项取2分。⑥交流电干扰:管线无交流干扰电源,该项取4分。⑦应力腐蚀:管道操作压力和最大允许压力比值 $= 2.4/5.6 = 0.43$,在 $21\% \sim 50\%$ 之间,pH值在8左右,该项取4分。⑧管地电位测试桩:每1km设置一个,得3分。⑨保护参数:每月读取1次,得3分,该项取6分。⑩密间隔检测:距上次测量到评价时的年数为1年,该项取 $8-1=7$ 分。⑪管道内部检测:距上次检测到评价时的年数为2年,该项取 $8-2=6$ 分。此项总得分为47分。

以上各项总计70分,即腐蚀指数 $C = 11+12+47 = 70$ 分。

3）设计指数

(1) 钢管安全指数。钢管实际壁厚/计算壁厚 $= 11.5/10.21 = 1.12$,该项取5分。

(2) 系统安全指数。管道设计压力为6.0MPa,管道系统实际工作压力为4.2MPa,设计压力/工作压力 $= 6.0/4.2 = 1.43$,该项取8分。

(3) 疲劳指数。操作压力与最大允许工作压力比为0.43,疲劳断裂与管道应力交变循环

的次数小于 10^3,该项取 11 分。

(4)水击指数。系统存在水击破坏的可能性很小,该项取 10 分。

(5)水压试验指数。该压力值是在 4 年前进行水压试验确认,时间项得分 10 - 6 = 4 分;该试验压力是 10MPa,保持了 24h,试验压力指数为 10/5.6 = 1.79 > 1.4,得 15 分。该项取 4 + 15 = 19 分。

(6)土壤移动指数。管道所经地区土壤移动可能性低,该项取 6 分。

以上各项总计 59 分,即设计指数 D = 59 分。

4)错误指数

(1)设计错误指数。①危险识别:根据对管道的事故树分析,识别了管道的有害因素,取 4 分。②达到最大允许工作压力可能性:由系统运行记录看出,管线很少达到最大允许压力,取 10 分。③安全系统:各站有超压安全设备,得 3 分;有远程检测、监控压力装置,评分为 4。④材料选择:材料符合法规、标准要求,且有合格的质量证明文件,此项取 2 分。⑤设计检查:设计经过详细的检查,此项取 2 分。故此项总得分 25 分。

(2)施工错误指数。①施工检验:施工过程中有监理、监督检验对工程质量进行控制,有完整的工程质量证明文件,但质量检验和控制难免存在疏忽,因此,此项取 8 分。②材料:材料均经现场检验、核对,符合相关要求,此项取 2 分。③连接头:所有焊接接头或连接接头均经检验并合格,此项取 2 分。④回填:采用机械回填方法,密实程度等符合要求,但难免出现管道压弯现象,此项取 1 分。⑤搬运:钢管储运有损坏,组对控制有超差,此项取 1 分。⑥保护层:各管段外防腐层在施工过程中有损坏和补口现象,此项取 1 分。⑦故此项总得分 15 分。

(3)操作错误指数。①操作规程:操作规程完整性较好,但根据实际情况其有效性和及时性有待进一步完善,此项取 5 分。②SCADA 系统:管线采用 SCADA 系统进行监测、控制和调度,此项取 7 分。③药检:单位组织职工定期进行药检,此项取 2 分。④安全检查:对管线开展了一些检查,如管道埋深、阴极保护、周边情况等,但检查项目和质量还不能得到保证,此项取 1 分。⑤培训:对管理人员、操作人员按各岗位培训要求和内容进行了必要的培训,并进行了必要的考试等,但培训内容有待深入、再培训计划有待加强,此项取 8 分。⑥机械故障保护措施:系统设有紧急切断装置、操作顺序机械装置和计算机控制,重要设备有标识,此项取 6 分。故此项总得分 29 分。

(4)维护错误指数。①维护记录:有较详细的维护计划及手册,此项取 3 分。②维护计划:维护计划齐全,此项取 2 分。③维护作业指导书:维护作业指导书基本齐全,但部分内容欠完整、欠具体,此项取 6 分。故此项总得分 11 分。

以上各项总计 80 分,即错误指数 I = 25 + 15 + 29 + 11 = 80 分。

总计指数:$T + C + D + I$ = 49.92 + 70 + 59 + 80 = 258.92 分。

5)泄漏影响系数

(1)介质危害。①急性危害:N_f 取 4 分,N_r 取 0 分,N_h 取 1 分。②慢性危害取 2 分。因此,介质危害分值为 5 + 2 = 7 分。

(2)扩散系数。①介质泄漏:气体泄漏量为 45360 kg/min,气体的相对分子质量在 28 ~ 49 之间,该项取 4 分。②人口密度:该区为第三类地区,该项取值 3 分。因此,扩散系数 = 介质泄漏/人口密度 = 4/3 = 1.33。

泄漏影响系数 = 介质危害/扩散系数 = 7/1.33 = 5.26。

相对风险分值 = 指数和/泄漏影响系数 = 258.92/5.26 = 49.22 分(表 4.3)。

表4.3 管道肯特风险评价评分明细表

指数类别		项目	分值范围	采用的分值
第三方破坏指数 T		最小埋深	0~20	11.92
		活动水平	0~20	8
		地面设施	0~10	5
		单号呼叫系统	0~15	15
		公众教育	0~15	4
		管线状态	0~5	2
		巡线频率	0~15	4
		合计	0~100	49.92
腐蚀指数 C	大气腐蚀	管道在空气中的暴露方式	0~5	4
		大气类型	0~10	2
		保护层	0~5	5
	内腐蚀	介质腐蚀性	0~10	3
		管道内防护	0~10	9
	埋地金属腐蚀	阴极保护	0~8	8
		保护层状态	0~10	6
		土壤腐蚀性	0~4	2
		运行年限	0~3	2
		其他金属埋地物	0~4	2
		交流电干扰	0~4	4
		应力腐蚀	0~5	4
		管地电位测试桩	0~6	6
		密间隔检测	0~8	7
		管道内部检测	0~8	6
		合计	0~100	70
设计指数 D		钢管安全指数	0~20	5
		系统安全指数	0~20	8
		疲劳指数	0~15	11
		水击指数	0~10	10
		水压试验指数	0~25	19
		土壤移动指数	0~10	6
		合计	0~100	59
错误指数 I	设计错误指数	危险识别	0~4	4
		达到最大允许工作压力可能性	0~12	10
		安全系统	0~10	7
		材料选择	0~2	2
		设计检查	0~2	2

续表

指数类别	项 目		分值范围	采用的分值
错误指数 I	施工错误指数	施工检验	0~10	8
		材料	0~2	2
		接头	0~2	2
		回填	0~2	1
		搬运	0~2	1
		保护层	0~2	1
	操作错误指数	操作规程	0~7	5
		SCADA 系统	0~5	7
		药检	0~2	2
		安全检查	0~2	1
		培训	0~10	8
		机械故障保护装置	0~7	6
	维护错误指数	维护记录	0~2	3
		维护计划	0~3	2
		维护作业指导书	0~10	6
	合计		0~100	80
总计指数 = $T + C + D + I$			0~400	258.92
泄漏影响系数	介质危害	急性危害	N_f 介质可燃性分值	0~4	4
			N_r 介质化学活性分值	0~4	0
			N_h 介质毒性分值	0~4	1
		慢性危害	0~10	2
		合计	0~22	7
	扩散系数	介质泄漏	0~6	4
		人口密度	0~4	3
		介质泄漏/人口密度	0~6	1.33
泄漏影响系数 = 介质危害/扩散系数				5.26
相对风险分值 = 总计指数/泄漏影响系数			0~100	49.22

现把评价结果总计如下:

第三方破坏指数　　49.92 分
腐蚀指数　　　　　70 分
设计指数　　　　　59 分
错误指数　　　　　80 分
总计指数　　　　　258.92 分
泄漏影响系数　　　5.26
相对风险分值　　　258.92/5.26 = 49.22 分

6) 评价结果

相对风险分值为 49.22 分,则该管道的相对风险数属于中等风险区,管线存在着一定的风险因素。从以上管道风险评价中可以看到,在每项满分为100分的指标中,第三方破坏指数得分最低,实际指数为49.92分;设计指数为59分,次之;腐蚀指数为70分;错误指数为80分。由此可以得出,管道在管道运行中存在着一定的风险,其中第三方破坏的风险相对比较大,在管道的管理和技术维修改进中,有关部门应该将识别和消除第三方破坏风险作为工作重点,这样可以有效降低管道的风险。此外,管道的设计也存在一定的不足,有关部门应该采取相应的措施降低或消除管道设计误差所带来的风险。最后,虽然在防腐方面和管道操作方面得分相对较高,风险相对小,但是也不能忽视其中潜在的危险,应该继续巩固有利于遏制风险的方面,改进加强不利于管道运行安全的方面,提高对潜在危险的识别力度。

管道经营者想改善管道安全运行现状,消除风险,增加管道的可靠性和安全性,就可以在评价项中由得分低到高逐一找出具体的评价单项。这些得分较低的单项,就是管道管理者应该着重引起重视的方面。为提高管道的安全性,就应该对具体的低分项进行改进,根据肯特危险指数评价的要求,咨询有关技术及管理人员,得到相应的管理和技术上的措施,从而提高该项的得分,提高整个管道的安全性。

4.4.2 道化学公司火灾、爆炸危险指数评价法

4.4.2.1 道化学公司火灾、爆炸危险指数评价法概述

美国道(DOW)化学公司的火灾、爆炸危险指数评价法(第七版)是对工艺装置及所含物料的潜在火灾、爆炸和反应性危险利用逐步推算的方法进行客观的评价。评价过程中定量的依据是以往事故的统计资料、物质的潜在能量和现行安全防灾措施的状况。该方法通过计算火灾、爆炸危险指数,提出操作过程的危险度,考虑应采取的措施;然后通过补偿火灾、爆炸危险指数计算,从而达到预防控制的目的。

该法的评价目的是:客观地量化潜在火灾、爆炸和反应性事故的预期损失;确定可能引起事故发生或使事故扩大的设备;向管理部门通报潜在的火灾、爆炸危险性;使工程师了解工艺部分可能造成的损失,并帮助其确定减少潜在事故严重性和总损失的有效而又经济的途径。

4.4.2.2 计算步骤及程序

火灾、爆炸危险指数评价一般经过以下几个步骤:
(1)确定要评价的工艺单元。
(2)求取单元内的物质系数。
(3)按照单元的工艺条件,选用适当的危险系数,分别记入火灾、爆炸危险指数表(表4.4)的"一般工艺危险系数(F_1)"和"特殊工艺危险系数(F_2)"栏目内。
(4)用F_1和F_2相乘,求取工艺单元危险系数(F_3)。
(5)将F_3与物质系数(MF)相乘,求出火灾、爆炸危险指数(F&EI)。根据火灾、爆炸危险指数及危险等级表确定单元的危险程度,完成单元危险度的初期评价。
(6)用F&EI查出所评价工艺单元的暴露区域半径,并计算暴露面积。
(7)查出单元暴露区域内的所有设备的更换价值,确定危害系数,求出基本最大可能财产损失(基本MPPD)。
(8)应用安全措施补偿系数(C)乘以基本MPPD,确定实际最大可能财产损失(实际MPPD)。

表4.4 火灾、爆炸危险指数

地区/国家:		部门:		场所:		日期:	
位置:		生产单元:		工艺单元:			
评价人:		审定人:		建筑物:			
检查人:(管理部)		检查人:(技术中心)		检查人:(安全和损失预防)			

工艺设备中的物料:	
操作状态:设计—开车—正常操作—停车	确定 MF
操作温度	物质系数:若单元温度超过60℃则需进行温度校正

一般工艺危险	危险系数范围	采用危险系数
基本系数	1.00	1.00
(1)放热化学反应	0.3~1.25	
(2)吸热化学反应	0.20~0.40	
(3)物料处理与输送	0.25~1.05	
(4)密闭式或室内工艺单元	0.25~0.90	
(5)通道	0.20~0.35	
(6)排放和泄漏控制	0.25~0.50	
一般工艺危险系数(F_1)		
特殊工艺危险		
基本系数	1.00	1.00
(1)毒性物质	0.20~0.80	
(2)负压(<500mmHg/66.661kPa)	0.50	
(3)易燃范围内及接近易燃范围内的操作惰性化:_____ 未惰性化:_____		
灌装易燃液体	0.50	
过程失常或吹扫故障	0.30	
一直在燃烧范围内	0.80	
(4)粉尘爆炸	0.25~2.00	
(5)压力:操作压力、释放压力		
(6)低温		
(7)易燃及不稳定物质量;物质燃烧热		
工艺中的液体及气体		
储存中的液体及气体		
储存中的可燃固体及工艺中的粉尘		
(8)腐蚀及磨损	0.10~0.75	
(9)泄漏——接头和填料	0.10~1.50	
(10)使用明火设备		
(11)热油热交换系统	0.15~1.15	
(12)转动设备	0.50	
特殊工艺危险系数(F_2)		
工艺单元危险系数 $F_3 = F_1 \times F_2$		
火灾、爆炸危险指数 $F\&EI = F_3 \times MF$		

(9)根据实际 MPPD,确定最大可能工作日损失(MPDO)。

(10)用停产损失工作日 MPDO 确定停产损失(BI)。

火灾、爆炸危险指数评价法风险分析计算程序如图4.4所示。

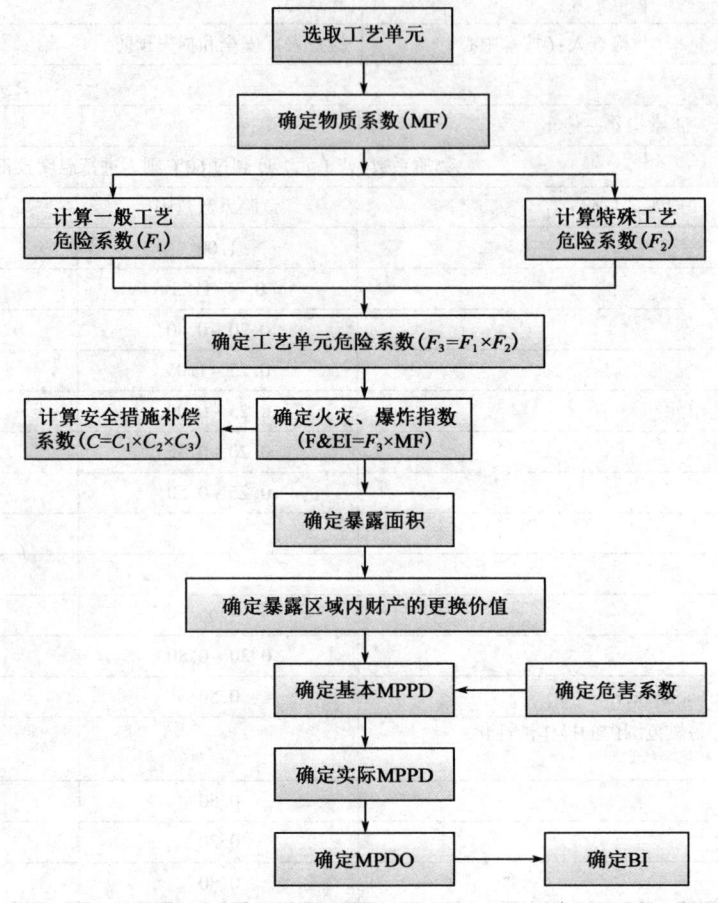

图4.4　火灾、爆炸危险指数分析计算程序

4.4.2.3　评价过程

1)选取工艺单元

工艺单元是指工艺装置的任一主要单元,仓库也可以作为一个工艺单元。多数工厂是由多个单元组成,但在计算火灾、爆炸危险指数时,只选择那些从损失预防角度来看对工艺有影响的工艺单元进行评价,这些单元称为恰当工艺单元,选择恰当工艺单元的重要参数有下列6个:

(1)潜在化学能(危险物质);

(2)工艺单元中危险物质的数量;

(3)资金密度(每平方米以美元为单位的资金数量);

(4)操作压力和操作温度;

(5)导致火灾、爆炸事故的历史资料;

(6)对装置起关键作用的单元。

一般,参数值越大,则该工艺单元就越需要评价。

适用易燃、可燃或化学活性物质的最低量为2270kg 或 2.27m³,至少为454kg 或 0.454m³。

2)确定物质系数

物质系数是表述物质有燃烧或其他化学反应引起的火灾、爆炸过程中所释放能量的内在特性,是最基础的数值。物质系数是由美国消防协会规定的 N_f 和 N_r(分别代表物质的燃烧性和化学活泼性或不稳定性)决定的。

通常,N_f 和 N_r 是针对正常环境温度而言的。但物质发生燃烧和反应的危险性随温度上升而急剧增大。如在闪点之上的可燃性液体引起火灾的危险性就比正常环境温度下的易燃性液体大得多。反应速度也随温度上升而急剧增大。所以当物质的温度超过60℃时,物质系数就要进行校正。

3)确定工艺单元危险系数

工艺单元危险系数包括一般工艺危险系数和特殊工艺危险系数。构成工艺危险系数的每一项都可能引起火灾或爆炸事故的扩大或升级。

计算工艺单元危险系数中的各项系数时,应选择物质在工艺单元中所处的最危险状态。可以考虑的操作状态有开车、连续操作和停车。防止对过程中的危险重复计算,因为在确定物质系数时已选取了单元中最危险的物质,并据此进行火灾、爆炸分析,即已考虑到实际上可能发生的最坏状况。

计算 F&EI 时,一次只评价一种危险。如果 MF 是按照工艺单元中的易燃液体来确定的,就不要选择与可燃性粉尘有关的系数,即使粉尘可能存在于过程的另一段时间内。合理的计算方法为:先用易燃液体的物质系数进行评价,然后再用可燃性粉尘的物质系数进行评价。

4)计算火灾、爆炸危险指数

火灾、爆炸危险指数用来估计生产过程中的事故可能造成的破坏。按直接原因,易燃物泄漏并点燃后引起的火灾及燃料混合物爆炸的破坏类型有:

(1)冲击波或爆炸;

(2)初始泄漏引起的火灾;

(3)容器爆炸引起对管道与设备的撞击;

(4)引起二次事故。

火灾、爆炸危险指数(F&EI)按下式计算:

$$F\&EI = F_3 \cdot MF \tag{4.5}$$

火灾、爆炸危险指数与危险程度的关系见表2.6。

5)计算安全措施补偿系数

选择的安全措施应能切实减少或控制评价单元的危险,提高安全可靠性,最终结果是确定损失减少的金额或使最大可能财产损失降到可接受的程度。安全措施分工艺控制(C_1)、物质隔离(C_2)、防火措施(C_3)三类。

6)计算暴露半径和暴露区域

(1)暴露半径。暴露半径表明了生产单元危险区域的平面分布,它是一个以工艺设备的关键部位为中心、以暴露半径为半径的圆。若评价工艺单元是一个小设备,则以该设备的中心为圆心,以暴露半径画圆;若设备较大,则应从设备表面向外量取暴露半径。事实上,暴露区域的中心常常不是泄漏点,经常发生泄漏的点是排气口、膨胀节和连接处等部位,它们均可作为暴露区域的圆心。

(2)暴露区域。暴露区域面积 $S = \pi R^2$(R 为暴露半径),实际暴露区域面积 = 暴露区域面积 + 评价单元面积。

考虑评价单元内设备在火灾、爆炸中遭受的损坏的实际影响,往往用一个围绕着工艺单元的圆柱体体积来表征发生火灾、爆炸事故时生产单元所承受风险的大小。圆柱体的底面积为暴露区域面积,高则等于暴露半径。有时也用球体的体积表示。

值得注意的是,火灾、爆炸的蔓延并不是一个理想的圆或球,在不同方向造成的破坏往往并不等同,实际破坏情况受设备位置、风向及排放装置情况影响。

7) 确定暴露区域内财产的更换价值

暴露区域内财产的更换价值可由区域内含有的财产的更换价值来确定:

$$更换价值 = 原来成本 \times 0.82 \times 增长系数 \tag{4.6}$$

式中,0.82 是考虑了场地平整、道路、地下管线、地基等在事故发生时不会遭到损失或无需更换的系数;增长系数由工程预算专家确定。

8) 确定危害系数

危害系数由单元危险系数(F_3)和物质系数(MF)确定。它表示单元中的物料或反应能量释放所引起的火灾、爆炸事故综合效应。

实际上,只有9种不同的物质系数(1、4、10、14、16、21、24、29、40),没有中间值,故有9个不同的对应方程,据此可计算破坏系数(Y)。

当 MF = 1 时, $\quad Y = 0.003907 + 0.002957X + 0.004031X^2 - 0.00029X^3$

当 MF = 4 时, $\quad Y = 0.025817 + 0.019017X - 0.00081X^2 + 0.000108X^3$

当 MF = 10 时, $\quad Y = 0.098582 + 0.017596X + 0.000809X^2 - 0.000013X^3$

当 MF = 14 时, $\quad Y = 0.20592 + 0.018938X + 0.007638X^2 - 0.00057X^3$

当 MF = 16 时, $\quad Y = 0.25674 + 0.019886X + 0.011005X^2 - 0.00088X^3$

当 MF = 21 时, $\quad Y = 0.340314 + 0.076531X + 0.003912X^2 - 0.00073X^3$

当 MF = 24 时, $\quad Y = 0.395755 + 0.096443X - 0.00135X^2 - 0.00038X^3$

当 MF = 29 时, $\quad Y = 0.484766 + 0.094288X - 0.00216X^2 - 0.00031X^3$

当 MF = 40 时, $\quad Y = 0.554175 + 0.080772X + 0.000332X^2 - 0.00044X^3$

式中,X 为单元危险系数(F_3)。

9) 计算基本最大可能财产损失

基本最大可能财产损失 = 暴露区域面积 × 暴露区域财产价值,它假定没有任何一种安全措施来降低损失。

10) 实际最大可能财产损失

实际最大可能财产损失 = 基本最大可能财产损失 × 安全措施补偿系数,它表示在采取适当的防护措施后事故造成的财产损失。

11) 最大可能工作日损失

估计最大可能工作日损失(MPDO)是评价停产损失(BI)的必经步骤,根据物料和产品需求的不同状况,停产损失往往等于超过财产损失。

12) 确定停产损失

停产损失(按美元计)按下式计算:

$$BI = \frac{MPDO}{30} \times VPM \times 0.70 \tag{4.7}$$

式中 VPM——每月产值。

4.4.2.4 道化学公司火灾、爆炸危险指数评价法举例

【例 4.2】 道化学公司火灾、爆炸危险指数评价法在轻烃储罐中的应用。

轻烃是在对原油或者天然气进行初加工时从中分离出来的 $C_3 \sim C_9$ 组分,组分较轻,易挥发,并且易燃易爆。轻烃储罐作为储存轻烃的装置,一旦发生事故,将会造成极其重大的后果。

(1)确定物质系数。由于轻烃主要是由 $C_3 \sim C_9$ 组成的,查表可得,其大多数物质系数为 16,由此我们可以取轻烃的物质系数为 16。

(2)确定工艺单元危险系数。轻烃储罐对应的各项具体取值见表 4.5。

表 4.5 工艺单元危险系数表

评价内容:某 $1 \times 10^4 m^3$ 轻烃储罐区安全现状评价		
1. 一般工艺危险	系数范围	轻烃储罐对应取值
基本系数	1	1
放热化学反应	0.30~1.25	
吸热反应	0.20~0.40	
物料处理与输送	0.25~1.05	0.85
密闭式或室内工艺单元	0.25~0.90	
通道	0.20~0.35	
排放和泄漏控制	0.20~0.50	0.5
一般工艺危险系数(F_1):2.35		
2. 特殊工艺危险		
基本系数	1	1
毒性物质	0.2~0.8	0.2
负压(<500mmHg)	0.5	
接近易燃范围的操作	0.30~0.60	0.5
粉尘爆炸	0.25~2.00	
压力释放		0.55
低温	0.20~0.30	
易燃及不稳定物质质量,kg		0.8
腐蚀与磨损	0.10~0.75	0.2
泄漏接头和填料处	0.10~1.50	0.1
使用明火设备		
热油、热交换系统	0.15~1.15	
传动设备	0.5	
特殊工艺危险系数(F_2):3.35		
工艺单元危险系数($F_3 = F_1 \times F_2$):7.87		

(3)火灾、爆炸危险指数。

由表 4.5 可知,轻烃储罐的工艺单元危险系数为 7.87,由此可确定其火灾、爆炸危险指数为 $7.87 \times 16 = 126$,对应查表 2.6 可知,其危险等级属于"中等"。

(4)确定安全补偿系数。轻烃储罐具体安全措施补偿系数取值见表 4.6,由表可得安全补偿系数为 0.58。

表 4.6 安全措施补偿系数取值表

序号	安全措施	补偿系数
工艺控制	应急电源	0.98
	冷却	0.97
	抑爆	
	紧急停车装置	0.98
	计算机控制	0.99
	惰性气体保护	
	操作指南或操作规程	0.96
	活性化学物质检查	0.98
	其他工艺过程危险分析	0.94
工艺控制安全补偿系数 $C_1 = 0.82$		
物质隔离	远距离控制阀	0.98
	备用泄料装置	0.98
	排放系统	
	联锁装置	
物质隔离安全补偿系数 $C_2 = 0.96$		
防火措施	泄漏检测装置	0.94
	钢质结构	0.97
	消防水供应	0.94
	特殊系统	
	喷洒系统	0.97
	水幕	
	泡沫装置	0.94
	手提式灭火器/水枪	0.95
	电缆保护	0.94
防火措施安全补偿系数 $C_3 = 0.74$		
单元的安全措施补偿系数 $C_1 \times C_2 \times C_3 = 0.58$		

(5) 计算补偿后的火灾爆炸危险指数。F&EI′ = F&EI × C = 126 × 0.58 = 73, 对应查表2.6可知危险等级下降为"较轻"。由此可知,选择适当的安全措施能切实减少轻烃储罐的危险,提高安全可靠性。

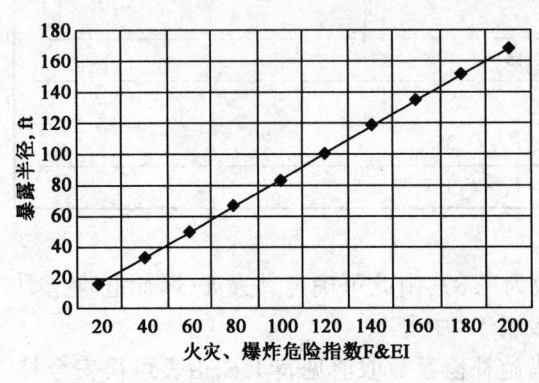

图 4.5 暴露区域半径计算图

(6) 确定暴露半径和暴露区域。暴露半径 $R = $ F&EI × 0.84。由图 4.5 可得,暴露半径 $R = 105.84$ ft,而 1ft = 0.3084m,由此可得暴露半径为 $105.84 \times 0.3048 = 32.26$ m。暴露区域面积 $S = \pi R^2 = 3267.82$ m^2。

(7) 确定危害系数。当物质系数为16时,对应于轻烃储罐,可由计算方程求得危害系数为0.67。

（8）评价总汇。轻烃储罐评价结果见表4.7。用道化学公司火灾、爆炸危险指数评价法对轻烃储罐进行评价后可知，单元危险度初期评价中危险程度为"中等"，加上安全措施系数后，危险程度下降为"较轻"，属于可以接受的程度。

表4.7 轻烃储罐评价分析总汇

评价对象名称		轻烃储罐
物质系数		16
F_1		2.35
F_2		3.35
补偿前	F&EI	126
	危险程度	中等
补偿后	F&EI	73
	危险程度	较轻
暴露半径,m		32.26
暴露面积,m^2		3267.82
危害系数		0.67

由道化学公司火灾、爆炸危险指数评价法对轻烃储罐进行整体的宏观评价可知，在工艺危险性方面，轻烃储罐所储存的物质本身就是易燃、易爆且有毒的重大危险物质，本质无法改变，要降低其危险系数，必须从安全措施方面着手。以下几个方面是在评价过程中发现的安全措施比较薄弱的环节，应着重加强。

在工艺控制方面，操作过程中严格遵守操作规程能有效防止事故产生。从一系列火灾爆炸事故中可以看出，人为失误或误操作造成的事故比例很大。

在物质隔离方面，良好的排放系统至关重要。在储罐发生泄漏爆炸时，能将泄漏物引至距离较远的安全蓄液池，与储罐隔离，能最大限度地减小储罐泄漏带来的损失。

在防火措施方面，应加强操作人员的防火意识以及消防器材的使用。可以不定期地进行防火演练，当发生火灾时能在第一时间对火灾进行控制，将可能的损失减小到最低。不能依赖于专业消防人员，当消防人员到达时，可能火灾已经发展到不可控的地步。

4.4.3 蒙德法

4.4.3.1 概述

1974年英国帝国化学工业公司（ICI）蒙德（Mond）部在道化学公司火灾、爆炸危险指数评价法的基础上引进了毒性概念，并发展了一些新的补偿系数，提出了"蒙德火灾、爆炸、毒性指数评价法"，简称蒙德法。

在对现有装置及计划建设装置的危险性研究中，尤其是在新设计项目的潜在危险评价时，发现有必要对道化学公司火灾、爆炸危险指数法进行改进和补充。蒙德法最重要的两个方面是：

（1）引进了毒性的概念，将道化学公司的"火灾、爆炸危险指数"扩展到包括物质毒性在内的火灾、爆炸、毒性指数的初期评价。

（2）发展了新的补偿系数，进行装置现实危险性水平再评价。

蒙德法突出了毒性对评价单元的影响，在考虑火灾、爆炸、毒性危险方面的影响范围及安全补偿措施方面都较道化学公司火灾、爆炸危险指数法更为全面。蒙德法在安全措施补偿方面强调了工程管理和安全态度,突出了企业管理的重要性,因而可对较广的范围进行全面评价。

4.4.3.2 蒙德法的评价步骤

蒙德法的评价程序如图4.6所示。

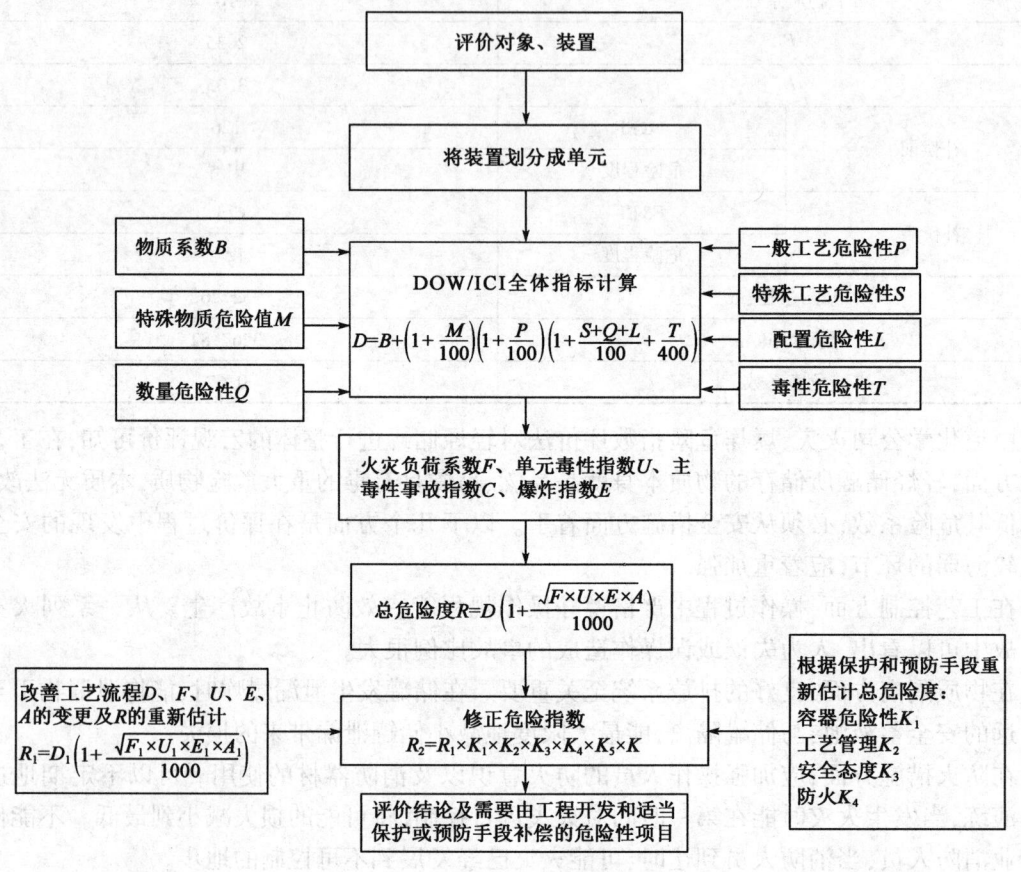

图4.6 蒙德法的评价程序

1) 评价单元的确定

"单元"是装置的一个独立部分,而不是与装置在一起的其余部分,如有一定间距、挡火墙、防护堤等隔开的装置的一部分设施,也可作为单元。在选择装置的部分作为单元时,要注意邻近其他单元的特征及是否存在有不同的特别工艺和有危险性物质的区域。

装置中具有代表性的单元类型有原料储存区、供应区域、反应区域、产品蒸馏区域、吸收或洗涤区域、半成品储存区、产品储存区、运输装卸区、催化剂处理区、副产品处理区、废液处理区、通入装置区的主要配管桥区,此外还有过滤、干燥、固体处理、气体压缩等,合适时也可将装置划分为适当的单元。

将装置划分为不同类型的一些单元就能对装置不同单元的危险特性进行评价,否则,整个装置或装置的大部分就会带有其中最危险单元的特征。此外,通过单元划分,可对装置中最危险的单元向其他投资多的单元发生事故蔓延时的界限加以考虑。

评价储存区时,单元通常由一个堤坝和共同堤坝内的全部储罐等组成。其他用堤坝分开的区域,如液化气、高着火性液体、可燃性液体,以及有自聚危险性、可能产生过氧化物、有凝聚相爆炸危险等特殊危险性物质,可作为不同单元处理,以便能正确识别其相对危险性。

2) 单元内的重要物质及其物质系数的确定

(1)选取单元内的重要物质。单元内往往有原料、中间产品、产品、副产品、催化剂、溶剂等多种物质的存在,这些物质的危险性潜能和在单元内的存在数量是不同的。选用不同的物质对单元的危险性进行评价,其评价结果是不同的,因此应以较多数量存在的、危险性潜能较大的物质作为单元内的重要物质对单元进行评价。

若装置、单元中存在一种以上的重要物质时,必须对各重要物质作不同评价,且最终评价的依据选用最危险的那个作为该单元危险性的代表。若装置内的物质是混合物且组成保持一定,在装置内具有主要火灾、爆炸、反应或毒性的潜在危险性时,可取混合物作为重要物质。

(2)重要物质系数的确定。物质系数是指重要物质在标准状态(25℃,0.1MPa)下的火灾、爆炸或放出能量的危险性潜能的尺度。进行总效果计算时,物质系数(MF)用符号 B 表示。

3) 单元危险性的初期评价

(1)特殊物质的危险性。评价物质危险性时,对重要物质的特殊性质、重要物质在单元内与催化剂等其他物质混合的情况要重新进行评价。要根据该单元内重要物质的数量、在火灾或可能出现火灾的条件下对其特定性质所产生的影响来决定特殊物质危险性系数的标准。

危险性系数是所研究的特定单元内重要物质在具体使用环境中的一个函数,不能用孤立的重要物质的性质来定义。因此,不同单元中某一物质危险系数可强可弱,如单元不同,即使是同样的重要物质,也需要对特殊物质危险性系数加以改变。

(2)一般工艺过程危险性。这类危险性与单元内进行的工艺及其操作的基本类型有关。其操作过程包括:纯物理变化、单一连续反应、单一间歇反应、反应多重性或同一装置中进行不同工艺操作、物质输送、可搬动容器,详见表4.8。

表4.8 一般工艺过程危险性系数

序号	工艺及操作类型	具体工艺及操作	危险性系数	备注
1	纯物理变化	有完备的堤坝、与装卸作业隔离的可燃性物质的储存	10	
		储存地点温度高,用水或蒸汽加热储存容器	50	
		在永久性管路封闭体系中进行的工艺操作(蒸馏、吸收、气化等)	10	
		离心分离、间歇混合、过滤等工艺	30	
2	单一连续反应	吸热反应,反应在稀释溶液中进行,溶剂吸热,不至于发生危险的放热反应(如裂解反应,异构化反应)	25	
		放热反应,如氧化、聚合等	50	
		粉碎、混合、压缩空气输送、装卸、过滤、固体干燥等与固体物质有关的工艺	50	
3	单一间歇反应	考虑操作人员失误因素,在"单一连续反应"的评分基础上加10~60	在单一连续反应项的系数上加10~60	反应中速可用较低的系数;反应速度较快或较慢时选择较大的系数

续表

序号	工艺及操作类型	具体工艺及操作	危险性系数	备注
4	反应多重性或在同一装置中进行不同的工艺操作	由一个反应过渡到另一个反应时,有污染的危险性或固体堵塞		追加系数。首先在纯物理变化、单一连续反应、单一间歇反应中选用最大系数
		反应或操作相互有明显区别,且产品受反应器污染影响很大	最高可达 50	要使用污染系数
		多重反应下,反应物的加入顺序和时间变化会发生不能估计的反应时	最高可达 75	
		反应、操作有多重性,副反应的生成物使反应和操作受到干扰	25	
5	物质输送	使用永久性完全封闭的配管时	0	与充填、排空或输送转移物质的特定工艺有关的附加危险性
		使用可弯曲的配管或操作中需安装、拆卸管路	25	
		从上盖或底部出口进行充填或排空操作(间歇式反应器、混合器、离心分离器、过滤器等)	50	
		使用可拆卸或可弯曲管路进行输送转移操作,同时为了换气或用惰性气体置换,需要连接管路时	50	
6	可搬动容器	未装上运输车的满桶	25	桶类、可卸型储罐和槽车,除装卸时间外,效果同密封一样,造成碰撞、外部火灾及其他事故后果比固定装置大,原因是没有放出孔
		装上运输车的满桶	40	
		不管是否装上运输车的空桶	10	
		公路槽车或者用汽车装载可卸槽车	100	
		铁路槽车或铁道可卸槽车	75	

(3)特殊工艺过程危险性。在重要物质或基本工艺和操作性质所评价的评分基础上,有些操作过程及其工艺会使总体的危险性增加,包括低压、高压、低温、高温、腐蚀和侵蚀的危险性、接头和填料的危险性、振动及循环负荷疲劳危险性、难控制工艺反应、爆炸极限附近的操作、粉尘或雾滴爆炸的危险性、使用强气相氧化剂工艺、静电危险性等。

4)数量的危险性

处理大量的可燃性和分解性物质时,要给予附加的危险性系数。

计算所研究的单元中物质总量时,应考虑反应器、管道、供料槽、塔等设备内的全部物料数量,可以根据物质质量直接计算,也可以根据体积和密度计算。根据气体、固体、液体及其混合物的质量,可以进行危险性的比较。物质的数量包括总质量,量系数是以吨为单位的质量标准,可从图 4.7 求出。曲线的最大值为 10^5t,可根据要求的精确度读出中间值。100kg 以下的系数为 1。

5)布置上的危险性

单元布置引起的危险性系数所考察的重要项目是大量可燃性物质在单元内存在的高度。单元的高度是指装置工艺单元和输送物质配管顶部从地面开始的高度,排气管、梁式升降机的横梁构造物不能用于决定高度;但一定要考虑蒸馏塔和反应塔的主配管位置、生成物塔顶冷凝器、上部供料容器等。在计算中,高度用 $H(\mathrm{m})$ 表示。

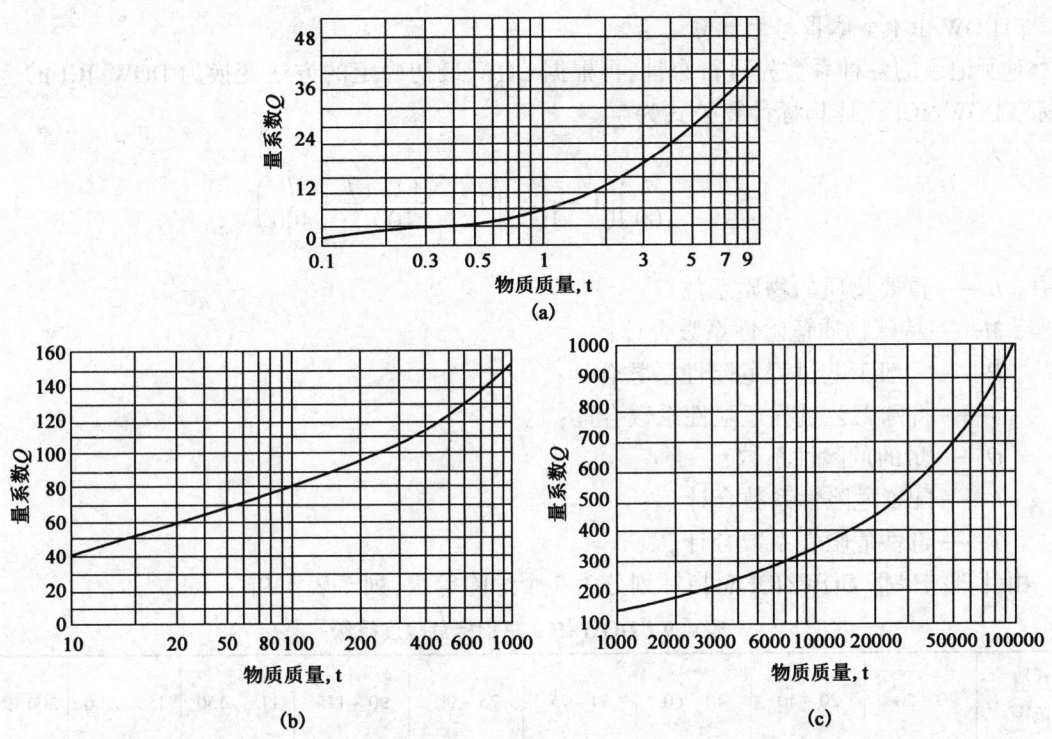

图 4.7 量系数

工艺单元的通常作业区域是指和单元有关的构造物的计划区域。需要包括上述作业区域以外的泵、配管、装置等时可予以扩大。由周围单元的构造物以及有关的辅助设施用最小限度长度的墙围起来的领域可视为作业区域,用 $N(m^2)$ 表示。主管桥单元的通常作业区是指管桥的最大宽度与支架或架台中心的间距相乘所得面积。带堤坝的储罐单元的通常作业区是指储罐自身的实际计划区域与单元内的泵及有关配管所占的区域,堤坝内总的区域不能算作通常作业区。地下储罐的通常作业区由地下储罐所处位置决定,在更深处储藏洞的通常作业区是指地表或地下 10m 以上的人孔及配管连接部的位置。

6) 毒性的危险性

它是关于毒性危险性的相对评分及其对综合危险性评价的影响。对健康的危害性可根据造成的原因和程度来考虑,有的可归因于维护及工艺不能控制或易发生火灾等异常工艺条件;有来自接头、基础、工艺排气等处经常发生的细微泄漏,还有由氮气、甲烷、二氧化碳等窒息性气体造成的对健康的危害。

瓦斯、蒸气、粉尘的毒性一般是以每周 40h、每天劳动 7~8h 为标准的时间负荷值(TLV)表示。对于短时间接触,用 TLV 乘以一定系数,而用更大的值。有的物质即使在短时间内接触,也必须控制在比 TLV 值低的范围。

一般泄漏造成的危险性及通常的维修或者工艺操作引起的危害性,用 TLV 值评价。异常高的泄漏、装置控制系统的故障、火灾条件等用高短时间的浓度值评价。

重要装置项目上的放射线源和热等物理因素与上述直接毒性一起,必须作为复合毒性危险性来考虑。发生异常混乱状态时,影响采取正确的动作速度和形式的问题也应考虑。

7) DOW/ICI 全体指标的计算

对所记录的各种系数先进行小计,再根据 DOW 最初确定的方法变换为 DOW/ICI 的全部指标。DOW/ICI 全体指标计算公式为

$$D = B\left(1 + \frac{M}{100}\right)\left(1 + \frac{P}{100}\right)\left(1 + \frac{S+Q+L}{100} + \frac{T}{400}\right) \tag{4.8}$$

式中　B——重要物质的物质系数;
　　　M——特殊物质危险性系数合计;
　　　P——一般工艺过程危险性系数合计;
　　　S——特殊工艺过程危险性系数合计;
　　　Q——量的危险性系数;
　　　L——配置危险性系数合计;
　　　T——毒性危险性系数合计。

由计算结果将 DOW/ICI 总指标划分为 9 个危险等级,列于表 4.9。

表 4.9　DOW/ICI 总指标危险度等级

D 值范围	0~20	20~40	40~60	60~75	75~90	90~115	115~150	150~200	200 以上
危险程度	缓和	轻度	中等	稍重	重的	极端的	非常极端的	潜在灾难	高度灾难

8) 总危险度 R 计算

总危险度 R 是根据 DOW/ICI 总指标 D 确定的,而 D 受火灾负荷、单元毒性指标、内部爆炸指标、气体爆炸因素等的影响较大。因此,用总危险性系数 R 评价这些因素是更为合适的方法。R 按下式进行计算:

$$R = D\left(1 + \frac{\sqrt{F \times U \times E \times A}}{1000}\right) \tag{4.9}$$

式(4.9)中各系数介绍如下:

(1) F 表示火灾负荷。F 值的大小可以对发生火灾时预测火灾的持续时间很有用。火灾负荷 F 按下式计算:

$$F = 2.33 \times 10^8 \frac{BK}{N} \tag{4.10}$$

式中　B——重要物质的物质系数;
　　　K——单元中可燃物料的总量,t;
　　　N——单元的通常作业区域,m²。

单元内全部燃料卷入火灾比较罕见,考虑全部燃料的 10% 则比较接近实际。火灾负荷 F 也是给定的一个范畴,根据计算结果,将火灾负荷 F 分为 8 个等级,见表 4.10。

表 4.10　火灾负荷等级及预计火灾持续时间

通常作业区域的火灾负荷实际值,kJ/m^2	等级	预计火灾持续时间,h	备注
$0 \sim 57 \times 10^4$	轻	$1/4 \sim 1/2$	
$57 \times 10^4 \sim 11.4 \times 10^5$	低	$1/4 \sim 1$	住宅
$11.4 \times 10^5 \sim 22.8 \times 10^5$	中等	$1 \sim 2$	工厂
$22.8 \times 10^5 \sim 45.6 \times 10^5$	高	$2 \sim 4$	工厂
$45.6 \times 10^5 \sim 11.4 \times 10^6$	非常高	$4 \sim 10$	对使用建筑物最大
$11.4 \times 10^6 \sim 22.8 \times 10^6$	强	$10 \sim 20$	橡胶仓库
$22.8 \times 10^6 \sim 57 \times 10^6$	极端	$20 \sim 50$	
$57 \times 10^6 \sim 11.4 \times 10^7$	非常极端	$50 \sim 100$	

（2）E 作为内部装置爆炸的危险性计算,其值决定的范围见表 4.11。

表 4.11　内部单元爆炸指标 E 值及其范围

E	$0 \sim 1$	$1 \sim 2.5$	$2.5 \sim 4$	$4 \sim 6$	6 以上
范围	轻微	低	中等	高	非常高

（3）A 为环境气体爆炸指标。A 值及其范围见表 4.12。

表 4.12　地区爆炸指标 A 值及其范围

A	$0 \sim 10$	$10 \sim 30$	$30 \sim 100$	$100 \sim 500$	500 以上
范围	轻	低	中等	高	非常高

（4）U 为单元毒性指数,表示毒性的影响,该值可以综合考察装置、单元的控制和管理的单元毒性,见表 4.13。

表 4.13　单元毒性指数 U 及其范围

U	$0 \sim 1$	$1 \sim 3$	$3 \sim 6$	$6 \sim 10$	10 以上
范围	轻	低	中等	高	非常高

将单元毒性指标 U 和量系数 Q 结合起来即可得出主毒性指标 C（表 4.14）,而 Q 是由毒性物质以外物质量求得,这种场合的 U 值由单元内存在的毒性物质的量求得。

表 4.14　主毒性事故指标 C 及其范围

C	$0 \sim 20$	$20 \sim 50$	$50 \sim 200$	$200 \sim 500$	500 以上
范围	轻	低	中等	高	非常高

综合危险性指数 R 与危险性分类如表 4.15 所示。

表 4.15　总危险性系数 R 值及其范围

R	$0 \sim 20$	$20 \sim 100$	$100 \sim 500$	$500 \sim 1100$	$1100 \sim 2500$	$2500 \sim 12500$	$12500 \sim 65000$	65000 以上
范围	缓和	低	中等	高(1)类	高(2)类	非常高	极端	非常极端

4.4.3.3　蒙德法应用举例

【例 4.3】　利用蒙德法对某煤气发生系统进行安全评价。

（1）单元主要参数。评价单元:造气车间的煤气发生系统(包括煤气炉、集气罐等)。单元内主要物质:一氧化碳(CO)。煤气炉发生气量:492kg。煤气炉内压力、温度:700～800Pa,

800℃。评价单元高度 H:15m。单元作业区域:1200m²。

(2)评价计算结果见表4.16。

表4.16 煤气发生系统蒙德法评价结果一览表

单元	煤气发生系统		装置	煤气发生炉、集气罐	
主要物质	CO		反应	C + H₂O ⟶ CO + H₂	
单元火灾、爆炸、毒性指标	物质系数 MF = 2.12			(5)工艺着火敏感度	20
	特殊物质系数	采用系数		特殊工艺过程危险性合计	S = 210
	(1)混合及扩散特性,m	-5		量系数	Q = 3.0
	(2)着火敏感性	75		配置危险性	采用系数
	(3)气体轰炸型	150		高度 H = 15m	
	特殊物质危险性合计	M = 220		通常作业区 N = 1200m²	
	一般工艺过程危险性	采用系数		(1)构造设计	10
	(1)单一连续反应	50		(2)多米诺效应	25
	(2)物质移动	50		(3)其他	50
	一般工艺过程危险性合计	P = 100		配置危险性合计	L = 85
	特殊工艺过程危险性	采用系数		毒性危险性	采用系数
	(1)高温	75		(1)TLV 值	100
	(2)高温、引火性	35		(2)物质类型	75
	(3)接头与垫圈泄漏	20		(3)短期暴露危险	50
	(4)烟雾危险性	60		毒性合计	T = 225
DOW/ICI 总指标 D	61.63	稍重	火灾负荷 F,Btu·ft⁻²	17.8	轻
单元毒性指标 U	14.18	非常高	主毒性事故指标	42.54	低
爆炸指标 E	6.30	非常高	气体爆炸指标	206.25	高
全体危险性评分	96.72	低			

(3)评价。采取补偿措施后,该评价单元的火灾负荷 F、爆炸指标 E、气体爆炸指标 A 及总危险性评分 R 等安全指标都有所下降,说明该单元的危险性级别降到了较安全水平。

4.4.5 模糊综合评价法

4.4.5.1 模糊理论基础

模糊性是指某些事物因本身概念不清楚而具备的没有确切定义和确定边界的一种客观属性。这种边界不清楚的模糊概念,不是人的主观认识达不到客观实际所造成的,而是事物的一种客观属性,是事物的差异之间存在着中间过渡过程的结果。模糊数学就是用精确的数学方法来处理模糊性的事物,而不是把精确的数学变得模糊。在客观世界中存在两类不确定性因素,分别是模糊不确定性和随机不确定性。二者的区别在于事物本身的边界或定义是否清楚。模糊性存在于不同事物之间的过渡阶段,它同时符合两个或多个事物的标准,但是有可能对于某一事物的归属度更强,而对于另一个事物的归属度弱一些。

模糊理论和模糊方法的引入,更好地适用于实际工作情况,而且方法简单实用,可操作性强,这些优点被科研工作者们应用到许多领域。随着使用范围的拓宽,模糊理论也随之得到了充实和完善。由于信息不完善或者历史资料不全,无法确切得到表征事物特征的数据,在这样的情况下,为更加科学地表征事物的特征,引入了区间模糊数的概念,各种类型的模糊数应运而生。传统事故树分析方法认为,精确值足以描述基本事件发生的概率,而且认为事故树的顶端事件只有失效和正常两个状态。但客观实际并非如此,把事故树分析方法和模糊理论结合后,有效地解决了一些模糊的基本事件在事故树定量分析中的问题。

模糊综合评价就是利用模糊数学的方法,对受到多个因素影响的事物,按照一定的评价标准,给出事物获得某个评语的可能性。

模糊综合评价法是对受多种因素影响的事物做出全面评价的一种十分有效的多因素决策方法,其特点是评价结果不是绝对地肯定或否定,而是以一个模糊集合来表示。

传统的安全管理,基本上是凭借经验和感性认识去分析和处理生产中各类安全问题,对系统的评价只有"安全"或"不安全"的定性评估。这样的分析,忽略了问题性质的程度上的差异,而这种差异有时是很重要的。模糊概念不是只用"1"(安全)和"0"(不安全)两个数值去度量,而是用 0~1 之间一个实数去度量,这个数就称为"隶属度"。用函数表示不同条件下隶属度的变化规律称为"隶属函数",隶属度可通过已知的隶属函数或统计法求得。

4.4.5.2 模糊综合评价分析

模糊综合评价主要分为两步进行:首先按每个因素单独评判,然后再按所有因素综合评判。

(1)建立因素集。因素集是指以所评价系统中影响评判的各种因素为元素所组成的集合,通常用 U 表示:

$$U = \{u_1, u_2, \cdots, u_m\} \tag{4.11}$$

各元素 $u_i(i=1,2,\cdots,m)$ 即代表各影响因素。这些因素通常都具有不同程度的模糊性。

(2)建立权重集。一般来说,因素集 U 中的各因素对安全系统的影响程度是不一样的。为了反映各因素的重要程度,对各个因素应赋予相应的权数 a_i。由各权数所组成的集合为

$$A = \{a_1, a_2, \cdots, a_m\} \tag{4.12}$$

各权数 a_i 应满足归一性和非负性条件:

$$\sum_{i=1}^{n} a_i = 1(a_i \geq 0) \tag{4.13}$$

它们可视为各因素 u_i 对"重要"的隶属度。因此,权重集是因素集上的模糊子集。

(3)建立评判集。评判集是评价者对评判对象可能作出的各种评判结果所组成的集合,通常用 V 表示:

$$V = \{v_1, v_2, \cdots, v_n\} \tag{4.14}$$

各元素 v_i 即代表各种可能的总评判结果。模糊综合评价的目的,就是在综合考虑所有影响因素基础上,从评判集中得出最佳的评判结果。

(4)单因素模糊评判。单独从一个因素进行评判,以确定评判对象对评判集元素的隶属度,称为单因素模糊评判。

设对因素集 U 中第 i 个因素 u_i 进行评判,记评判集 V 中第 j 个元素 v_j 的隶属度为 r_{ij},则按第 i 个因素 u_i 的评判结果,可得模糊集合:

$$R_i = \{r_{i1}, r_{i2}, \cdots, r_{in}\} \tag{4.15}$$

同理,可得到相应于每个因素的单因素评判集如下:

$$\begin{cases} R_1 = \{r_{11}, r_{12}, \cdots, r_{1n}\} \\ R_2 = \{r_{21}, r_{22}, \cdots, r_{2n}\} \\ \cdots\cdots \\ R_m = \{r_{m1}, r_{m2}, \cdots, r_{mn}\} \end{cases} \quad (4.16)$$

将各单因素评判集的隶属度行组成矩阵,又称为评判矩阵。

(5)模糊综合评价。单因素模糊评判仅反映了一个因素对评价对象的影响。要综合考虑所有因素的影响,得出正确的评价结果,这就是模糊综合评价。

如果已给出评判矩阵 R,再考虑各因素的重要程度,即给定隶属函数或权重集 A,则模糊综合评价模型为

$$B = A * R \quad (4.17)$$

评价集 V 上的模糊子集,表示系统评价集诸因素的相对重要程度。

4.4.5.3 模糊综合评价结果向量的分析

模糊综合评价的结果是被评事物对各等级模糊子集的隶属度,它是一个模糊向量,而不是一个点值。若对多个事物比较并排序,就需要进一步处理模糊综合评价结果向量。下面介绍几种常用的方法:

(1)最大隶属原则。设模糊综合评价结果向量为 $B = (b_1, b_2, \cdots, b_m)$,若 $b_r = \max\{b_j\}$,则被评事物总体上来讲隶属于第 r 等级,这就是最大隶属原则。然而最大隶属原则的使用是有条件的,在某些情况下使用会显得很勉强,损失信息较多,甚至得出不合理的评价结果。

(2)加权平均原则。加权平均原则的主要思路是这样的:将等级看作一种相对位置,使其连续化。为了能定量处理,不妨用"$1, 2, \cdots, m$"依次表示各等级,并称其为各等级的秩。然后用 B 中对应分量将各等级的秩加权求和,得到被评事物的相对位置。这就是加权平均原则,可表示为

$$A = \frac{\sum_{j=1}^{m} b_j^k \cdot k}{\sum_{j=1}^{m} b_j^k} \quad (4.18)$$

式中 k——待定系数($k=1$ 或 $k=2$),目的是控制较大的 b_j 所起的作用。

可以证明,当 $k \to \infty$ 时,加权平均原则就是最大隶属原则。对于多个被评事物,可以依据其等级位置进行排序。

(3)模糊向量单值化。如果给各等级赋以分值,然后用 B 中对应的隶属度将分值加权求平均,就可以得到一个点值,便于比较排序。

设给 m 个等级依次赋以分值 $c_1, c_2, \cdots, c_m$,一般情况下(等级事由高到低或由好到差),$c_1 > c_2 > \cdots > c_m$,且间距相等,则模糊向量可单值化为

$$c = \frac{\sum_{j=1}^{m} b_j^k \cdot c_j}{\sum_{j=1}^{m} b_j^k} \quad (4.19)$$

多个被评事物可以依据式(4.19)式由大到小排出次序。

以上几种处理方法可依据评价目的选用,如果只需给出某事物一个总体评价结论,则选用第一种方法;如果需要序化,可选用后两种方法。

4.4.5.4 模糊综合评价举例

【例 4.4】 采用模糊综合评价方法对某企业安全状况进行评估。

(1)企业安全评价体系的建立。针对企业所涉及的范围,可以从不同侧面提出反映企业安全的指标,指标的选取对于评价结果的准确与否起着十分重要的作用。通过对某企业运用系统工程的思想从安全管理、事故损失、安全教育、生产环境、安全技术和劳动卫生等若干个环节建立的评价指标体系如图4.8所示。

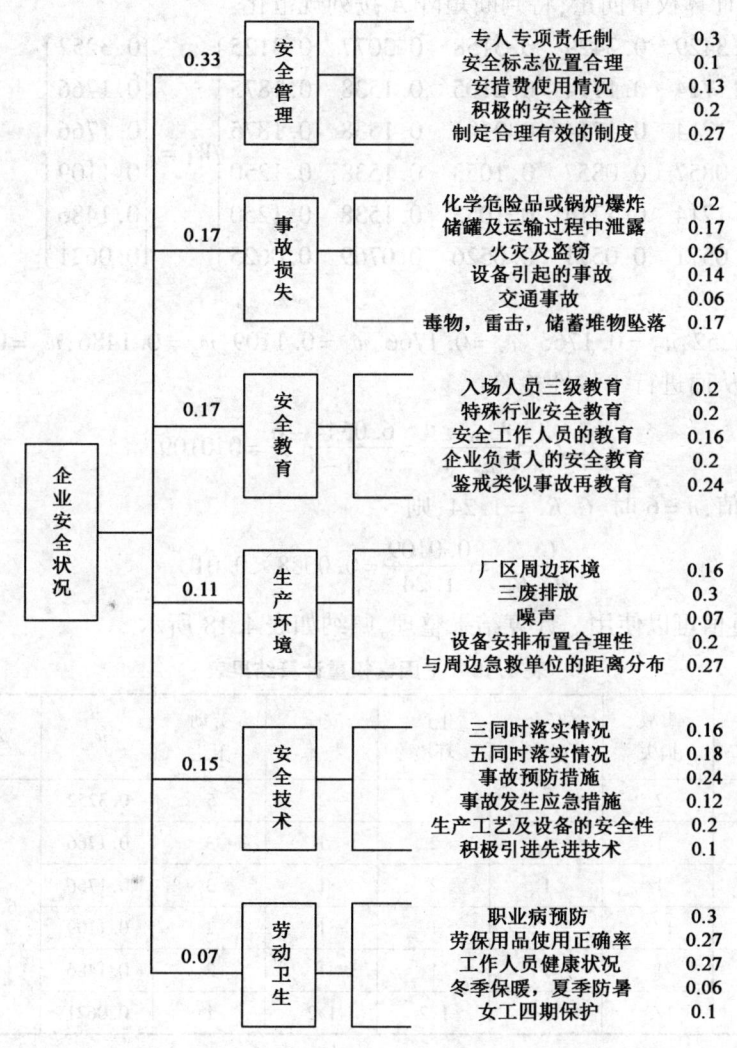

图 4.8 企业安全指标体系

(2)各因素权重分配。应用层次分析法确定指标权重,通过比较指标间两两重要程度,采用 1~9 标度法得到判断矩阵 A,以主因素为例,根据一位专家的意见,从安全管理(u_1)、事故损失(u_2)、安全教育(u_3)、生产环境(u_4)、安全技术(u_5)和劳动卫生(u_6)等 6 个因素建立指标体系。判断矩阵 A 如表 4.17 所示。

表 4.17　主因素判断矩阵比较表

A	u_1	u_2	u_3	u_4	u_5	u_6
u_1	1	2	2	3	2	5
u_2	1/2	1	1	2	1	3
u_3	1/2	1	1	2	1	3
u_4	1/3	1/2	1/2	1	1	2
u_5	1/2	1	1	1	1	2
u_6	1/5	1/3	1/3	1/2	1/2	1

用"归一法"计算权重向量,将判断矩阵 A 按列规范化:

$$\begin{Bmatrix} 0.3297 & 0.3429 & 0.3429 & 0.3158 & 0.3077 & 0.3125 \\ 0.1648 & 0.1714 & 0.1714 & 0.2105 & 0.1538 & 0.1875 \\ 0.1648 & 0.1714 & 0.1714 & 0.2105 & 0.1538 & 0.1875 \\ 0.1099 & 0.0857 & 0.0857 & 0.1053 & 0.1538 & 0.1250 \\ 0.1648 & 0.1714 & 0.1714 & 0.1053 & 0.1538 & 0.1250 \\ 0.0659 & 0.0571 & 0.0571 & 0.0526 & 0.0769 & 0.0625 \end{Bmatrix} W_i = \begin{Bmatrix} 0.3252 \\ 0.1766 \\ 0.1766 \\ 0.1109 \\ 0.1486 \\ 0.0621 \end{Bmatrix}$$

则权重值为

$$w_1 = 0.3252, w_2 = 0.1766, w_3 = 0.1766, w_4 = 0.1109, w_5 = 0.1486, w_6 = 0.0621$$

计算最大特征根从而进行一致性检验:

$$C.I. = \frac{\lambda_{\max} - n}{n - 1} = \frac{6.0544 - 6}{6 - 1} = 0.0109$$

查看一致性指标值,$n = 6$ 时,$C.R. = 1.24$,则

$$\frac{C.I.}{C.R.} = \frac{0.0109}{1.24} = 0.0088 < 0.01$$

所以,求得的权重值可以使用。计算结果整理,归纳如表 4.18 所示。

表 4.18　主因素权重计算结果表

判断矩阵 A	安全管理	事故损失	安全教育	生产环境	安全技术	劳动卫生	w_i	$\lambda_{\max}$	$\dfrac{C.I.}{C.R.}$
安全管理	1	2	2	3	2	5	0.3252		
事故损失	1/2	1	1	2	1	3	0.1766		
安全教育	1/2	1	1	2	1	3	0.1766	6.0544	0.0088
生产环境	1/3	1/2	1/2	1	1	2	0.1109		
安全技术	1/2	1	1	1	1	2	0.1486		
劳动卫生	1/5	1/3	1/3	1/2	1/2	1	0.0621		

此计算结果仅代表一个专家对企业安全状况的安全管理、事故损失、安全教育、生产环境、安全技术和劳动卫生环节给出的权重集。综合各个专家的权重值,即可得到图 4.8 中的主因素权重数值。以此类推,可以分别计算出影响安全管理、事故损失、安全教育、生产环境、安全技术和劳动卫生各评价子因素的权重值。

(3)企业安全模糊综合评价分析。

①一级模糊综合评价。将企业的安全状况综合评价指标分为 5 个等级:$V = \{$优,好,较

好,一般,中}。根据专家评定,进行统计分析计算,用层次分析法求得的权重,进而得出一级模糊综合评价结果 B_i。

②归一化处理建立总评价矩阵 B:

$$B = \begin{Bmatrix} 0.389 & 0.351 & 0.260 & 0.000 & 0.000 \\ 0.377 & 0.377 & 0.246 & 0.000 & 0.000 \\ 0.313 & 0.375 & 0.313 & 0.000 & 0.000 \\ 0.230 & 0.345 & 0.310 & 0.115 & 0.000 \\ 0.333 & 0.333 & 0.334 & 0.000 & 0.000 \\ 0.365 & 0.365 & 0.375 & 0.270 & 0.000 \end{Bmatrix}$$

③模糊综合评价分析处理求系统评价矩阵 C。

$$C = \{0.33 \quad 0.17 \quad 0.17 \quad 0.11 \quad 0.15 \quad 0.07\}$$

④归一化处理结果:

$$0.33 + 0.33 + 0.26 + 0.11 + 0.00 = 1.03$$
$$C = \{0.33/1.03, \quad 0.33/1.03, \quad 0.26/1.03, \quad 0.11/1.03, \quad 0.00/1.03\}$$
$$C = \{0.320 \quad 0.320 \quad 0.252 \quad 0.107 \quad 0.000\}$$

上式表明对系统的安全状况按 5 个等级评价时所得结果的分布。如对各种等级都按百分制给分,如表 4.19 所示,可求得系统总得分 f。

表 4.19 结果的分布

分数	100	90	80	70	60
安全级别	优	好	较好	一般	中

⑤求系统总得分 f。根据安全级别的分数及归一化处理的结果 C 值,计算系统的总得分如下:

$$f = 100 \times 0.320 + 90 \times 0.320 + 80 \times 0.252 + 70 \times 0.107 = 88.45$$

根据 f 分值判定此企业安全状况的级别为较好。可由模糊综合评价的结果对企业提出有针对性的安全对策措施来提高企业的安全管理水平。

◆ 本章小结 ◆

(1)安全评价以实现系统安全为目的,应用安全系统工程原理和方法,对系统中存在的危险因素、有害因素进行辨识与分析,判断系统发生事故和职业危害的可能性及其严重程度,从而为制定防范措施和管理决策提供科学依据。

安全评价原则包括合法性、科学性、公正性和针对性。

(2)概率评价法(PRA)又称为概率安全分析(PSA),用于找出复杂工程系统运行中所可能发生的潜在事故、估算其发生概率以及确定它们所可能导致的后果。

(3)肯特危险指数评价法的基本评价过程是,在求取长输管道各分段相对风险指数即肯特危险指数大小的基础上,确定各管段的风险程度,相对风险数越大,管道的风险越小,相对风险数越小,管道越安全。相对风险数是在分析各段管道的独立影响因素后,求取它们的指数和,再分析介质的危险性和影响系数,最后求取各段管道的指数和与泄漏影响系数的比值,即相对风险数。

(4) 美国道化学公司的火灾、爆炸危险指数评价法是对工艺装置及所含物料的潜在火灾、爆炸和反应性危险利用逐步推算的方法进行客观的评价。评价过程中定量的依据是以往事故的统计资料、物质的潜在能量和现行安全防灾措施的状况。该方法通过计算火灾、爆炸危险指数，提出操作过程的危险度，考虑应采取的措施；然后通过补偿火灾、爆炸危险指数计算，从而达到预防控制的目的。

(5) 蒙德法在对现有装置及计划建设装置的危险性研究中，尤其是在新设计项目的潜在危险评价时，有必要对道化学公司火灾、爆炸危险指数评价法进行的改进和补充。

(6) 模糊综合评价法是对受多种因素影响的事物做出全面评价的一种十分有效的多因素决策方法，其特点是评价结果不是绝对地肯定或否定，而是以一个模糊集合来表示。

复习思考题

1. 解释安全评价的定义和原则。
2. 解释各类可接受风险准则。
3. 各类系统安全评价方法的基本概念和评价步骤是什么？

5 典型事故后果计算模型

5.1 事故后果分析概述

由于事故的发生是一个概率事件,完全杜绝生产过程中的事是不可能的,因此对事故后果的控制就成为安全工作者必须关注的一个重要课题。事故后果分析是对所辨识出的可能发生的事故对易受伤害区域造成后果的估算。对一种可能发生的事故,只有知道其后果时,对其进行危险性分析才算是完整的。事故后果分析是危害性分析的一个主要组成部分,其目的在于定量地描述一个可能发生的重大事故对工厂、相关人员以及环境造成危害的严重程度,定量地计算出死亡范围、受伤范围以及财产损失等情况。事故后果分析为企业或政府监管部门提供关于重大事故后果的信息,为企业决策者和设计者提供采取何种预防措施的信息。另外,事故后果分析是安全评价的组成部分,也是编制应急响应预案的依据。

5.1.1 事故后果分析程序

(1)划分独立功能单元。划分的原则是:包含重大危险源;空间上相对独立;泄漏物料与其他单元隔离,如有紧急切断阀、液位或压力控制的自动阀、有清晰明确信号遥控的阀、同一堤坝内的储罐应作为一个单元考虑。

(2)计算单元中有害物质存量。根据工艺流程和设备参数计算单元中有害物质的存量,并记录物质的种类、相态、温度、压力、体积或质量等。对于连续的流动系统需要估算。

(3)找出设备的典型故障。将设备划分为10类,分析可能存在的典型故障,每种设备只考虑少数几种情况。

(4)计算泄漏量。分析故障可能造成瞬时的或连续的泄漏,计算泄漏量或泄漏流量。

(5)计算后果。分析泄漏后可能造成的火灾、爆炸等后果,选择合适的模型计算事故对生产现场内或现场外的影响,分析易受伤害区域伤害作用与事故中各种变量值的对应关系。

(6)整理结果。将计算结果整理成表格,并在单元平面图上划出影响范围。

5.1.2 事故后果分析所需参数

(1)有害物质的参数,包括有害物质的相态、最大质量(或体积、温度)、热力学性质(如沸点、汽化热、燃烧热、热容等)、有害与毒性参数等。

(2)设备的参数,包括工艺流程、设备类型、设备的可能故障与泄漏位置、泄漏口形状尺寸等。

(3)现场情况与气象情况,包括设备布置、人员分布、资金密度、设备地理位置、堤坝高度与面积、常年主导风向、平均风速、大气稳定情况、日照情况、地形情况、地面粗糙度、建筑及树木高度等。并不是所有参数都与模型计算有关,但关注这些情况有助于分析结果更符合实际。

泄漏、火灾、爆炸是常见的重大事故，可能造成严重的人员伤亡和巨大的财产损失，影响社会安定。本章重点介绍有关泄漏、火灾和爆炸事故后果分析（物质浓度、热辐射、爆炸波），在分析过程中要运用数学模型。通常一个复杂的问题或现象用数学来描述，模型往往是在一系列的假设前提下按理想的情况建立的，这些模型经过大量的试验证实其可靠性，通过这些模型模拟出的事故分析结果对事故后果评价来说具有较高的可参考程度。

5.2 泄漏模型

泄漏是重大危险源发生重大事故最普遍的前兆。火灾和有毒气体引起的中毒事故都与物质的泄漏有着直接的联系。确定重大事故，尤其是泄漏和火灾事故时的危险区域是在确定有毒物质泄漏后的扩散范围的基础上进行的。因此，要先从有毒、有害物质泄漏分析开始。泄漏事故计算时可参照《工业污染事故评价技术手册》中提出的易燃、易爆、有毒物质的泄漏、扩散、火灾、爆炸、中毒等重大工业事故的事故模型和事故后果严重程度的计算公式（主要用于工业污染事故的评价），这些公式也可用于火灾、爆炸、毒物泄漏中毒等重大事故的事故危险、危害程度的评价。

5.2.1 泄漏基本情况分析

5.2.1.1 泄漏的主要设备与位置

根据各种设备的泄漏情况，可将工厂（特别是化工厂）中易发生泄漏的设备分类，通常可分为管道、挠性连接器、过滤器、阀门、压力容器或反应器、泵、压缩机、储罐、加压或冷冻气体容器、火炬燃烧装置或放散管等10类，从而确定具体的泄漏位置。

5.2.1.2 泄漏后果分析模式选择

一旦发生泄漏，后果不只与物质的数量、易燃性、毒性有关，而且与泄漏物质的相态、压力、温度等有关。这些参数可有多种不同的组合，在泄漏后果分析中常见的组合有4种：常压液体、加压液化气体、低温液化气体、加压气体。

泄漏物质的物性不同，其泄漏后果也不同，具体分析过程如图5.1所示。

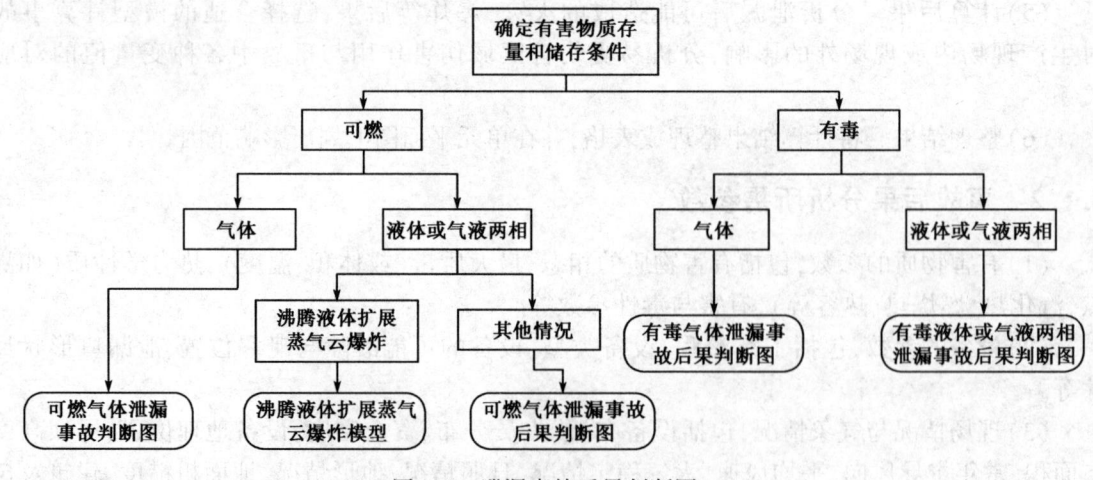

图 5.1 泄漏事故后果判断图

1)可燃气体泄漏后果

可燃气体泄漏后与空气混合达到燃烧极限时,遇到火源就会发生燃烧或爆炸。泄漏后起火的时间不同,泄漏后果也不相同。

(1)立即起火:可燃气体从容器中往外泄出时即被点燃,发生扩散燃烧、产生喷射性火焰或形成火球.它能迅速地危及泄漏现场,但很少会影响到厂区的外部。

(2)滞后起火:可燃气体泄出后与空气混合形成可燃蒸气云团,并随风飘移,遇火源发生爆燃或爆炸,能引起较大范围的破坏。

可燃气体泄漏事故后果判断如图5.2所示。

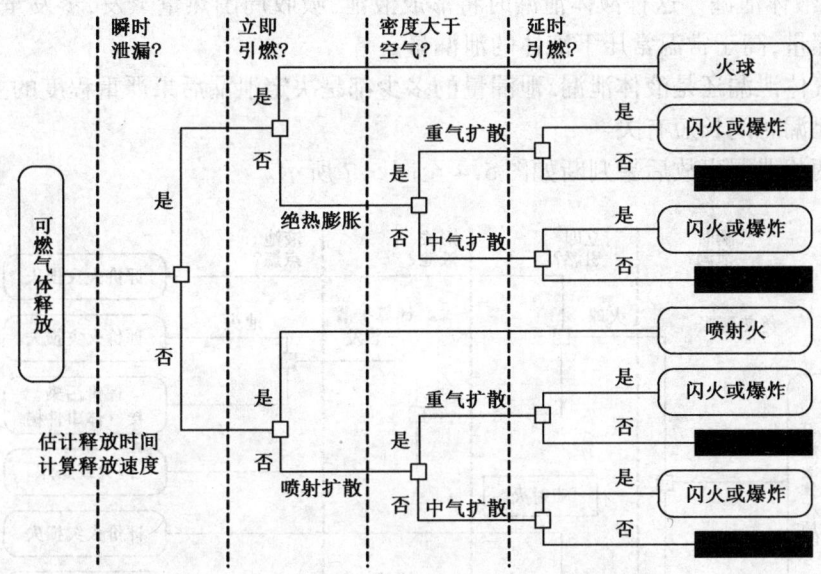

图5.2 可燃气体泄漏事故后果判断图

2)有毒气体泄漏后果

有毒气体泄漏后形成云团在空气中扩散。有毒气体的浓密云团可笼罩很大的空间,影响范围很大。

有毒气体泄漏事故后果判断如图5.3所示。

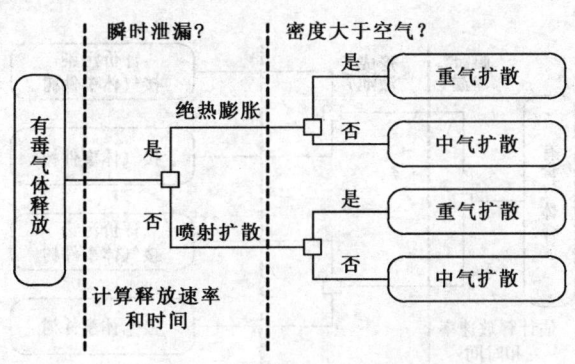

图5.3 有毒气体泄漏事故后果判断图

3）液体泄漏后果

一般情况下，泄漏的液体会在空气中蒸发而生成气体。液体泄漏事故后果与液体的性质和储存条件（温度、压力）有关。

（1）常温常压液体泄漏。这种液体泄漏后聚集在防液堤内或地势低洼处形成液池，液体由于地表面风的对流而缓慢蒸发，如遇火源就会发生池火灾。

（2）加压液化气体泄漏。一些液体泄漏时瞬时蒸发，剩下的液体将形成一个液池，吸收周围的热量继续蒸发。液体瞬时蒸发的比例取决于物质的性质及环境温度，有些泄漏物可能在泄漏过程中全部蒸发。

（3）低温液体泄漏。这种液体泄漏时将形成液池，吸收周围热量蒸发，蒸发量低于加压液化气体的泄漏量，高于常温常压下液体的泄漏量。

无论是气体泄漏还是液体泄漏，泄漏量的多少都是决定泄漏后果严重程度的主要因素，而泄漏量又与泄漏时间长短有关。

液体及两相泄漏事故后果判断如图 5.4 至图 5.7 所示。

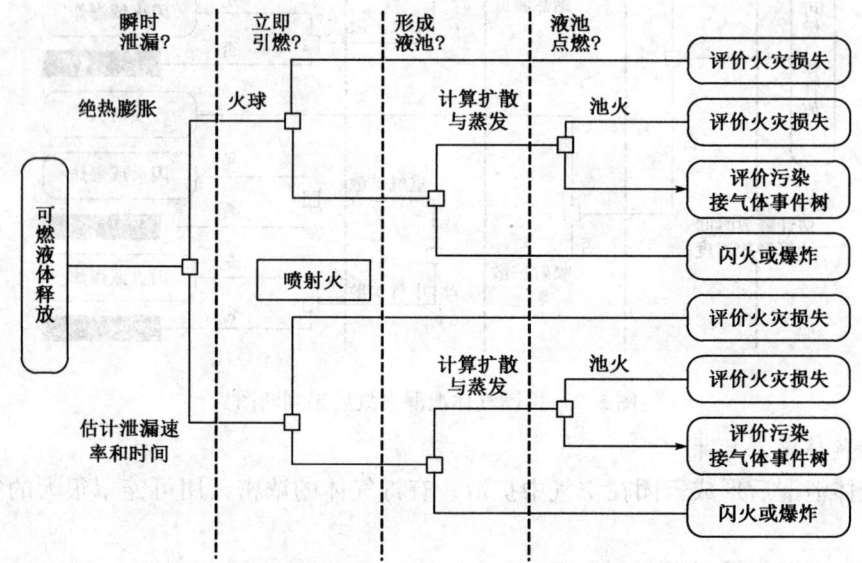

图 5.4　可燃液体泄漏事故后果判断图

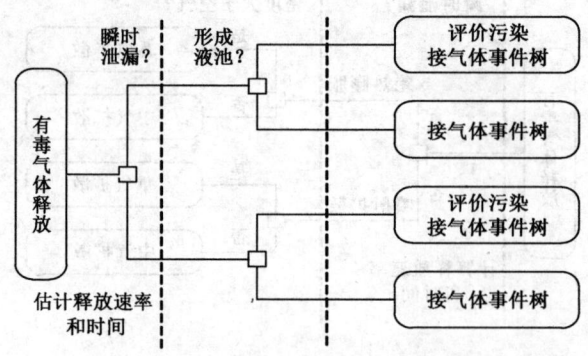

图 5.5　有毒液体泄漏事故后果判断图

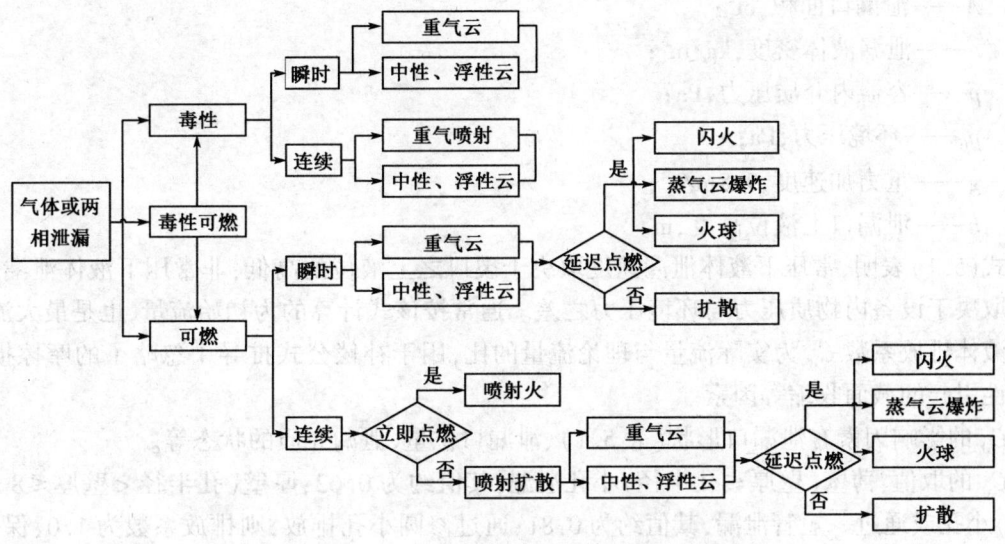

图 5.6 气体或两相泄漏事故后果判断图

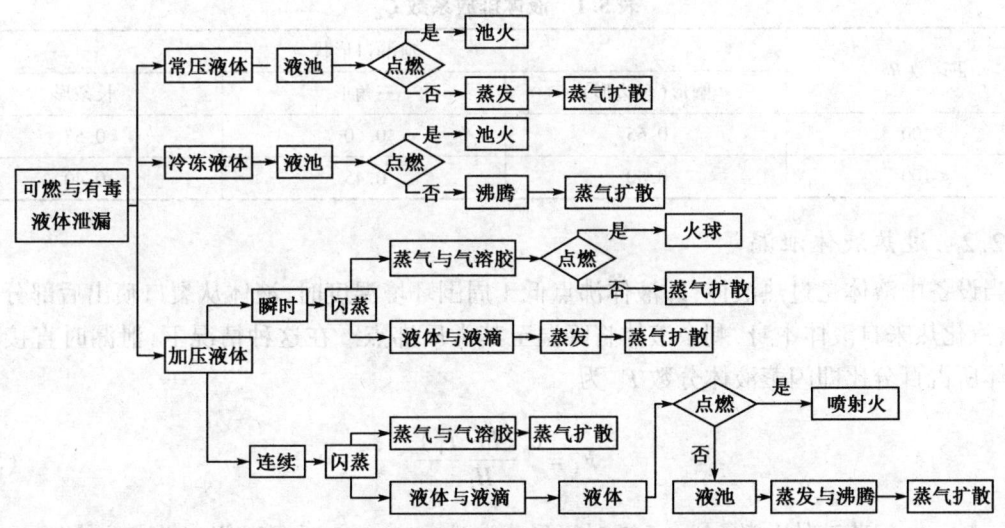

图 5.7 可燃与有毒液体泄漏事故后果判断图

5.2.2 泄漏量计算

当发生泄漏的设备的裂口形状规则,而且裂口尺寸及泄漏物质的有关热力学、物理化学性质及参数已知时,可根据流体力学中的有关方程式计算泄漏量。当裂口形状不规则时,可采取等效尺寸代替。当遇到泄漏过程中压力变化等情况时,往往采用经验公式计算。

5.2.2.1 液体泄漏量

单位时间内液体泄漏量即泄漏速度,可根据伯努利(Bernoulli)方程计算:

$$Q = C_d A \rho \sqrt{\frac{2(p-p_0)}{\rho} + 2gh} \tag{5.1}$$

式中 Q——液体泄漏流量,kg/s;
C_d——排放系数,通常取 0.6~0.64;

A——泄漏口面积,m^2;
ρ——泄漏液体密度,kg/m^3;
p——容器内介质压力,Pa;
p_0——环境压力,Pa;
g——重力加速度,$9.8m/s^2$;
h——泄漏口上液位高度,m。

式(5.1)表明,常压下液体泄漏速度取决于裂口之上液位的高低;非常压下液体泄漏速度主要取决于设备内物质压力与环境压力之差。通常按该式计算的为初始流量,也是最大流量。

液体排放系数 C_d 为实际流量与理论流量的比,用于补偿公式推导中忽略了的摩擦损失、因惯性引起的截面收缩等因素。

C_d 的影响因素有泄漏口形状(表5.1)、泄漏口位量、泄漏介质的状态等。

C_d 的取值:薄壁(壁厚≤孔半径)小孔泄漏,其值约为0.62;厚壁(孔半径<壁厚≤8倍孔半径)小孔或通过一短管泄漏,其值约为0.81;通过修圆小孔排放,则排放系数为1.0;保守估计,取1.0。

表5.1 液体排放系数 C_d

雷诺数 Re	泄漏口形状		
	圆形(多边形)	三角形	长条形
>100	0.65	0.60	0.55
≤100	0.50	0.45	0.40

5.2.2.2 过热液体泄漏量

当设备中液体是过热液体,即液体沸点低于周围环境温度时,液体从裂口喷出后部分液体闪蒸,汽化热来自液体本身,剩余液体将降温至其常压沸点。在这种情况下,泄漏时直接蒸发的液体所占百分比即闪蒸液体分数 F_v 为

$$F_v = \frac{c_p(T - T_b)}{H_v} \quad (5.2)$$

式中 F_v——闪蒸液体分数($F_v>0.2$ 时不形成液池,$F_v<0.2$ 时可以假定带走液体与 F_v 呈线性关系,$F_v=0$ 时无液体被带走,$F_v=0.1$ 时50%液体被带走);
c_p——液体比定压热容,$J/(kg \cdot K)$;
T——液体温度,K;
T_b——液体常压沸点,K;
H_v——常压沸点下的汽化热,J/kg。

5.2.2.3 气体泄漏

气体从设备破裂口泄漏时,其泄漏速度与空气的流动状态有关。因此,首先要判断泄漏时气体流动属于亚声速流动还是声速流动,前者称为次临界流,后者称为临界流。

当式(5.3)成立时,气体流动属于亚声速流动:

$$\frac{p_0}{p} > \left(\frac{2}{\gamma+1}\right)^{\frac{\gamma}{\gamma-1}} \quad (5.3)$$

当式(5.4)成立时,气体流动必属于声速流动:

$$\frac{p_0}{p} \leqslant \left(\frac{2}{\gamma+1}\right)^{\frac{\gamma}{\gamma-1}} \tag{5.4}$$

其中
$$\gamma = \frac{c_p}{c_V} \tag{5.5}$$

式中 γ——绝热指数,即比定压热容 c_p 与比定容热容 c_V 之比。

气体符合理想气体状态方程,则根据伯努利方程可推导气体泄漏公式为

$$Q = C_d pA \sqrt{\frac{2\gamma}{\gamma-1} \frac{M}{RT} \left[\left(\frac{p_0}{p}\right)^{\frac{2}{\gamma}} - \left(\frac{p_0}{p}\right)^{\frac{\gamma+1}{\gamma}}\right]} \tag{5.6}$$

式中 C_d——排放系数,通常取 1.0;
  M——气体的摩尔质量,kg/mol;
  R——气体常数,8.314J/(mol·K);
  T——容器内气体温度,K。

(1)气体流动的阻塞:气体内部压力增大,气体泄漏流速加快;在一般情况下,泄漏气体的运动速度只能达到声速。

(2)临界压力:泄漏气体的运动速度达到声速时的压力,计算公式为

$$p_c = p_0 \left(\frac{\gamma+1}{2}\right)^{\frac{\gamma}{\gamma-1}} \tag{5.7}$$

(3)声速流:压力高于临界压力。声速流和气体泄漏公式为

$$Q = C_d pA \sqrt{\frac{\gamma M}{RT}\left(\frac{2}{\gamma+1}\right)^{\frac{\gamma+1}{\gamma-1}}} \tag{5.8}$$

(4)亚声速流:压力低于临界压力,用式(5.6)计算。

许多气体的绝热指数在 1.1~1.4 之间(表 5.2),临界压力大约只有 0.17~0.19MPa,因此多数事故的气体泄漏是声速流。

表 5.2 几种气体的绝热指数和临界压力

物质	丁烷	丙烷	二氧化碳	甲烷	氨	氧	一氧化碳	氢
γ	1.10	1.13	1.29	1.31	1.31	1.36	1.40	1.41
p_c,MPa	0.171	0.173	0.183	0.184	0.184	0.187	0.190	0.190

注:泄漏流量仍然是随容器中介质压力的增加而增加的。

5.2.2.4 两相泄漏

如果容器中的过热液体泄漏前通过较长的管道($L/D > 12$),就会产生两相泄漏,可用下述简化方法计算。

假设系统中出口临界压力和上游压力比为 0.55:

$$p_c = 0.55p \tag{5.9}$$

泄漏两相中闪蒸液体分数 F_v 按式(5.2)计算,两相流中气相和液相混合物的平均密度为

$$\rho = \frac{1}{\dfrac{F_v}{\rho_g} + \dfrac{1-F_v}{\rho_L}} \tag{5.10}$$

则两相流排放泄漏流量为

$$Q = C_d \sqrt{2\rho(p-p_c)} \tag{5.11}$$

式中 C_d——两相流泄漏系数,一般取 0.8。

闪蒸比例可按式(5.2)计算:$F_v > 1$,应按气体泄漏计算;F_v 较小,可以简单地按液体泄漏计算。

无论气体泄漏还是液体泄漏,泄漏量的多少都是决定泄漏后果严重程度的主要因素,而泄漏量又与泄漏时间有关。因此,控制泄漏应该尽早地发现泄漏并且尽快地阻止泄漏。通过人员巡回检查可以发现较严重的泄漏;利用泄漏检测仪器、气体泄漏检测系统可以发现各种泄漏;停车或关闭通断阀,停止向泄漏处供料可以控制泄漏。一般来说,与监控系统联锁的自动停车速度快;仪器报警后由人工停车的速度较慢,大约需 3~15min。

5.2.3 泄漏后的扩散

如前所述,泄漏物质的特性多种多样,而且还受到原有条件的强烈影响,但大多数物质从容器中泄漏出来后,都将发展成弥散的气团向周围空间扩散。对于可燃气体,如果遇到火源就会着火。以下仅讨论气团原形释放的开始形式,即液体泄漏后扩散、喷射扩散和绝热扩散。关于气团在大气中的扩散属属环境保护范畴,在此不予考虑。

5.2.3.1 泄漏后液体的扩散

液体泄漏后立即扩散到地面,一直流到低洼处或人工边界,如防火堤、岸墙等,形成液池。液体泄漏出来不断蒸发,当液体蒸发速度等于泄漏速度时,液化中的液体量将维持不变。

如果泄漏的液体是低挥发度的,则从液池中蒸发量较少,不易形成气团,对厂外人员没有危险;如果着火,则形成池火灾;如果渗透进土壤,有可能对环境造成影响。如果泄漏的是挥发性液体或低温液体,泄漏后液体蒸发量大,大量蒸发在液池上面后会形成蒸气云并扩散到厂外,对厂外人员有影响。

1)液池面积

如果泄漏的液体已达到人工边界,则液池面积即为人工边界围成的面积。如果泄漏的液体未达到人工边界,则可假设液体以泄漏点为中心呈扁圆柱形在光滑平面上扩散,这时液池半径 r 用下式计算:

(1)瞬时泄漏(泄漏时间不超过30s)时:

$$r = \left(\frac{8gm}{\pi\rho}\right)^{\frac{1}{4}} \tag{5.12}$$

(2)连续泄漏(泄漏持续 10min 以上)时:

$$r = \left(\frac{32gmt^3}{\pi\rho}\right)^{\frac{1}{4}} \tag{5.13}$$

式中 r——液池半径,m;
m——泄漏的液体量,kg;
g——重力加速度,9.8m/s^2;
t——泄漏时间,s。

2)蒸发量

液池内液体蒸发按其机理可分为闪蒸、热量蒸发和质量蒸发 3 种,下面分别介绍。

(1)闪蒸:过热液体泄漏后由于液体的自身热量而直接蒸发称为闪蒸。发生闪蒸时,液体蒸发速度 Q 为

$$Q = F_v m/t \tag{5.14}$$

式中 F_v——直接蒸发的液体与液体总量的比例;
　　m——泄漏的液体总量,kg;
　　t——闪蒸时间,s。

(2)热量蒸发:当 $F_v < 1$ 或 $Qt < m$ 时,液体闪蒸不完全,有一部分液体在地面形成液池,并吸收地面热量而气化,称为热量蒸发,其蒸发速度 Q 为

$$Q = \frac{KA_1(T_0 - T_b)}{H\sqrt{\pi \alpha t}} + \frac{KNuA_1}{HL}(T_0 - T_b) \tag{5.15}$$

式中 A_1——液池面积,m^2;
　　T_0——环境温度,K;
　　T_b——液体温点,K;
　　H——液体蒸发热,J/kg;
　　L——液池长度,m;
　　α——热扩散系数,m^2/s,如表5.3所示;
　　K——导热系数,J/(m·K),如表5.3所示;
　　t——蒸发时间,s;
　　Nu——努塞尔(Nusselt)数。

表5.3 某些地面的热传递性质

地面情况	K,J/(m·K)	α,m^2/s
水泥	1.1	1.29×10^{-7}
土地(含水8%)	0.9	4.3×10^{-7}
干润土地	0.3	2.3×10^{-7}
湿地	0.6	3.3×10^{-7}
砂砾地	2.5	11.0×10^{-7}

(3)质量蒸发:当地面传热停止时,热量蒸发终了,转而由液池表面之上气流运动使液体蒸发,称为质量蒸发。其蒸发速度 Q 为

$$Q = \alpha Sh \frac{A}{L} \rho_L \tag{5.16}$$

式中 α——分子扩散系数,m^2/s;
　　Sh——舍伍德(Sherwood)数;
　　A——液池面积,m^2;
　　L——液池长度,m;
　　ρ_L——液体的密度,kg/m^3。

5.2.3.2 喷射扩散

气体泄漏时从裂口喷出形成气体喷射。大多数情况下气体直接喷出后,其压力高于周围大气压力,温度低于环境温度。在进行喷射计算时,应以等价喷射孔径来计算。等价喷射的孔径按下式计算:

$$D = D_0\sqrt{\frac{\rho_0}{\rho}} \tag{5.17}$$

式中 D——等价喷射孔径,m;

D_0——裂口孔径,m;

ρ_0——泄漏气体的密度,kg/m³;

ρ——周围环境条件下气体的密度,kg/m³。

如果气体泄漏能瞬间达到周围环境的温度、压力状况,即 $\rho_0 = \rho$,则 $D = D_0$。

1)喷射的浓度分布

在喷射轴线上距孔口 x 处的气体浓度 $c(x)$ 为

$$c(x) = \frac{\dfrac{b_1 + b_2}{b_1}}{0.32\dfrac{x}{D}\dfrac{\rho}{\sqrt{\rho_0}} + 1 - \rho} \tag{5.18}$$

其中

$$b_1 = 50.5 + 48.2\rho - 9.95\rho^2$$
$$b_2 = 23 + 41\rho$$

式中 b_1、b_2——分布函数。

如果把式(5.18)改写成 x 是 $c(x)$ 的函数形式,则给定某浓度值 $c(x)$,就可算出具有该浓度的点至孔口的距离 x。

在过喷射轴线上点 x 且垂直于喷射轴线的平面内任一点处的气体浓度为

$$\frac{c(xy)}{c(x)} = e^{-b_2(y/x)^2} \tag{5.19}$$

式中 $c(xy)$——距裂口距离 x 且垂直于喷射轴线的平面内目标点的气体浓度,kg/m³;

$c(x)$——喷射轴线上距裂口 x 处的气体浓度,kg/m³;

y——目标点到喷射轴线的距离,m。

2)喷射轴线上的速度分布

喷射速度随着轴线距离增大而减小,直到轴线上的某一点喷射速度等于风速为止。该点称为临界点,临界点以后的气体运动不再符合喷射规律。沿喷射轴线的速度分布由下式得出

$$\frac{v(x)}{v_0} = \frac{\rho_0}{\rho}\frac{b_1}{4}\left(0.32\frac{x}{D}\frac{\rho}{\rho_0} + 1 - \rho\right)\left(\frac{D}{x}\right)^2 \tag{5.20}$$

其中

$$v_0 = \frac{Q_0}{C_d \rho \pi \left(\dfrac{D_0}{2}\right)^2} \tag{5.21}$$

式中 ρ_0——泄漏气体的密度,kg/m³;

ρ——周围环境条件下气体的密度,kg/m³;

D——等价喷射孔径,m;

x——喷射轴线上距裂口某点的距离,m;

$v(x)$——喷射线上距裂口 x 处的速度,m/s;

v_0——喷射初速,等于气体泄漏时流经裂口时的速度,m/s;

Q_0——气体泄漏速度,kg/s;

C_d——气体泄漏系数;

D_0——裂口直径,m。

5.2.3.3 绝热扩散

闪蒸液体或加压气体瞬时泄漏后,会有一段快速扩散的时间,假定此过程相当快以致混合气团和周围环境之间来不及热交换,则此扩散称为绝热扩散。

根据(荷兰国家应用科学研究院 TNO)1979 年提出的绝热扩散模式,泄漏气体(或液体闪蒸形成的蒸气)的气团呈半球形向外扩散。根据浓度分布情况,把半球分成内外两层:内层浓度均匀分布,具有 50%的泄漏量;外层浓度呈高斯分布,具有另外 50%的泄漏量。

绝热扩散过程分为两个阶段:第一阶段,气团向外扩散,压力降至大气压力,在扩散过程中气团获得动能,称为"扩散能";第二阶段,扩散能将气团向外推,使紊流混合空气进入气团,从而使气团范围扩大。当内层扩散速度降到一定值时,可以认为扩散过程结束。

1) 气团扩散能

在气团扩散的第一阶段,扩散气体(或蒸气)内能的一部分用来增加动能,对周围大气做功。假设该阶段为可逆绝热过程,并且过程等熵。

(1) 气体泄漏扩散能。根据内能变化得出扩散能计算公式如下:

$$E = c_V(T_1 - T_2) - 0.98 p_0 (V_2 - V_1) \tag{5.22}$$

式中 E——气体泄漏扩散能,J;

c_V——比定容热容,J/(kg·K);

T_1——气团初始温度,K;

T_2——气团压力降至大气压时的温度,K;

p_0——环境压力,Pa;

V_1——气团初始体积,m^3;

V_2——气团压力降至大气压时的体积,m^3。

(2) 闪蒸液体泄漏扩散能。蒸发的蒸气团扩散能可以按下式计算:

$$E = [H_1 - H_2 - T_b(S_1 - S_2)]W - 0.98(p_1 - p_0)V_1 \tag{5.23}$$

式中 E——闪蒸液体泄漏扩散能,J;

H_1——泄漏液体初始焓,J/kg;

H_2——泄漏液体最终焓,J/kg;

T_b——液体的沸点,K;

S_1——液体蒸发前的熵,J/(kg·K);

S_2——液体蒸发后的熵,J/(kg·K);

W——液体蒸发量,kg;

p_1——气团初始压力,Pa;

p_0——周围环境压力,Pa;

V_1——气团初始体积,m^3。

2) 气团半径与浓度

气团在扩散能的推动下向外扩散,并与周围空气发生紊流混合。

(1) 内层半径与浓度。气团内层半径 R_1 与浓度 c 是时间的函数,表达式如下:

$$R_1 = 2.72\sqrt{k_d t} \tag{5.24}$$

$$c = \frac{0.00597V_0}{\sqrt{(k_d t)^3}} \tag{5.25}$$

其中
$$k_d = 0.0137\sqrt[3]{V_0}\sqrt{E}\left(\frac{\sqrt[3]{V_0}}{t\sqrt{E}}\right)^{\frac{1}{4}} \tag{5.26}$$

式中　t——扩散时间，s；
　　　V_0——在标准温度、压力下气体的体积，m^3；
　　　k_d——紊流扩散系数；
　　　E——气体扩散能，J。

如前所述，当中心扩散速度（dR/dt）降到一定值时，第二阶段才结束。临界速度的选择是随机且不稳定的。设扩散结束时扩散速度为1m/s，则在扩散结束时内层半径 R_1 和浓度 c 可按下式计算：

$$R_1 = 0.08837E^{0.3}V_0^{\frac{1}{3}} \tag{5.27}$$
$$c = 172.95E^{-0.9} \tag{5.28}$$

（2）外层半径与浓度。第二阶段末气团外层的大小可根据试验观察得出，即扩散结束时外层半径 R_2 可由下式求得：

$$R_2 = 1.456R_1 \tag{5.29}$$

5.3　火灾模型

易燃、易爆的气体、液体泄漏后遇到火源就会引发火灾。火灾对周围环境的影响主要在于其辐射热。若辐射热足够大，则会引起包括生物体在内的其他物体燃烧。但火灾辐射热的影响范围一般均在 200m 左右的近火源区域，对较远区域影响不大。辐射热损失可由单位表面积在接触时间内所受能量或单位面积所受到的辐射功率来计算确定。火灾后果分析涉及燃烧速度、燃烧时间、火焰尺寸、热辐射强度、人和设备接受热辐射程度等。

火灾主要有以下 4 种类型：
（1）池火灾，液体泄漏后在地面或水面燃烧。
（2）喷射火灾，气体从裂口喷出后立即燃烧，如同火焰喷射器。
（3）火球火灾，又称沸腾液体扩展蒸气云爆炸。压力容器内液化气体过热使容器爆炸，内容物泄漏并被点燃，产生强大的火球；泄漏的可燃气云或蒸气与空气混合后被点燃，发生预混燃烧。
（4）固体火灾。

5.3.1　池火灾

池火灾的主要危害在于易燃液体剧烈燃烧能够释放出巨大的热能，产生强烈的热辐射，对人员以及加工设备、设施、厂房、建筑物等造成伤害和破坏。池火灾的特征可以用《工业污染事故评价技术手册》中提出的池火灾伤害模型来估计。

5.3.1.1　池直径的计算

当危险单元为油罐或油罐区时，可根据防护堤所围池面积 $S(m^2)$ 计算池直径 $D(m)$：

$$D = \sqrt{\frac{4S}{\pi}} \tag{5.30}$$

当危险单元为输油管道且无防护堤时,假定泄漏的液体无蒸发并已充分蔓延、地面无渗透,则根据泄漏的液体量 $W(\text{kg})$ 和地面性质,按下式计算最大的池面积 S:

$$S = \frac{W}{H_{\min}\rho} \tag{5.31}$$

式中　$H_{\min}$——最小油层厚度,m;
　　　ρ——油的密度,kg/m^3。

$H_{\min}$ 与地面性质相关,可从表5.4查询。如果没有合适的数据,液池最小厚度可取典型值 0.010 m。

表5.4　地面性质与最小油层厚度关系

地面性质	粗糙的沙壤或沙地	农业用地、草地	平整的砂石地	平整的石头地面、水泥地面	平静的水面
最小油层厚度 $H_{\min}$,m	0.025	0.020	0.010	0.005	0.0018

5.3.1.2　燃烧速度的计算

当液池中的可燃液体的沸点高于周围环境温度时,液体表面上单位面积的质量燃烧速度的计算公式为

$$m_f = \frac{\mathrm{d}m}{\mathrm{d}t} = \frac{0.001 H_c}{c_p(T_b - T_0) + H_{\text{vap}}} \tag{5.32}$$

式中　m_f——可燃液体燃烧的质量速度,$\text{kg}/(\text{m}^2 \cdot \text{s})$;
　　　H_c——液体燃烧热,J/kg;
　　　H_{vap}——液体的汽化热,J/kg;
　　　c_p——液体的比定压热容,$\text{J}/(\text{kg} \cdot \text{K})$;
　　　T_b——液体的常压沸点,K;
　　　T_0——环境温度,K。

当液体的沸点低于环境温度时,如加压液化气或冷冻液化气,其质量燃烧速度的计算公式为

$$m_f = \frac{\mathrm{d}m}{\mathrm{d}t} = \frac{0.001 H_c}{H_{\text{vap}}} \tag{5.33}$$

燃烧速度也可从相关手册中直接得到。表5.5列出了一些可燃液体的燃烧速度。

表5.5　一些可燃液体的燃烧速度

可燃液体	液体密度,kg/m^3	液体燃烧质量速度,$\text{kg}/(\text{m}^2 \cdot \text{s})$
航空汽油	730	91.98×10^{-3}
车用汽油	770	80.88×10^{-3}
煤油	835	55.11×10^{-3}
直接蒸馏的重油	938	78.10×10^{-3}
丙酮	790	66.36×10^{-3}
苯	879	165.37×10^{-3}
甲苯	866	138.29×10^{-3}
二甲苯	861	104.05×10^{-3}

续表

可燃液体	液体密度,kg/m³	液体燃烧质量速度,kg/(m²·s)
乙醚	715	125.84×10^{-3}
甲醇	791	57.60×10^{-3}
丁醇	810	52.08×10^{-3}
戊醇	810	63.03×10^{-3}
二硫化碳	1270	132.97×10^{-3}
松节油	860	123.84×10^{-3}
醋酸乙酯	715	70.31×10^{-3}

5.3.1.3 火焰高度的计算

通常假设液池为圆形,池火火焰为圆柱形,火焰直径等于池直径,则火焰高度按下式计算:

$$L = 42D\left(\frac{m_f}{\rho_0 \sqrt{gD}}\right)^{0.61} \tag{5.34}$$

式中 L——火焰高度,m;
m_f——单位面积燃烧速率,kg/(m²·s);
ρ_0——空气密度,$\rho_0 = 1.293$ kg/m³;
g——重力加速度,$g = 9.8$ m/s²;
D——液池直径,m。

用式(5.34)预测的火焰高度比池火火焰的实际高度稍微偏高。上面的池火火焰高度公式只适用于无风的情况。在有风情况下,火焰会倾斜,火焰高度随风速的增大将下降。

有风时,火焰高度计算公式(吴宗之等,2001)如下:

$$H = 55D\left[\frac{m''}{\rho_0 (gD)^{0.5}}\right]^{0.67} \left(\frac{U_w}{U_c}\right)^{-0.21} \tag{5.35}$$

$$U_c = (gDm''/\rho_0)^{1/3} \tag{5.36}$$

$$U_w = \frac{U_{\text{wind}}}{[(m''/\rho_0)gD]^{1/3}} \tag{5.37}$$

式中 U_w——当量风速,m/s;
U_{wind}——实际风速,m/s;
U_c——特征风速,m/s。

5.3.1.4 热辐射通量的计算

液池燃烧时,会通过火焰表面向外辐射热能。假设能量从圆柱形火焰的侧面向四周均匀辐射,则单位时间、单位火焰表面积辐射出的热能,即火焰表面热辐射通量 q_0 为

$$q_0 = \frac{0.25\pi D^2 m_f f H_c}{0.25\pi D^2 + \pi DL} \tag{5.38}$$

式中 q_0——火焰表面热辐射通量,W/m²;
f——热辐射系数,通常可取 0.15。

5.3.1.5 目标接受热辐射强度

火焰的化学能通过辐射向四周传播。对于圆柱形火焰,不能按照点火源对待,其辐射通量与火焰的角度有关系,热辐射在空气中的传播按下式计算:

$$q(x) = q_0 V(1 - 0.058\ln x) \tag{5.39}$$

式中 $q(x)$——目标接受热辐射强度，W/m²；

q_0——火焰表面热辐射强度，W/m²；

V——视角系数；

x——目标点到火焰表面的距离，m。

视角系数 V 可以按莱（Rai）和卡雷卡（Kalelkar）提供的方法计算：

$$V = \sqrt{V_H^2 + V_V^2} \tag{5.40}$$

其中
$$\pi V_v = \arctan[h/(s^2-1)^{0.5}] + h(J-K)/s$$
$$J = [a/(a^2-1)^{0.5}]\arctan[(a+1)(s-1)/(a-1)(s+1)]^{0.5}$$
$$K = \arctan[(s-1)/(s+1)]^{0.5}$$
$$\pi V_H = A - B$$
$$A = [(b-1/s)^{0.5}]\arctan[(b+1)(s-1)/(b-1)(s+1)]^{0.5}/(b^2-1)^{0.5}$$
$$B = [(a-1/s)^{0.5}]\arctan[(a+1)(s-1)/(a-1)(s+1)]^{0.5}/(a^2-1)^{0.5}$$
$$a = (h^2 + s^2 + 1)/(2s)$$
$$b = (s^2 + 1)/(2s)$$

式中 h——火焰高度与其直径之比；

s——目标到火焰垂直轴的距离与火焰半径之比；

A、B、J、K、a、b——中间变量。

表 5.6 给出了部分视角系数与火焰高径比及距离间的关系。

表 5.6 视角系数 V 与火焰 h 及 s 的关系

h	s	V	h	s	V
0.4	1.2	0.4427	0.4	1.6	0.1978
0.4	2.0	0.1072	0.4	2.4	0.0670
0.4	3.0	0.0389	0.4	1.1	0.5730
2.0	1.1	0.5807	2.0	1.1	0.5814
3.2	1.1	0.5816	3.2	1.1	0.5817
3.6	1.0001	0.7043	3.6	1.00001	0.7065

5.3.2 喷射火灾

加压的可燃气体泄漏时形成射流，如果在泄漏裂口处被点燃，将形成喷射火灾，使得周围的人员和财产受到损失。射流按方向可以分为垂直喷射火和水平喷射火。

5.3.2.1 垂直方向喷射火计算

(1) 火焰高度的计算公式如下：

$$\frac{L}{d_j} = \frac{5.3}{C_T}\sqrt{\frac{T_f/T_j}{\alpha_T}\left[C_T + (1-C_T)\frac{M_a}{M_f}\right]} \tag{5.41}$$

式中 L——火焰长度，m；

d_j——喷管直径，m；

C_T——燃料—空气计算化学反应中燃料的摩尔系数；

T_f——喷射流体的绝热温度,K;
T_j——喷射流体的绝热温度,K;
α_T——燃料—空气计算化学反应中产生每摩尔燃烧产物所需反应物的摩尔数;
M_a——空气的摩尔质量,g/mol;
M_f——燃料的摩尔质量,g/mol。

对于大多数燃料而言,C_T远小于1,α_T近似等于1,T_f和T_j的比值在7~9之间。

(2)目标接收到热辐射通量的计算公式如下:

$$q(r) = \tau_a \eta \dot{m} \Delta H_c F_p \tag{5.42}$$

式中 $q(r)$——距离r处目标接收到的热通量,kW/m²;
τ_a——大气传输率;
η——热辐射系数;
$\dot{m}$——燃料的质量流速,kg/s;
ΔH_c——燃烧热,kJ/kg;
F_p——视角系数。

大气传输率可按下式计算:

$$\tau_a = 2.02 \times (p_w X_s)^{-0.09} \tag{5.43}$$

式中 τ_a——大气传输率;
p_w——大气中水蒸气的分压,Pa;
X_s——目标到火焰表面的距离,m。

大气中水蒸气分压p_w可按下式计算:

$$p_w = 101325 \times RH \times e^{14.4114 - \frac{5328}{T_a}} \tag{5.44}$$

式中 p_w——大气中水蒸气的分压,Pa;
RH——相对湿度,%;
T_a——环境温度,K。

视角因子F_p可按下式计算:

$$F_p = \frac{1}{4\pi r^2} \tag{5.45}$$

式中 r——目标到火焰中心的距离,m。

5.3.2.2 水平方向喷射火计算

假定火焰为圆锥形,并用从泄漏处到火焰长度4/5处的电源模型来表示。

喷射火的火焰长度可用如下方程得到:

$$L = \frac{(H_c m)^{0.444}}{161.66} \tag{5.46}$$

式中 L——火焰长度,m;
H_c——燃烧热,J/kg;
m——质量流速,kg/s。

热辐射的通量计算公式为

$$q = \frac{fH_c m\tau}{4\pi X^2 \times 1000} \tag{5.47}$$

式中 q——距离 X 处接收的热辐射的通量,kW/m^2;
　　　f——热辐射率;
　　　τ——大气传输率。

　　大气传输率 τ 按下式计算：

$$\tau = 1 - 0.0565\ln x \tag{5.48}$$

5.3.3 火球火灾

　　低温可燃液化气可能过热导致容器内压增大,使容器爆炸,内容物释放并被点燃,发生剧烈的燃烧,产生强大的火球,形成强烈的热辐射。

　　火球半径计算公式为

$$R = 2.665 M^{0.327} \tag{5.49}$$

式中 R——火球半径,m;
　　　M——急剧蒸发的可燃物质的质量,kg。

　　火球持续时间计算公式为

$$t = 1.089 M^{0.327} \tag{5.50}$$

式中 t——火球持续时间,s。

　　火球燃烧时释放出的辐射热通量为

$$Q = \frac{\eta H_c M}{t} \tag{5.51}$$

其中

$$\eta = 0.27 p^{0.327}$$

式中 Q——火球燃烧时辐射热通量,W;
　　　H_c——燃烧热,J/kg;
　　　η——效率因子,取决于容器内可燃物质的饱和蒸气压 p。

　　目标接收到的入射热辐射强度为

$$I = \frac{Q T_c}{4\pi x^2} \tag{5.52}$$

式中 T_c——传导系数,保守取值为 1;
　　　x——目标距火球中心的水平距离,m。

5.3.4 固体火灾

　　固体火灾的热辐射参数按点源模型估计。此模型认为火焰射出的能量为燃烧的一部分,并且辐射强度与目标至火源中心距离的平方成反比：

$$q_r = \frac{f M_c H_c}{4 x^2} \tag{5.53}$$

式中 q_r——目标接收到的辐射强度,W/m^2;
　　　f——辐射系数,可取 0.25;
　　　M_c——燃烧速率,kg/s;
　　　H_c——燃烧热,J/kg;
　　　x——目标至火源中心间的水平距离,m;

5.3.5 火灾辐射伤害计算方法

5.3.5.1 热辐射伤害概率模型

热辐射伤害也常用概率模型描述。概率(P_r)与伤害百分率(D)的关系为

$$D = \int_{-\infty}^{P_r-5} \exp(-\frac{u^2}{2}) du \tag{5.54}$$

具体应用时,可以参考表5.7进行换算。

表5.7 概率与伤害百分率的换算

D,%	0	1	2	3	4	5	6	7	8	9
0		2.67	2.95	3.12	3.25	3.36	3.45	3.52	3.59	3.66
10	3.72	3.77	3.82	3.87	3.92	3.96	4.01	4.05	4.08	4.12
20	4.16	4.19	4.23	4.26	4.29	4.33	4.36	4.39	4.42	4.45
30	4.48	4.50	4.53	4.56	4.59	4.61	4.64	4.67	4.69	4.72
40	4.75	4.77	4.80	4.82	4.85	4.87	4.90	4.92	4.95	4.97
50	5.00	5.03	5.05	5.08	5.10	5.13	5.15	5.18	5.20	5.23
60	5.25	5.28	5.31	5.33	5.36	5.39	5.41	5.44	5.47	5.50
70	5.52	5.55	5.58	5.61	5.64	5.67	5.71	5.74	5.77	5.81
80	5.84	5.88	5.92	5.95	5.99	6.04	6.08	6.13	6.18	6.23
90	6.28	6.34	6.41	6.48	6.55	6.64	6.75	6.88	7.05	7.33
99		0.1	0.2	0.3	0.4	0.5	0.6	0.7	0.8	0.9
		7.37	7.41	7.46	7.51	7.58	7.65	7.75	7.88	8.09

表5.7中,第一行和第一列的数值为伤害百分率,伤害百分率 =(百分数×10+个位数)×100%,如伤害百分率为22%时,可以把22%看作20%+2%,然后第一列中20%所在的行与第一行中2%所在的列交叉读数,即可得到伤害百分率为22%时的概率值P_r为4.23。反过来,P_r=5.00时,伤害百分率为50%。

皮肤裸露时的死亡概率为

$$P_r = -36.38 + 2.56\ln(tq^{4/3}) \tag{5.55}$$

有衣服保护时(20%皮肤裸露)的死亡概率为

$$P_r = -37.23 + 2.56\ln(tq^{4/3}) \tag{5.56}$$

有衣服保护时(20%皮肤裸露)的二度烧伤概率为

$$P_r = -43.14 + 3.0188\ln(tq^{4/3}) \tag{5.57}$$

有衣服保护时(20%皮肤裸露)的一度烧伤概率为

$$P_r = -39.83 + 3.0188\ln(tq^{4/3}) \tag{5.58}$$

式中 t——裸露时间,s;

q——热辐射通量,W/m²。

事故后果分析时取值:

(1)暴露时间:对于火球火灾,采用火球持续时间;对于池火灾和喷射火灾,可取30s或40s。

(2)伤害百分率:通常都按50%计算。例如按50%死亡率划定死亡范围,该范围表明范

围内、外死亡人数各占一半,也可以认为死亡范围内人员全部死亡,范围外无一人死亡。

5.3.5.2 人身伤害半径计算

1)稳态火灾

对于池火灾、喷射火灾和固体火灾这类稳态火灾,人身伤害半径的计算过程是:根据暴露时间为10s、50%概率原则,求得导致死亡热通量q_1、重伤热通量q_2、轻伤热通量q_3分别为81830W/m²、69522W/m²、30548W/m²,然后利用q_i值反算得到人身伤害半径。

2)瞬间火灾

沸腾液体扩展蒸气云爆炸的主要危险是火球产生的强烈热辐射伤害,由于这种火灾类型为瞬间火灾,因此这种火灾各种半径的计算方法与稳态火灾的有所不同。它的计算过程是:根据火灾持续时间计算得到导致死亡、重伤和轻伤的热通量,然后利用q_i值反算得到人身伤害半径。

死亡热通量q_1:

$$q_1 = \left(\frac{e^{16.164}}{t}\right)^{0.75} \tag{5.59}$$

重伤热通量q_2:

$$q_2 = \left(\frac{e^{15.947}}{t}\right)^{0.75} \tag{5.60}$$

轻伤热通量q_3:

$$q_3 = \left(\frac{e^{14.851}}{t}\right)^{0.75} \tag{5.61}$$

5.3.5.3 财产损失半径计算

通过式(5.62)计算目标接受的辐射通量q_4,然后利用q_4值反算可以得到财产损失半径。

$$q_4 = 6730t^{-4/5} + 25400 \tag{5.62}$$

式中 q_4——引燃木材的所需的热通量,W/m²;
t——火灾持续时间,s。

表5.8为辐射热对周围环境的影响。

表5.8 辐射热对周围环境的影响

辐射热量,kW/m²	<4000	4000~7000	7200	10000	50000
对周围环境的影响	不会起火灾	杉木板起火	塑料起火	一切木结构起火	钢材变形

火灾持续时间t的长短与火灾类型有直接关系。

(1)池火灾。在有防液堤的情形下,火灾持续时间t由下式计算:

$$t = \frac{W}{m_f S} \tag{5.63}$$

式中 S——液池最大可能的面积,m²;
m_f——单位面积燃烧速率,kg/(m²·s)。

在没有防液堤的情形下,火灾持续时间t由下式计算:

$$t = \frac{H_{min}\rho}{m_f} \tag{5.64}$$

式中 H_{min}——最小液层厚度,m;

ρ——液体的密度,kg/m³;
m_f——单位面积燃烧速率,kg/(m²·s)。

(2)喷射火灾的持续时间 t 由下式计算:

$$t = \frac{W}{m} \tag{5.65}$$

式中 W——泄漏量,kg;
m——质量流速,kg/s。

(3)沸腾液体扩展蒸气云爆炸(火球)的火灾持续时间 t 可根据下式求取:

$$t = 1.089W^{0.327} \tag{5.66}$$

式中 W——火球中消耗的可燃物质量,kg。

对单罐储存,W 取罐容量的50%;对双罐储存,W 取罐容量的70%;对多罐储存,W 取罐容量的90%。

5.3.5.4 间接财产损失

间接财产损失 S(万元)可通过下式计算得到:

$$S = (N_1 \times 6000 + N_2 \times 3000 + N_3 \times 15) \times 20/6000 \tag{5.67}$$

式中 N_1——总的死亡人数;
N_2——总的重伤人数;
N_3——总的轻伤人数。

5.4 爆炸模型

爆炸是物质的一种非常急剧的物理、化学变化,也是大量能量在短时间内迅速释放或急剧转化成机械功的现象。

一般来说,爆炸现象具有以下特征:
(1)爆炸过程进行得很快;
(2)爆炸点附近压力急剧升高,产生冲击波;
(3)发出或大或小的响声;
(4)周围介质发生震动或邻近物质遭受破坏。

根据能量释放过程的性质,爆炸分为物理爆炸、化学爆炸和核爆炸。

物理爆炸就是物质状态参数(温度、压力、体积)迅速发生变化,在瞬间放出大量能量且对外做功的现象。其特点是在爆炸现象发生过程中,造成爆炸发生的介质的化学性质不发生变化,发生变化的仅是介质的状态参数。这类爆炸是由于设计、制造、腐蚀或低温、材料缺陷、交变载荷的作用,容器壁的平均应力超过材料的屈服点或强度极限,导致脆性疲劳、疲劳破裂和应力腐蚀破裂而发生的,也可因安全泄放装置、液化气体充装过量、严重受热膨胀、违章超负荷运行等而发生。常见的如蒸汽锅炉爆炸、轮胎爆炸和高压气瓶爆炸都是典型的物理爆炸。

化学爆炸是物质由一种化学结构迅速转变为另外的化学结构,在瞬间放出大量能量且对外做功的现象,如可燃气体、蒸气或粉尘与空气混合形成爆炸性混合物的爆炸。其特点是在爆炸现象发生过程中,介质的化学性质发生变化,形成爆炸的能源来自物质迅速发生化学变化时所释放的能量。化学爆炸具有放热性、快速性和生成气体产物3个要素。

核爆炸是指某些物质的原子核发生裂变反应或聚变反应,瞬间放出巨大能量而形成的爆炸现象。例如,原子弹爆炸和氢弹爆炸都是典型的核爆炸。

本书主要讨论物理爆炸和化学爆炸。

5.4.1 物理爆炸

物理爆炸(如压力容器破裂)时,气体膨胀所释放的能量(即爆炸能量)不仅与气体压力和容器的容积有关,而且与介质在容器内的物性相态相关。这是因为有的介质以气态存在,如空气、氧气、氢气等;有的以液态存在,如液氯、液氨等液化气体以及高温饱和水等。容积与压力相同而相态不同的介质,在容器破裂时产生的爆炸能量也不同,而且爆炸过程也不完全相同,其能量计算公式也不相同。

5.4.1.1 压缩气体与蒸气容器的爆炸能量

当压力容器中介质为压缩气体,即以气态形式存在而发生爆炸时,气体膨胀所释放的能量(即爆炸能量)与压力容器的容积有关。其爆破过程是容器内的气体由容器破裂前的压力降为大气压力的一个简单膨胀过程,所以历时一般都很短。不管容器内介质与周围大气存在多大的温差,都可以认为容器内的气体与大气无热量交换,即此时气体介质的膨胀是一个绝热膨胀过程。因此其爆破能量即为气体介质膨胀所做的功,可按理想气体绝热膨胀做功公式计算。

绝热膨胀过程是定熵过程:

$$ds = c_p \frac{dV}{V} + c_V \frac{dp}{p} = 0 \tag{5.68}$$

令

$$r = \frac{c_p}{c_V}$$

并将其代入式(5.68)中积分可得到

$$r\ln V + \ln p = C_1$$

即

$$pV^r = C_2$$

膨胀功为

$$w_s = \int_1^2 p dV = \int_1^2 \frac{p_1 V_1^r}{V^r} dV = \frac{1}{r-1}(p_1 V_1 - p_2 V_2) = \frac{p_1 V_1}{r-1}\left[1 - \left(\frac{p_2}{p_1}\right)^{\frac{r-1}{r}}\right] \tag{5.69}$$

将大气压强为 p_2 代入式(5.57)中,p_1 视为初始压强,得爆炸能量:

$$E_g = \frac{pV}{\kappa - 1}\left[1 - \left(\frac{0.1013}{p}\right)^{\frac{\kappa-1}{\kappa}}\right] \times 10^3 \tag{5.70}$$

式中 E_g——气体的爆炸能量,kJ;

C_1、C_2——常数;

p——容器内气体的绝对压力,MPa;

V——容器的体积,m^3;

κ——气体等熵指数,常用气体的等熵指数见表5.9。

表5.9 常用气体的等熵指数

气体	空气	氮气	氧气	氢气	甲烷	乙烷	乙烯	丙烷	氨气
κ值	1.40	1.40	1.40	1.412	1.315	1.18	1.22	1.22	1.33
气体	氯气	干饱和蒸气	一氧化碳	二氧化碳	一氧化氮	过热蒸气	二氧化氮	氢氰酸	
κ值	1.35	1.135	1.395	1.295	1.4	1.3	1.31	1.31	

5.4.1.2 介质全部为液体时的爆炸能量

通常用液体加压时所做的功作为常温液体压力容器爆炸时释放的能量,计算公式如下:

$$E_L = \frac{(p-1)^2 V \beta_t}{2} \tag{5.71}$$

式中 E_L——常温下液体压力容器爆炸时释放的能量,kJ;
p——液体的绝对压力,Pa;
V——容器的体积,m³;
β_t——液体在压力 p 和温度 T 下的压缩系数。

5.4.1.3 液化气体和高温饱和水容器的爆炸能量

在液氯、液氨储罐及锅炉等压力容器内,介质一般以气、液两种物态存在,介质工作压力大于大气压力,介质温度高于其在大气压力下的沸点(也称"过热")。当容器破裂发生爆炸时,除了气体急剧膨胀对外做功外,还有过热液体激烈的蒸发过程。在大多数情况下,这类容器内的饱和液体占有容器介质质量的绝大部分,它的爆炸能量比饱和气体大得多,一般计算时不考虑气体膨胀所做的功。由于这类爆炸在瞬间完成,可按绝热过程计算其爆炸能量。

液化气体容器破裂爆炸释放出的能量可按下式计算:

$$E = [(H_1 - H_2) - (S_1 - S_2)T_b]W \tag{5.72}$$

式中 E——过热状态下液体的爆炸能量,kJ;
H_1——爆炸前液化气体的焓,kJ/kg;
H_2——爆炸前液化气体的焓,kJ/kg;
S_1——爆炸前饱和液体的熵,kJ/(kg·K);
S_2——在大气压力下饱和液体的熵,kJ/(kg·K);
T_b——介质在大气压力下的沸点,K;
W——饱和液体的质量,kg。

常用压力下饱和水的爆炸能量可按下列简化公式计算:

$$E_w = C_w V \tag{5.73}$$

式中 E_w——饱和水容器的爆炸能量,kJ;
V——容器内饱和水所占的容积,m³;
C_w——饱和水爆炸能量系数,kJ/m³。

饱和水爆炸能量系数由压力决定。表5.10列出了常用压力下饱和水的爆炸能量系数。

表5.10 常用压力下饱和水的爆炸能量系数

额定压力 p,MPa	0.4	0.5	0.6	0.8	0.9	1.1	1.4	1.7	2.6	3.1
爆炸能量系数 C_w,MJ/m³	23.8	27.2	32.5	41.4	45.6	53.6	63.5	72.4	95.6	106

比较饱和水蒸气饱和水爆炸能量系数可以发现,饱和水的爆炸能量系数为蒸汽的几十倍。这表明,饱和水的能量为同体积、同压力的饱和蒸汽的几十倍,所以在容器中,即使饱和水与饱和蒸汽各占一半的容积,饱和蒸汽的爆炸能量也不到全部爆炸能量的10%。

5.4.1.4 压力容器爆炸时的冲击波能量

压力容器爆炸时,其爆炸能量以冲击波能量、破片能量和容器残余变形能量3种形式向外释放。研究表明,后两种形式所消耗的能量只占总爆炸能量的 3% ~ 15%,即爆炸能量的主要形式是冲击波。

冲击波是由压缩波叠加形成的,是波阵面以突进形式在介质中传播的压缩波。容器破裂时,容器内的高压气体大量冲出,使它周围的空气受到冲击而发生扰动,使其状态(压力、密度、温度等)发生变化。其传播速度大于扰动介质的声速,这种扰动在空气中传播就成为冲击波。在离爆炸中心一定距离的地方,空气压力会随时间发生迅速而悬殊的变化。开始时,压力突然升高,产生一个很大的正压力,接着又迅速衰减,在很短时间内正压降至负压。如此反复循环数次,压力逐渐衰减下去。开始时产生的最大正压力就是冲击波波阵面上的超压 Δp,超压可以达到数个甚至数十个大气压。多数情况下,冲击波的伤害、破坏作用是由超压引起的,冲击波超压对人体的伤害及对建筑物的破坏作用见表 5.11 和表 5.12。

表 5.11 冲击波超压对人体的伤害作用

超压 Δp,MPa	伤害作用
0.02 ~ 0.03	轻微挫伤
0.03 ~ 0.05	中等损伤(听觉器官损伤、内脏轻度出血、骨折等)
0.05 ~ 0.10	严重损伤(内脏严重挫伤,可引起死亡)
>0.10	极严重,可能造成大部分人死亡

表 5.12 冲击波超压对建筑物的破坏作用

超压 Δp,MPa	破坏作用
0.005 ~ 0.006	门、窗玻璃部分破碎
0.006 ~ 0.010	受压面的门窗玻璃大部分破碎
0.015 ~ 0.02	窗框破坏
0.02 ~ 0.03	墙壁裂缝
0.04 ~ 0.05	墙壁产生大裂缝,房瓦掉下
0.06 ~ 0.07	木建筑厂房房柱折断,房架松动
0.07 ~ 0.10	砖墙倒塌
0.10 ~ 0.20	防震钢筋混凝土破坏,小房屋倒塌
0.20 ~ 0.30	大型钢结构破坏

冲击波的伤害、破坏作用准则有超压准则、冲量准则和超压—冲量准则等。下面仅介绍超压准则。超压准则认为,只要冲击波超压达到一定值,便会对目标造成一定的伤害或破坏。

试验数据表明,不同数量的同类炸药发生爆炸时,目标到爆炸中心距离 R 和炸药量 q 若满足下式要求:

$$\frac{R}{R_0} = \left(\frac{q}{q_0}\right)^{1/3} = a \tag{5.74}$$

则
$$\Delta p(R) = \Delta p_0(R/a) \tag{5.75}$$

式中 R——目标与爆炸中心的距离,m;
R_0——目标与基准爆炸中心的距离,m;
q——爆炸时产生冲击波所消耗的能量(TNT 当量),kg;
q_0——基准爆炸能量(TNT 当量),kg;

a——炸药爆炸试验的模拟比;

Δp——目标处的超压,MPa;

Δp_0——基准目标处的超压,MPa。

利用式(5.74)和式(5.75)和表5.13及爆炸的炸药量或TNT当量,即可计算确定各种相应距离下的超压。表5.13是1000kg TNT炸药在空气中爆炸时所产生的冲击波超压。

表5.13 1000kg TNT炸药在空气中爆炸时所产生的冲击波超压

距离 R_0,m	0.77	0.924	1.078	1.232	1.386	1.54	1.84	2.15
超压 Δp,MPa	2.94	2.06	1.67	1.27	0.95	0.76	0.50	0.33
距离 R_0,m	2.464	2.772	3.08	3.85	4.62	5.39	6.16	6.93
超压 Δp,MPa	0.235	0.17	0.126	0.079	0.057	0.043	0.033	0.027
距离 R_0,m	7.7	8.47	9.24	10.01	10.78	11.55		
超压 Δp,MPa	0.023	0.0205	0.018	0.016	0.0143	0.013		

5.4.1.5 压力容器爆炸时碎片能量及飞行距离计算

压力容器爆炸时,壳体可能破裂为很多大小不等的碎片或碎块向四周飞散抛掷,造成人员伤亡或财产损失。

1)碎片能量的计算

碎片飞出时具有动能,动能的大小与每块碎片的质量及速度的平方成正比:

$$E = \frac{1}{2}mv^2 \quad (5.76)$$

式中 E——碎片的动能,J;

m——碎片的质量,kg;

v——碎片集中人或物体的速度,m/s。

根据有关研究,当碎片击中人体时的动能在26J以上时,可致外伤;当碎片击中人体时的动能在60J以上时,可致骨骼外伤;当碎片击中人体时的动能在200J以上时,可致骨骼重伤。

2)碎片飞行距离的计算

压力容器碎片飞离壳体时,一般具有80~120m/s的初始速度,即使在飞离容器较远的地方也常有20~30m/s的速度。

设爆炸时压力容器或碎片离地面高度为h,则压力容器或碎片平抛初速度v_0与飞行距离的关系可由下式计算:

$$v_0 = \frac{R}{\sqrt{2h/g}} \quad (5.77)$$

若压力容器爆炸时碎片或容器抛出时与地面成θ角,则抛出初速度v_0与飞行距离的关系为

$$v_0 = \sqrt{\frac{Rg}{\sin 2\theta}} \quad (5.78)$$

式中 v_0——压力容器或碎片抛出的水平初速度,m/s;

R——抛出的水平距离,m;

h——压力容器或碎片原来的离地高度,m;

g——重力加速度,m/s²。

3)碎片穿透量的计算

压力容器爆炸时,碎片常常会损坏或穿透临近的设备管道,引发二次火灾、爆炸或中毒事故。压力容器爆炸时,碎片的穿透力与碎片击中时的动能成正比:

$$S = K_c \frac{E}{A} \tag{5.79}$$

式中 S——碎片对材料的穿透量,mm;

E——碎片击中物体时所具有的动能,J;

A——碎片穿透方向的截面面积,mm²;

K_c——材料的穿透系数,见表5.14。

表5.14 材料的穿透系数

材料名称	钢板	钢筋混凝土	木材
穿透系数 K_c	1	10	40

5.4.2 化学爆炸

从工厂爆炸事故来看,有以下几种化学爆炸类型:蒸气云团的可燃混合气体遇火源突然燃烧,是在无限空间中的气体爆炸;受限空间内可燃混合气体的爆炸;化学反应失控或工艺异常所造成的压力容器爆炸;不稳定的固体或液体爆炸。化学爆炸时会释放大量的化学能,爆炸影响范围较大。

5.4.2.1 凝聚相爆炸

凝聚相含能材料爆炸能产生多种破坏效应,如热辐射、一次破片作用、有毒气体产物的致命效应,但破坏力最强、破坏区域最大的是冲击波的破坏效应,因此,凝聚相爆炸模型主要考虑冲击波的伤害作用。

凝聚相含能材料的爆炸冲击波最大正相超压 Δp_s,可按下式计算:

$$\Delta p_s = 0.137Z^{-3} + 0.119Z^{-2} + 0.269Z^{-1} - 0.019 \tag{5.80}$$

其中

$$Z = R/(\frac{1000E}{P_a})^{1/3}$$

$$E = 1.8WQ_c$$

式中 Z——无因次距离;

Δp_s——冲击波超压,Pa;

p_a——环境压力,一般取101325Pa;

R——目标到爆源的水平距离,m;

E——爆源总能量,kJ;

W——含能材料的质量,kg;

Q_c——爆炸料的爆炸热,kJ/kg。

5.4.2.2 蒸气云爆炸

易燃易爆气体如氢气、天然气等,泄漏后随着风向扩散,与周围空气混合成易燃易爆混合物,在扩散过程中如果遇到火源引起延迟点火,又存在某些特殊原因和条件,火焰加速传播,产生爆炸、冲击波超压，发生蒸气云爆炸（vapor cloud explosion，VCE）。VCE 是一类经常发生且后果十分严重的爆炸性事故。

易燃易爆的液化气体如液化石油气、液化丙烷、液化丁烷等，其沸点远小于环境温度，泄漏后将会由于自身的热量、地面传热、太阳辐射、气流运动等迅速蒸发，在液池上面形成蒸气云，与周围空气混合成易燃易爆混合物，并随着风向扩散，在扩散过程中如遇到火源，也会发生蒸气云爆炸。蒸气云爆炸产生的冲击波超压是其主要危害。

蒸气云爆炸冲击波最大正相超压 Δp_s 可按下式计算：

$$\Delta p_s = e^A p_a \tag{5.81}$$

其中
$$A = -0.9126 - 1.5058\ln Z + 0.1675(\ln Z)^2 - 0.032(\ln Z)^3 \tag{5.82}$$

$$Z = R/\left(\frac{1000E}{p_a}\right)^{1/3} \tag{5.83}$$

$$E = 1.8aWQ_c$$

式中 Z——无因次距离；
Δp_s——冲击波超压，Pa；
p_a——环境压力，一般取 101325Pa；
R——目标到爆源的水平距离，m；
E——爆源总能量，kJ；
1.8——地面爆炸系数；
a——蒸气云的 TNT 当量系数（一般取值 0.01~0.1，统计平均值为 0.04）；
W——蒸气云中对爆炸冲击波有实际影响的质量，kg；
Q_c——燃料的燃烧热，kJ/kg。

5.4.2.3 沸腾液体扩展蒸气云爆炸

易燃易爆的液化气体容器在外部火焰的烘烤下可能发生突然破裂，压力平衡被破坏，液体急剧气化，并随即被火焰点燃而发生爆炸，产生巨大的火球，危害极其严重。这种事故被称为沸腾液体扩展蒸气云爆炸。沸腾液体扩展蒸气云爆炸的主要危害是火球产生的强烈热辐射伤害。

(1)火球半径按式(5.49)计算。

(2)火球持续时间按式(5.50)计算。

(3)火球抬升高度。火球在燃烧时，将抬升到一定高度。火球中心距离地面的高度 H 由下式估计：

$$H = D \tag{5.84}$$

(4)火球表面热辐射能量。假设火球表面热辐射能量是均匀扩散的。火球表面热辐射能量 SEP 由下式计算：

$$\text{SEP} = \frac{\eta W H_a}{4\pi R^2 t} \tag{5.85}$$

式中 η——火球表面的辐射能量比；
H_a——火球的有效燃烧热，J/kg；

η 与储罐破裂瞬间储存物料的饱和蒸汽压力 p 有关：

$$\eta = 0.27p^{0.32} \tag{5.86}$$

对于因外部火灾引起的沸腾液体扩展蒸气云爆炸事故，式(5.86)中的 p 值可取储罐安全阀启动压力 p_v 的 1.21 倍：

$$p = 1.21p_v \tag{5.87}$$

H_a 由下式求得：

$$H_a = H_c - H_v - c_p T \tag{5.88}$$

式中 H_c——燃烧热，J/kg；

H_v——常温沸点下的蒸发热，J/kg；

c_p——恒温比定压热容，J/(kg·K)；

T——火球表面火焰温度与环境温度之差，一般来说 $T = 1700$K。

(5)视角系数。视角系数 F 的计算公式如下：

$$F = \left(\frac{D}{2r}\right)^2 \tag{5.89}$$

$$F = (R/r)^2 \tag{5.90}$$

式中 r——目标到火球中心的距离，m。

令目标与储罐的水平距离为 $X(\mathrm{m})$，则

$$r = (X^2 + H^2)^{0.5} \tag{5.91}$$

(6)大气热传递系数。火球表面辐射的热能在大气中传输时，由于空气的吸收及散射作用，一部分能量损失掉了。假定能量损失比为 a，则大气热传递系数 $\tau_a = 1 - a$。a 和大气中的 CO_2 和 H_2O 的含量、热传输距离及辐射光谱的特性等因素有关。

τ_a 可由以下的经验公式求取：

$$\tau_a = 2.02(p_W r')^{-0.09} \tag{5.92}$$

$$p_W = p_W^0 RH \tag{5.93}$$

$$r' = r - R \tag{5.94}$$

式中 r'——目标到火球表面的距离，m；

p_W——环境温度下空气中的水蒸气压，N/m²；

p_W^0——环境温度下的饱和水蒸气压，N/m²；

RH——相对湿度。

(7)火球热辐射强度。在不考虑障碍物对火球热辐射产生阻挡作用的条件下，距离储罐 X(m)处的热辐射强度 q 可由下式计算：

$$q = SEP \times F \times \tau_a \tag{5.95}$$

式中 q——目标与储罐水平距离 X(m)处的热辐射强度，W/m²。

5.4.3 爆炸超压伤害计算方法

爆炸事故所产生的冲击波超压会对人体和建筑物造成严重的伤害和破坏作用。爆炸事故后果主要包括凝聚相爆炸、物理爆炸、蒸气云爆炸。

5.4.3.1 冲击波超压伤害概率

爆炸伤害概率的计算过程是：首先通过爆炸的事故后果模型得出计算位置处的冲击波超

压数值,然后通过冲击波超压伤害方程确定伤害情况。

冲击波超压伤害概率方程通常使用 Purdy 等人的经典概率方程:

$$P_r = 2.47 + 1.43\ln \overline{\Delta p_s} \tag{5.96}$$

$$P = \int_{-\infty}^{P_r-5} \frac{1}{\sqrt{2\pi}} e^{-\frac{u^2}{2}} du \tag{5.97}$$

式中 P_r——爆炸死亡概率;

$\overline{\Delta p_s}$——冲击波超压与环境压力的比值;

P——死亡概率。

5.4.3.2 人身伤害半径

(1)死亡半径 R_1:

$$R_1 = 13.6 \left(\frac{W_{TNT}}{1000}\right)^{0.37} \tag{5.98}$$

$$W_{TNT} = \frac{E}{Q_{TNT}}$$

式中 W_{TNT}——燃料的 TNT 当量,kg;

E——爆源总能量,kJ;

Q_{TNT}——TNT 的爆炸热,一般取 $Q_{TNT} = 4520$kJ/kg。

(2)重伤半径 R_2:由试验资料,确定 $\Delta p_s = 44000$Pa 为临界重伤超压值,则根据式 $\overline{\Delta p_s} = \Delta p_s/p_a$ 可得到

$$\overline{\Delta p_s} = \frac{\Delta p_s}{p_a} = \frac{44000}{101325} = 0.4344$$

然后,根据爆炸冲击波超压的计算公式反算,就可得到凝聚相爆炸重伤半径 R_2 的计算公式:

$$R_2 = Z(1000E/p_a)^{1/3} \tag{5.99}$$

式中 $\overline{\Delta p_s}$——冲击波超压与环境压力的比值;

Z——无因次距离;

Δp_s——冲击波超压,Pa;

p_a——环境压力,一般取 101325Pa;

E——爆源总能量,kJ。

(3)轻伤半径 R_3:由试验资料,确定 $\Delta p_s = 17000$Pa 为临界重伤超压值,则根据式 $\overline{\Delta p_s} = \Delta p_s/p_a$ 可得

$$\overline{\Delta p_s} = \frac{\Delta p_s}{p_a} = \frac{17000}{101325} = 0.1678$$

然后,根据爆炸冲击波超压的计算公式反算,就可得到凝聚相爆炸重伤半径 R_3 的计算公式:

$$R_3 = Z(1000E/p_a)^{1/3} \tag{5.100}$$

5.4.3.3 财产损失半径计算

财产损失半径 R_4 由下式确定:

$$R_4 = \frac{K_3 W_{\text{TNT}}^{1/3}}{\left[1 + \left(\dfrac{3175}{W_{\text{TNT}}}\right)^2\right]^{1/6}} \tag{5.101}$$

式中　R_4——财产损失半径,指在冲击波作用下建筑物三级破坏半径,m;

　　　K_3——建筑物三级破坏系数,可取4.6。

复习思考题

1. 试讨论池火灾高度、池火灾半径与液池半径的关系。
2. 热辐射伤害破坏作用的判断准则主要有哪些?
3. 爆炸冲击波对人体损伤和哪些因素有关?
4. 某化工厂有液氨卧式储罐2个,单罐容积为100m³,设定有效容积为80%,每罐可储存液氨45.12t,储存压力2.05MPa(绝对压力),储存温度小于32℃。

(1)试计算火场中储罐受热破裂,造成的爆燃火球伤害(损失)半径。

(2)液氨储罐瞬间大量泄漏,氨气与空气形成爆炸气体后遇火源,则发生蒸气云爆炸。试计算爆炸冲击波造成的人员伤害范围。

6 安全评价报告的编写

安全评价的基本原则是具备国家规定资质的安全评价机构科学、公正和合法地自主开展安全评价。根据工程、系统生命周期和评价的目的,安全评价分为安全预评价、安全验收评价、安全现状综合评价、专项安全评价。

安全评价是以实现工程、系统安全为目的,应用安全系统工程原理和方法,对工程、系统中存在的危险和有害因素进行辨识与分析,判断工程、系统发生事故和职业危害的可能性及其严重程度,从而为制定防范措施和管理决策提供科学依据。

6.1 风险分析与合同评审

安全评价工作中,一些安全评价人员为了风险分析的时机先后与次数而互相争执的情况时有发生,有人认为应当在委托书之前,有人认为在这之后,也有人认为只要在合同签订之前分析就行。这种情况暴露出了一方面一些评价人员对风险分析方面的要求大体知悉却未融会贯通的问题,另一方面也表现出一些评价人员对风险分析时机的把握还不准确以致操作中常常流于形式的问题。其中主要原因是没有透彻地理解风险分析的意义。

6.1.1 风险分析的概念

安全评价行为给安全评价机构带来的风险有多种,包括事故风险、连带责任风险、经济风险、名誉损失等。风险分析是指安全评价机构根据安全评价工作的要求、自身的业务能力和业务范围、被评价对象的具体情况,分析、预测评价项目的风险程度,策划评价过程,确定评价项目实施的可行性,控制、规避和减少自身风险的过程。具体实施时,风险分析活动相当于一次由机构内不同层次的人员参加的小型会议。

风险分析是强化源头管理的需要,是开展安全评价工作的规定程序,其内容非常广泛。为了控制、规避和减少安全评价行为给安全评价机构带来的风险,确保安全评价工作的顺利进行,评价机构应制定并实施评价项目风险分析制度,评价人员则应树立并强化风险意识。

6.1.2 风险分析的时机把握

安全评价的风险来自对评价对象缺乏了解、行业风险特性的不清晰、评价过程的疏漏、评价结论的草率以及利益的驱动等等。一个评价项目,从招投标、委托、签订合同,到实施评价、给出结论、出具评价报告,中间每个环节稍有不慎都有可能给安全评价机构带来风险。

在评价前期准备过程中,由于信息的缺乏,评价的盲目性很大,潜在的风险很多,但人们对风险的警惕性相对较高,因此,及时把握时机,将风险分析作为一个关键控制点,有针对性地做一些风险分析,为后续工作奠定一个良好的基础,使评价工作有序进行,就显得极为重要,且容易取得效果。

合同签订后,评价实施过程中,给出评价结果结论之前,又会出现各种各样的问题,也会给机构带来不同风险。人们还会随着对评价项目的深入了解,逐步放松对风险的警惕,自然而然地认为对评价项目风险的掌控程度越来越高,面临的风险越来越小,甚至将先前对项目风险的关注让位于对利益的关注。此时,让步通过就成为给出评价结论时的最大风险。鉴于我国目前的安全生产水平和安全评价现状,让步通过现象在评价工作中普遍存在。让步意味着安全评价机构把风险接受过来自己承受,这样,客观的安全评价就变成了博弈。因此抓住给出安全评价结果结论的时机,冷静下来做一次风险分析是非常有必要的。

只要评价报告一出具,风险也就含在其中(此时的风险实际上是被安全评价报告所证实),此时的安全评价机构将置身于风险更容易被揭示的环境中。因此,为避免风险成为事实,抓住报告出具之前的有利时机,全面系统认真地做一次风险分析同样很有必要。

由此可知,风险分析的时机可在合同签订之前(包括在委托书之前和委托书之后),也可在合同签订之后,还可在给出结论之时。具体操作时,因时间跨度较长,不同环节又有不同的要求,需结合项目进展情况调整其重点,千万不能敷衍了事。为此,要树立风险分析活动贯穿于安全评价活动始终的理念。这是一个认识风险分析的基本出发点。一些安全评价人员之所以被风险分析时机所困扰,主要就是因为没有认识到这一点,而总想一蹴而就。

6.1.3 风险分析的内容

安全评价机构对承揽的所有安全评价项目,都应根据项目的有关资料和特点,结合本机构的资质范围、安全评价人员的技术特点和特长,及时组成安全风险分析组,以认真负责的态度和科学合理的方法进行风险分析。

初期分析内容主要包括:被评价单位基本情况,评价类别,项目大小,投资规模,地理位置,周边环境,行业风险特性,难易程度,项目是否在评价机构资质业务范围之内,评价机构现有评价人员技术实力如何,是否需要聘请相关专业的技术专家,承担项目的风险大小,以及项目承接之后会带来怎样的利益,承接的必要性和可行性如何,初步工作计划如何制定等等。

中期分析内容应侧重于项目符合性制约因素列举的全面性及其风险程度、隐患的风险程度、整改的紧迫程度以及整改行动的彻底性等。

末期分析内容则主要表现在被评价单位要求更改报告内容的合理性、更改评价结果后的风险大小、给出或让步给出评价结论时的风险是否可接受等。

6.1.4 合同评审内容

合同评审是安全评价工作非常重要的一部分,同时也是财务进行合同监督的重要组成部分。安全评价机构的合同评审要求市场开发人员、安全评价技术负责人等共同参与完成。

在安全评价项目签订之后,首先要制定安全评价计划,以保证评价项目有效地实施,确保评价项目根据合同规定的进度和质量要求如期完成。

一般情况下,合同评审应包括以下内容:

(1)客户各项要求是否明确;
(2)合同要求与委托书内容是否一致,所有与委托书不一致的要求是否得到解决;
(3)安全评价机构能否满足全部要求。

签订一个评价项目的合同之后,安全评价机构便开始了一次针对某个企业的评价活动,即启动了安全评价质量保证程序,每一次评价活动都将为下一次评价活动提供新的经验、新的技术支持及现场改进的依据。

6.1.5 岗位职责

市场开发部是安全评价公司风险分析与合同评审的牵头工作部门,主要负责项目基本信息调查和客户要求的收集、整理;根据风险分析结果和合同评审结果确定是否接受委托,并负责填写相关活动记录。

参加风险分析和合同评审的部门和人员还包括评价部、评价负责人、技术负责人、过程控制负责人等。

6.1.6 评审程序

(1)市场开发部在接到客户的委托意向后,收集、了解项目信息和客户要求,如评价类别、项目投资规模、地理位置、项目周边情况、项目所属行业风险特性、客户关于项目实施的具体要求(如范围、工期及其他要求等)。

(2)由市场开发部牵头组织风险控制小组成员针对所收集到的信息和要求,结合本公司实际情况进行风险分析和合同评审。

风险分析内容包括:公司现有资质能否满足项目需要;公司现有评价人员专业能力能否满足项目实施的需要;项目选址、生产工艺等是否符合国家相关法律法规要求;项目是否符合国家相关产业政策,是否属于国家明令禁止或淘汰的项目;项目现有资料是否能够满足安全评价实施的需要;评价结果能达到客户要求目标;项目报价是否可能在经济上超出委托方的承受能力。

合同评审内容包括:客户要求是否合理;约定工期是否能够保证;合同金额、付款方式是否适宜。

(3)根据风险分析、合同评审的结果确定是否接受委托。经分析,风险不可接受的项目,由市场开发部根据风险控制结果与客户进一步磋商,以满足风险控制的需要;风险可以接受的项目,应填写相关活动记录,参加评审的人员应在活动记录上签字。

(4)根据风险分析和合同评审的结果签订安全评价合同。

(5)相关活动记录、委托书、技术服务合同等应该归入项目档案。

通过风险分析与合同评审,确定项目风险是否在可控制范围、客户所提出的要求能否得到满足,从而实现对项目的风险控制。

6.2 评价现场检查

现场安全评价是以现场安全检查为重点,通过现场检查,与被评价单位的管理人员、技术人员充分沟通,掌握现场第一手资料。查找企业在安全管理、工艺设备、物料储存、安全设施、应急救援等方面存在的不足,排除各类安全隐患。从现场检查所获得资料信息可以制定切实可行的安全整改对策措施。

6.2.1 企业安全问题分析

企业安全问题和隐患主要有以下几个方面:

(1)企业安全管理人员不足,专业性不强。企业为了获得更大的利润,安全管理人员的配备总是不够充足,仅有的安全管理人员无法顾及对整个企业的安全管理,会留下一些遗漏和不足;同时安全管理人员的素质和技术能力参差不齐,安全管理的质量和效果也大相径庭,给企业的安全生产留下了隐患。

(2)企业安全管理制度不完善。企业内部没有完善的安全管理制度、安全责任不明确、安全管理组织机构未设置等会给企业的安全管理带来一些不足,可能引发一些安全事故。

(3)作业人员没有可参照和学习的安全技术操作规程或者未遵守操作规程。有一些企业未对作业人员进行专门的培训,或者未编制与企业相匹配的安全技术操作规程;有的企业有相应的操作规程,但作业人员素质不高、未遵守规程作业等等也会不同程度地对设备和人身存在伤害的风险。

(4)厂址选择和总平面布置不合理。施工单位和企业之间沟通不畅,或者施工单位错误地理解设计单位的设计图纸,或者企业不科学地要求施工单位进行设计变更,现场的平面布置可能存在失误,如间距、方位、相邻厂房性质等方面。

(5)工艺设备装置安装和配备不合理。施工单位和安装单位的作业人员的疏忽和错误,可能会造成一些工艺设备和装置的安装、设置出现错误,或者设备的附件安装不合理。

(6)厂房内部布置和作业环境不符合规范。企业作业人员缺乏安全意识和安全知识,改变厂房内部布置;企业设备设施落后,产生不符合规范的噪声、辐射、灰尘等危险有害因素,对于一些无法避免的危险有害因素未采取可行可靠的对策措施去改善,特别是一些易燃易爆场所,大量的粉尘会造成粉尘爆炸或火灾的可能。

(7)消防设施的布置和消防通道设置不符合规范。各厂房的消防设施的配备不足,或者消防通道设置不正确,或者消防设施失效等,也会造成救火不及时或者未及时控制火势,导致火灾的扩大,造成不该出现的重大损失。

6.2.2 现场安全评价工作模式与开展

武汉大学安全科学技术研究中心在从事企业安全咨询策划中发现,企业非常希望外部专家对本企业定期进行安全评价指导,提高企业安全管理水平,于是在总结工作的基础上,提出全面的外部专家现场安全评价模式。内容主要包括:

(1)前期准备环节。了解企业概况、工艺,根据结合企业实际的国家标准和规范编制具有针对性且专业、全面的安全检查表。

(2)现场安全检查。成立专门的现场安全评价专家组。组织多名专家根据自编的专业安全检查表进行现场安全检查、辨识危险源。

(3)多种安全评价方法分析。保证安全评价的准确性和专业性。

6.2.2.1 前期准备环节

现场安全检查与评价的前期准备工作非常重要,准备工作的充分程度与好坏直接影响到现场检查的成败。

(1)与参与项目风险分析的相关人员进行沟通、交流,了解项目的评价种类、评价范围、时间要求、现场情况、技术难度、评价风险等。

(2)对企业已提供的安全评价基础资料进行整理和分析,掌握企业由来、人员构成、主要产品、原辅材料、工艺路线、技术装备、安全设施、安全管理等基本情况。

(3)成立现场安全评价专家组。根据企业性质和生产工艺,配备必要专业的安全专家组。

(4)如现场检查所需的信息、资料仍不够齐全,可通过电话、传真、网络等手段,要求委托方进一步提供。

（5）根据已经了解的评价对象基本情况，结合安全检查表的内容，可以准备一些需要现场提问的问题，或者对企业提供的项目资料存在的一些疑问进行整理，以便当面沟通。

（6）编制全面的安全检查表。安全评价人员应熟悉装置的操作、标准和规程，从有关渠道（如内部标准、规范、行业指南等）选择和编制合适的全面的安全检查表。通过回答安全检查表所列的问题，对系统的过程设计、装置条件、实际操作、维修等进行详细检查，以识别所存在的危险性。

6.2.2.2 现场安全检查

主要从以下方面进行现场安全检查：

（1）厂址方面的检查，主要是对厂址地质气象与周边环境的检查，内容主要有：项目场地的地形、地貌是否合适建设；历年的洪水情况、排水情况如何；地震、台风、洪水等自然灾害的防范、准备情况；场地周围是否有铁路、航空港、学校、居民区、公共设施，如何保证上述设施的安全；水、电、蒸汽、煤气等的供应情况；在发生事故时，消防、医院及企业间的相互救助情况；企业对周边环境及周边环境对本企业的影响情况。

（2）工厂内部布置及外部环境检查。

（3）对建筑物的检查，主要包括建筑物的耐火、抗震等级检查，防火分区划分情况检查，室内通风换气情况检查，紧急出口和疏散通道的标志情况检查等。

（4）原材料、中间体、产品事项检查，主要包括：原材料入厂内的路线及装卸是否有专门规定；原材料、中间体、产品等的物理化学性质及其危险特性；危险化学品的储存地点、储存方式、包装方式和储存数量是否符合安全要求，是否构成重大危险源，以及申报情况；原材料、中间体、产品等的储存泄漏处理方式、灭火扑救方式。

（5）工艺设备的选择及特种设备检查，主要包括：选择工艺设备时，在安全方面是否进行了充分的讨论；工艺设备是否容易进行操作和监视，控制方式如何；当设计或布置工艺设备时，是否考虑了检查和维修的方便；工艺设备发生异常时能否加以控制，安全装置能否充分防止危险；备用电源情况；设备制造厂家是否具有生产资质；特种设备有没有定期进行检测、领取使用证。

（6）工艺过程检查，主要包括：生产工艺的来源是否可靠，是否有技术鉴定；工艺是否成熟，有无同类生产厂家，是否发生过安全生产事故；从研究阶段到投产出现问题是否进行调查并加以改进；是否有流程图反映工艺流程，是否有操作规程；对温度、压力、反应、振动冲击、原材料供应、原材料输送、水或杂质的混入、从装置泄漏溢出、静电等发生问题或异常时，是否有预防措施，激烈反应点的安全附件、安全联锁情况如何；使用不稳定物质时，是否将热源、压力、摩擦等刺激因素控制在最小的限度；废渣和废液是否进行了妥善处理；随时可能排出的危险物质是否有预防措施；发生泄漏时可能被污染的范围是否清楚。

（7）安全管理检查，主要包括：检查规章制度及各类人员受教育培训情况；特种设备是否定期进行检验、检测；特种作业人员是否持证上岗；安全责任制及安全管理制度是否建立并完善，是否有效实施；职业卫生和员工体检情况如何；安全管理台账建立情况如何；各类消防设施及安全设施的管理维护情况如何；应急预案的编制及实施演练情况如何。

6.2.3 多种安全评价方法分析

根据现场安全检查的结果和资料，按照安全评价程序，对项目进行安全分析与评价，得出安全评价的结论。安全评价可以分为定性安全评价和定量安全评价。

6.2.3.1 定性安全评价

定性安全评价是根据经验和直观判断能力对生产系统的工艺、设备、设施、环境、人员和管理等方面的状况进行的分析。评价的结果是定性的结果,常用的表现形式有某项安全指标是否达到、事故类别和导致事故发生的因素等。

常用的定性安全评价方法主要有安全检查表、作业条件危险性评价法、故障类型和影响分析、危险和可操作性分析、预先危险性分析等。

6.2.3.2 定量安全评价

定量安全评价是应用基于大量的实验结果和广泛的事故资料统计分析获得的指标,对系统的工艺、设备、设施、环境、人员管理等方面进行定量计算。定量安全评价的结果表现为一些定量的指标,如事故发生的概率、事故的伤害(或破坏)范围、定量的危险性、事故破坏的范围等。

定量安全评价方法主要分为概率风险评价法、伤害(或破坏)范围评价法、危险指数评价法。

6.3 评价结论的主要内容

6.3.1 评价结论分析

评价结论应较全面地考虑评价项目各方面的安全状况,要从"人、机、料、法、环"理出评价结论的主线并进行分析。交代建设项目在安全卫生技术措施、安全设施上是否能满足系统安全的要求,安全验收评价还需考虑安全设施和技术措施的运行效果及可靠性。

(1)人力资源和管理制度方面:安全管理人员和生产人员是否经安全培训,是否满足安全生产需要,是否持证上岗等。

(2)安全管理方面:是否建立安全管理体系,是否建立支持文件(管理制度)和程序文件(作业规程),设备装置运行是否建立台账,安全检查是否有记录,是否建立事故应急救援预案等。

(3)设备装置和附件设施方面:

①设备装置:生产系统、设备和装置的本质安全程度,控制系统是否做到了故障安全型,即一旦超越设计或操作控制的参数限度时,是否具备能使系统或设备回复到安全状态的能力及其可靠性。

②附件设施:安全附件和安全设施配置是否合理,是否能起到安全保障作用,其有效性是否得到证实;一旦超越正常的工艺条件或发生误操作时,安全设施是否能保证系统安全。

(4)物质物料和材质材料方面:

①物质物料:危险化学品的安全技术说明书(MSDS)是否建立,生产、储存是否构成重大危险源,在燃爆和急性中毒上是否得到有效控制。

②材质材料:设备、装置及危险化学品的包装物的材质是否符合要求,材料是否采取防腐蚀措施(如牺牲阳极法)、测定数据是否完整(测厚、探伤等)。

(5)方法工艺和作业操作:

①方法工艺:生产过程工艺的本质安全程度、生产工艺条件正常和工艺条件发生变化时的

适应能力。

②作业操作:生产作业及操作控制是否按安全操作规程进行。

(6)生产环境和安全条件:

①生产环境:生产作业环境能否符合防火、防爆、防急性中毒的安全要求。

②安全条件:自然条件对评价对象的影响,周围环境对评价对象的影响,评价对象总图布置是否合理,物流路线是否安全和便捷,作业人员安全生产条件是否符合相关要求。

6.3.2 评价结果归类及重要性判断

由于系统内各单元评价结果之间存在关联,且各评价结果在重要性上不平衡,对安全评价结论的贡献有大有小,因此在编写评价结论之前最好对评价结果进行整理、分类,并按严酷度和发生频率分别将结果排序列出。例如,将影响特别重大的危险(群死群伤)或故障(或事故)频发的结果、影响重大危险(个别伤亡)或故障(或事故)发生的结果、影响一般危险(偶有伤亡)或故障(或事故)偶然发生的结果等进行排序列出。

6.3.3 评价结论的主要内容

安全评价结论的内容,因评价种类(安全预评价、安全验收评价、安全现状综合评价和专项评价)的不同而各有差异。通常情况下,安全评价结论的主要内容应包括:

6.3.3.1 评价结论分析

(1)评价结果概述、归类、危险程度排序;

(2)对于评价结果可接受的项目还应进一步提出要重点防范的危险、危害性;

(3)对于评价结果不可接受的项目,要指出存在的问题,列出不可接受的充足理由;

(4)对受条件限制而遗留的问题提出改进方向和措施建议。

6.3.3.2 评价结论

(1)评价对象是否符合国家安全生产法规、标准要求;

(2)评价对象在采取所要求的安全对策措施后达到的安全程度。

6.3.3.3 持续改进方向

(1)提出保持现已达到安全水平的要求(加强安全检查、保持日常维护等)

(2)进一步提高安全水平的建议(冗余配置安全设施、采用先进工艺、方法、设备)

(3)其他建设性的建议和希望。

6.4 评价结论的编制原则

由于系统进行安全评价时,通过分析和评估将单元各评价要素的评价结果汇总成各单元安全评价的小结,因此,整个项目的评价结论应是各评价单元评价小结的高度概括,而不是将各评价单元的评价小结简单地罗列来作为评价的结论。

评价结论的编制应着眼于整个被评价系统的安全状况。评价结论应遵循客观公正、观点明确的原则,做到概括性好、条理性强且文字表达精练。

(1)客观公正性。评价报告应客观地、公正地对评价项目的实际情况实事求是地给出评价结论。应注意既不夸大危险也不缩小危险。

①对危险、危害性分类、分级的确定,如火灾危险性分类、防雷分类、重大危险源辨识、火灾危险环境电力装置危险区域的划分、毒性分级等,应恰如其分、实事求是。

②对定量评价的计算结果应进行认真分析是否与实际情况相符,如果发现计算结果与实际情况出入较大,就应该认真分析所建立的数学模型或采用的定量计算模式是否合理,数据是否合格,计算是否有误。

(2)观点明确。在评价结论中观点要明确,不能含糊其词、模棱两可、自相矛盾。

(3)清晰准确。评价结论应是评价报告进行充分论证的高度概括,层次要清楚,语言要精练,结论要准确,要符合客观实际,要有充足的理由。

6.5 评价报告的自审与审核

评价报告的自审与审核是完成评价报告的重要环节,其重点是评价所依据资料的完整性、危险和有害因素识别的充分性、评价单元划分的合理性、评价方法的适用性、对策措施的针对性和评价结论的正确性等。

6.5.1 审核目的

安全评价报告是评价机构的产品,评价机构必须对产品质量承担相关的责任。安全评价报告的质量直接影响评价机构的声誉,为了提高评价报告质量,实现评价质量标准化,体现安全评价过程控制和质量控制,安全评价报告必须经过"报告审核"。

6.5.2 审核人员

评价报告的审核人员至少应包括经评价机构正式任命的专职过程控制负责人和专职技术负责人,根据公司实际情况,审核人员可以适当扩展。项目内部审核时,可请非评价项目人员参与报告审核;在过程控制与技术审核之后,增加安全评价负责人或总工程师报告审批;报告全部完成并加盖单位公章前,增加法定代表人报告签发等。

6.5.3 审核范围

过程控制负责人的审核范围是项目安全评价的各个控制过程,包括承接项目风险分析过程、评价项目组建立过程、项目评价计划过程、调查分析与现场勘查过程、项目自审过程等。

技术负责人的审核范围是评价的技术环节,包括评价资料是否齐全、危险因素辨识是否遗漏、评价内容和评价方法是否合理、对策措施或整改意见是否有针对性、评价结论是否准确、报告格式是否符合要求等。

公司应设有报告签发环节,法定代表人的签发审核范围可确定为本项目是否可能引发法律纠纷、评价过程是否存在违法现象、项目各类风险本公司是否可以承受、评价报告的密级是否正确等。

6.5.4 审核要求及程序

审核人员对所审核的报告应该要求一致,这也是评价报告能审核通过的基本要求。达不到基本要求时,审核人员应该提出意见并退回修改。

审核程序的每一步都是报告审核的否决项。不符合要求时,不再继续审核,在提出审核意见后退回。

评价报告审核前,先检查安全评价过程是否有效控制,每一过程是否有评价机构专职过程控制人确认完成。对照评价合同,检查报告是否清晰注明评价边界和评价责任范围,报告逻辑结构是否连贯,是否出现前面提出而无后续下文,或在报告后面突然冒出前面没有提到的内容。按报告审核核心要素进行审核。对报告引用信息的溯源性、附件完整性和归档资料的系统性进行审核。

6.5.5 报告审核

评价报告的审核不能停留在报告本身,更重要的是内容的核实,包括专家会议讨论、现场核实、资料核实、方法和计算核实等,特别是对策措施的针对性和可行性的核实。

安全评价报告的审核,是保障安全评价质量的重要环节。评价报告审核分为3个层次:项目自审、技术审核、过程控制审核。

(1)项目自审。安全评价报告完成初稿后,为了减少评价人员个体差异对评价报告质量的影响,项目负责人应召集并主持评价项目组全体人员及评价项目组之外的评价人员参加项目自审会议,用集体智慧体现安全评价机构法人行为。项目负责人主要负责介绍项目概况及评价过程,核对项目组成员按分工完成的工作,就报告是否真实反映评价项目状况的问题征求项目组成员意见,确认项目组成员对报告的贡献,听取评价项目组之外的评价人员和专家对报告提出的问题和意见。项目自审会议的主要工作是核实评价项目组分工完成情况,检查各评价过程是否经过确认,检查报告是否存在技术问题,检查报告格式和文字,列出报告附件,整理归档资料等。项目自审内容必须有会议记录,并作为下一步审核的依据。没有项目自审的会议记录,不得移交技术审核和过程控制审核。

(2)技术审核。项目自审结束并修改报告后,由项目负责人将评价报告交技术负责人进行技术审核。技术审核的内容主要包括现场收集的有关资料是否齐全有效、危险和有害因素辨识是否充分、评价方法是否合理、对策措施是否有针对性、结论是否正确、报告格式是否规范、报告文字是否有错误,并确认存档资料的完整性。项目评价组根据技术审核意见修改报告并保留修改前底稿,修改后,报告必须再次报技术审核,不通过技术审核要求,技术负责人不得签字,未经技术负责人审核签字,报告不准发出。

(3)过程控制审核。过程控制审核是评价项目在完成每一个过程后,由项目负责人将评价报告和过程资料交给过程控制负责人进行过程控制审核,确认评价过程的完成。过程控制审核主要包括是否进行了项目承接风险分析、是否编制了项目实施计划、是否进行了现场勘查、是否采集了现场证据、是否进行了项目自审、是否进行了技术审核、评价过程记录是否完整、是否满足过程控制要求等内容。评价项目组要根据过程控制审核意见完善评价过程,过程不符合要求,或过程证据不充分未能形成证据链,应及时补充并予以说明。评价项目组根据过程控制负责人的审核意见,补充相关过程并获得证据,再次报过程控制审核,未经过程控制负责人审核签字确认评价过程完成,不得进入下一个环节的评价过程。

6.5.6 报告签发

评价机构法人代表必须对项目评价报告进行签发,可在最大限度上规范安全评价行为。报告签发需完成以下工作:

(1)对可能影响评价机构信誉问题的问题进行核实。询问并确认本评价项目是否可能引发法律纠纷；询问并确认评价过程中是否存在违规现象；判断本评价项目可能的各类风险是否在评价机构可以承受的范围内；是否与客户签订保密协议并据此确定该评价报告的密级；确认报告印刷数量；确认存档资料的完整性。

(2) 报告考核。报告是否反映了评价机构总体控制水平，是否符合安全生产监督管理部门的最新要求，报告文字校核是否认真，项目自审、技术审核、过程控制审核是否完整。

(3) 法人代表签发报告。报告签发后，项目负责人应将报告全套存档资料交档案管理员归档。评价报告由办公室印刷、装订、插入资质证书影印件，盖公司印章，发送客户。

复习思考题

1. 安全评价工作中的风险有哪些？请简述风险分析的概念。
2. 风险分析的具体内容有哪些？
3. 合同评审的程序包括哪些？
4. 开展现场安全评价包括哪些环节？
5. 评价结论应包括哪些内容？
6. 请简述安全评价报告的审核程序。

7 钻井生产过程安全检查表

石油天然气钻井作业是高风险和高技术水平的特殊工作。由于钻井工艺和钻井场所的特殊性,在钻井作业的不同阶段和不同环节中,均存在对人员身体健康、人员与设施安全和生态环境等不同程度和不同形式的影响及危害。石油钻井作业的风险分析和事故预防即是对这些风险进行辨识与评估,对这些风险进行定性分析,得出系统发生风险的可能性及其后果、参数特征,以确定风险是否可以接受,并根据这些结论制定有效的预防、控制措施和应急预案,以寻求最低事故率,达到最少的损失和最优的安全投资效应。

本章通过使用安全检查表,对钻井作业进行安全评价,及时发现不安全状态以及不安全行为,消除事故隐患,防止伤亡事故发生,为钻井作业的安全监管人员提供实时、客观的决策依据。

7.1 钻井生产过程

7.1.1 钻井的定义

钻井是以一定压力作用在钻头上,并带动钻头旋转使之破碎地层岩石,井底岩石被破碎后所产生的岩屑通过循环钻井液被携带到地面上来。钻井也指利用专门设备建立地面与地下油井通道的工程,以便将地下的油气沿着输送油管道采集到地面加以利用。在石油勘探和油田开发的各项任务中,钻井起着十分重要的作用,诸如寻找和证实含油气构造,获得工业油流,探明已证实的含油(气)构造的含油气面积和储量,取得有关油田的地质资料和开发数据,最后将原油从地下取到地面上来等等,无一不是通过钻井来完成的。钻井是勘探与开采石油及天然气资源的一个重要环节,是勘探和开发油气的重要手段。

7.1.2 钻井的特点

钻井作业是高风险行业,存在高温、高压、有毒、有害、易燃、易爆等众多危险因素,另外容易发生井喷、物体打击、高处坠落、起重伤害、机械伤害、火灾、爆炸、触电、中毒窒息等事故。

7.1.3 钻井设备的组成系统

7.1.3.1 钻机的起升系统

钻机的起升系统,可以下放、悬吊或起下钻柱、套管柱,并且控制其他井下设备进出井眼。在整个建井的过程中,起升系统一直起着十分重要的作用,该系统由绞车、井架、天车、游车、大钩及钢丝绳等组成。下面简述起升系统中各个组成设备的主要作用和工艺要求。

1) 井架

井架可以支持钻柱的全部重量,开始起钻时,在井架指梁上靠着起初的立根。井架的主体由人字架、天车台、二层台、工作梯、立管平台、钻台和井架底座等部分组成。井架主要的作用是安放和悬挂天车、游车、大钩、吊环、液气大钳、液压绷扣器、吊钳、吊卡等设备与工具。主要的井架类型有塔形井架、开式塔形和 A 形井架。钻井工艺要求井架有足够的承载能力,保证起下一定深度的钻柱和下放一定深度的套管柱,还要求井架具有足够的工作高度和空间,能够有足够的钻台面积,以保证起下操作时游动系统能够畅通无阻,并方便布置设备、工具,保障工人的安全操作。

2) 天车和游车

钻井过程中要起下很大重量的管柱,为了更好地减少滚筒所受的拉力,需要安装一套复滑轮系统,即游动系统。该系统可以减轻绞车在钻井作业中的负荷和起升系统机器发动机的功率,使起升系统获得较大的机械效能。

天车一般是多个滑轮装在同一根芯轴或两根轴心线一致的芯轴上。现在的天车大都是滑轮通过滚柱轴承装在一根芯轴上。芯轴一般是双支承的,轴的直径较大,芯轴的一端或两端有黄油嘴,芯轴里有润滑油道。润滑脂从黄油嘴注入,以润滑轴承。常用的天车有 TC-135、TC-130、TC-350、GF-400、TC-450、TC4-315 等型号。

游车的形状为流线型,可以预防起下时挂碰二层台上的外伸物。同时,游车要保证一定的重量,以便它在空载运行时能够平稳而垂直地下落。现在,钻机各种类型的游车都是一根芯轴的。常用的游车有 TC-135、YC-130、YC-350、MC-400、YC-450、YC-315 等型号。

3) 大钩

大钩是起升系统的几大重要设备之一,它在钻井中的作用是:在钻进过程中,大钩悬挂着水龙头、钻具;在起下钻的过程中,大钩悬挂着吊环,起下钻具,并完成一些辅助工作,如重物的起吊、设备的安放和井架的起放等等。目前在生产中我们广泛使用的大钩主要是单独的大钩,这种大钩的提环挂在游车的吊环上,并且可以与游车分开拆装,如 DG-130 型大钩。按照钻井工艺的要求,为防止水龙头提环从大钩中脱出,应在钩口处安装由安全锁体、滑块、弹簧座及弹簧等构成的安全锁紧装置。为了更好地悬挂吊环和提放钻具,钩身压装轴及挂吊环轴可设计成耳环闭锁,结合止动板防止两支撑轴移动。钩身可绕轴销转动一定角度。

4) 绞车

绞车作为钻机的三大工作机械之一,它的主要功用是:(1) 提供几种不同起升速度和起重量,满足起下钻具和下套管的需要;(2) 悬挂钻具,在钻进过程中送进钻头和控制钻压;(3) 利用绞车的猫头机构上、卸钻具螺纹,起吊重物;(4) 通过绞车带动钻盘;(5) 当采用整体起升式井架时用来起放井架。

绞车的组成部分一般有滚筒、滚筒轴总成、制动机构(如机械刹车和水刹车)、猫头和猫头轴、传动部分、控制部分、转盘驱动箱部分、支撑部分、润滑部分等。

构成绞车制动机构的部分主要有:(1) 刹把——控制部分;(2) 刹车曲轴——传动部分;(3) 刹带、刹车毂——制动部分;(4) 平衡梁——辅助部分;(5) 刹车气缸。绞车可以通过控制下放速度或停止下放载荷,带动滚筒的旋转速度,调节钻压、送进钻具、悬挂钻具。因此,对绞车的工艺要求是平稳送钻、灵活省力、安全可靠。

5) 钻井用钢丝绳

现场作业时,一般将钻机游动系统所用的钢丝绳称为大绳。钢丝绳起着悬吊游车、大钩及传递绞车动力的作用。钻井工艺对钢丝绳的工艺要求是能够承受一定的拉力并且要柔软、耐磨。

6) 顶驱

现在随着对钻盘钻井的不断改进,石油钻井已经出现了顶驱钻井系统。这种系统是把钻盘、水龙头为一体,电动钻井为旋转提供钻井动力,并且能与起升系统升降情况一致。

作为一种新的钻井设备——顶驱钻井装置(TDS),理论上说,是将可以移动的转盘与水龙头相结合;实际上说,是移动钻机的动力部分,移动的方向是从下边转盘到位于上边水龙头的位置,然后顶驱再驱动钻具进行钻进作业。与1982年第一套顶驱装置相比,现代顶驱装置已经有了很大的发展,并且广泛应用于海洋、陆地的各种钻机。相比于常规钻井的装置设备,顶驱钻井具有更加安全、可靠的特性,这种钻井方法更加适合现在钻井作业的高要求,更加适合在相对比较复杂的工作情况下进行作业,如斜井、水平井和深井、超深井等。

7) 水龙头

在一部钻机中,水龙头集多种功能于一身,它既是旋转系统的设备,又是循环系统的一个部件。它悬挂于大钩之下,上接有水龙带,下接方钻杆。在钻进时,水龙头悬挂并承受井内钻柱的全部重量,将钻柱与水龙带连接起来,构成钻井液循环通道,是连接起升系统、旋转系统和循环系统的枢纽。

水龙头主要由固定、旋转和密封3个部分组成。常用的水龙头有CH-400、SL-450、SL-130、SL-135等型号。现场使用的两用水龙头,在一般水龙头的基础上,增加了旋扣装置。旋扣装置由气马达、伸缩机构及气路系统组成,接单根时,由气马达通过齿轮带动中心管旋转。

7.1.3.2 钻机的循环系统

钻机的循环系统的功能是在钻进中从井底清除岩屑,循环系统主要包括钻井泵、地面管汇、钻井液净化设备等,整个循环系统的中心设备是钻井泵。

1) 钻井泵

钻井泵一般用来在高压下向井内输送洗井液,清洗井底的岩屑并冷却钻头,有时进行配水泥浆和注水泥,还可以处理井下事故。目前最广泛使用的钻井泵的空气包是球形隔膜式预压空气包。空气泡可以减小因钻井泵瞬时排量变化而产生的压力波动,使泵压平稳,保护设备不致因剧烈运动而造成损坏。

2) 钻井液净化设备

钻井液净化设备的主要作用是使从井内返出的钻井液能得到充分的净化。钻井液净化设备主要包括振动筛、除砂器、离心分离机、除气器、循环罐和搅拌器等。

钻井液净化设备的使用安全技术要求主要有:(1)振动筛要安装牢固,传动部分护罩要齐全、完好;(2)除砂器砂泵底座要牢固可靠,确保运转正常、皮带齐全、松紧合适、护罩完好、固定可靠、仪表灵敏;(3)除砂器及离心分离机的电动机要接线牢靠,绝缘良好,运转正常,设备清洁。(4)除气器要固定可靠,运转正常,设备清洁;(5)搅拌器内要加隔板,底座固定可靠,外壳无腐蚀,靠背轮链接可靠,设备清洁。

7.1.3.3 钻机的驱动设备与传动系统

驱动设备和传动系统是钻机的两大组成部分。驱动设备提供各工作机需要的动力,而传动系统则将动力机和各工作机联系起来,将动力传递并分配给各工作机。

1) 驱动设备

目前,钻机的驱动类型主要有柴油机直接驱动、柴油机液力驱动、柴油机(交)直流电驱动和工业电网电驱动四类。我国石油矿场多采用柴油机作动力,即使是电驱动钻机,它的发电机仍是由柴油机驱动。一些最大的陆地和海洋用深井钻机一般还是由柴油机来直接或间接地驱动发电机,然后由电动机带动钻机的各个设备或部件。

柴油发电机组是由柴油机拖动的一种同步发电机组。柴油发电机组的使用安全技术要求主要有:(1)发电房严禁使用易燃材料建造,要做到室内外无油污、无污水、清洁卫生;(2)柴油机、发电机固定螺栓要齐全、紧固,仪表要齐全、准确;(3)各个铁壳电器控制开关要保持完好,接地良好,熔断器要符合规定;(4)冷车启动器(电瓶)要做到清洁卫生、接线紧固;(5)发电机外壳必须接地,接地电阻不宜超过 4Ω;(6)开机前,应检查控制设备各开关是否断开,变阻器的手柄是否已转到合适位置,熔断器是否完好;(7)要加满冷水,加足机油;(8)发动时,摇转曲轴使运动部件得到润滑,并检查内燃机和发电机的运转部分是否正常;(9)当柴油机温度正常、机油压力正常、转速稳定时,方可进行供电。

2)传动系统

传动系统的基本功用是将动力机发出的动力分别传送给各工作机,即绞车、转盘、钻井泵等,主要解决增矩减速、变矩变速、并车、正倒车以及传动脱离或挂合问题。钻机传动系统的总体布置有统一驱动(如大庆 130 型、ZJ45 型钻机)、分组驱动(如车装钻机)和单独驱动(电驱动钻机)三种形式。

7.1.3.4 钻机的控制系统

钻机的控制系统在钻井作业中具有举足轻重的作用,一般来说分为机械控制、电控制、气动控制及综合控制几种类型,目前最常使用的类型就是气动控制。控制系统的作用一般是控制大钳、卡瓦等装置设备的起下钻作业,控制发电机等装备的启动、调速和停车、并车等,控制钻井泵等的运转作业,控制转盘等的转动及其旋转速度,控制猫头等设备的开始与停止。

钻进工艺对控制系统的要求,主要有 3 个方面:(1)控制迅速、柔和、准确和安全可靠;(2)操作灵活、控制相对集中;(3)结构简单,便于维修和检查,成本低廉。

7.1.4 钻井作业工序

钻井过程中,井眼不断加深,所形成井眼的井壁应当稳定、不发生复杂情况,以保证继续钻进。在钻进中要钻穿各种地层,而各地层的特点不同,岩石强度有高有低,有的地层含高压水、油、气等流体,有的含有盐、石膏、芒硝等成分,这些对钻井液都有不良影响。强度低的地层会发生坍塌,或被密度大的钻井液压裂等复杂情况妨碍继续钻进,这需要下入套管并注入水泥予以封固,然后用较小的钻头继续钻出新的井段。每改变一次钻头尺寸(井眼尺寸),开始钻新井段工艺称为开钻。一般情况下,一口井的钻进过程中应有几次开钻(图 7.1),井深和地层情况不同,则开钻次数也不同。

第一次开钻(一开):从地面钻出较大井眼,到一定设计深度后下表层套管。

第二次开钻(二开):从表层套管内用较小一些的钻头继续钻进。若地层不复杂,则可直接钻到目的层后下油层套管完井;如果地层复杂,很难用钻井液控制时,则要下入技术套管。

第三次开钻(三开):从技术套管内再用小一点的钻头往下钻进。根据情况,可一直钻达预定井深或者再下第二层、第三层技术套管,再进行第四次、第五次开钻,直到最后钻到目的层深度,下油层套管,进行固井、完井作业。

钻井工艺流程说明如表 7.1 所示。

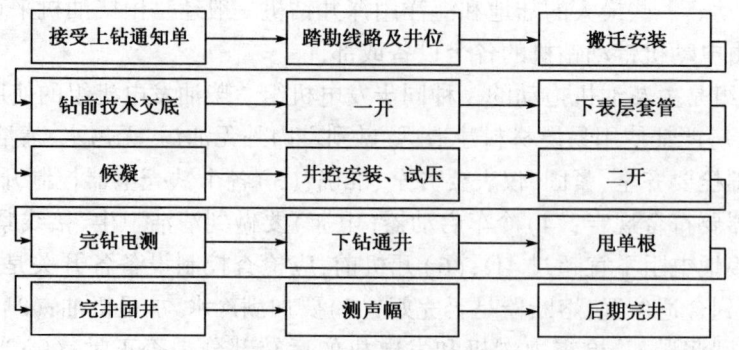

图 7.1 钻井作业流程图

表 7.1 钻井工艺流程说明

项目	工序	应收集的资料数据
钻前准备	准备工作	收集邻井地质、气测、测井及构造图等资料。根据地质设计，作地质预告，进行地质交底
	井口	井别、地理位置、构造位置、坐标、地面海拔、地补距、设计井深、导管尺寸、深度
一开		日期、钻头尺寸及类型、钻井液性质、造浆井段、漏失井段及漏失量
下表层套管	下表层套管前洗井	表层套管井深、洗井起止时间、钻井液性能
	下表层套管	下表层套管起止时间、套管规范（尺寸、钢级、产地、壁厚、内径）、联入、套管数据（单根长、根数、总长）、下入深度、下至层位、套管鞋长
	下表层套管后洗井	洗井起止时间、钻井液性能
表层固井	注水泥	起止时间、水泥用量（预计与实际）、注入压力、固井液连续密度（最大、最小、平均）、加催凝剂名称及数量
	替钻井液（清水）	起止时间、替入液性能、替入量（预计与实际）、替压、固井液是否返出地面或补打水泥塞
	检查质量	开井时间、候凝时间、探水泥深度、井口试压、钻水泥塞时间及钻至井深
二开		时间、钻头尺寸及类型、钻井液类型及性能
正常钻进	正常录井	按设计要求，进行钻时录井、岩屑录井、荧光录井、气测录井、取心录井、钻井液录井、测井、井壁取心及其他录井工作
	油、气、水显示	井段、层位、显示程度及延续时间、钻井液性能、综合分析判断及处理情况
	工程简况及大事记	测斜井深，斜度（方位）；使用钻头类型及钻头深度，断、掉、卡，注原油等处理情况
完钻		日期、井深、层位，循环钻井液及性能，是否完成钻探目的
完井测井		测井项目及井段、地质分层、油层分层、断层、油气水层、确定划眼井段，预计套管下深，阻流环位置及水泥返高深度
油层套管	下表层套管前洗井	实际划眼井段及时间、加深后井深、洗井时间及钻井液性能
	下表层套管	套管规范（尺寸、钢级、产地、壁厚、内径）、联入、套管数据（单根长、根数、总长）、引鞋下入深度、不同壁厚下入深度、阻流环位置、扶正器数目及位置、分级接箍位置、短套管位置（注意套管接箍避开油层）
	下表层套管后洗井	起止时间、泵压、钻井液性能

续表

项目	工序	应收集的资料数据
油层固井	注水泥	起止时间、水泥牌号、水泥用量（预计与实际）、加催凝剂（或缓凝剂）名称及数量、注压、固井液连续密度（最大、最小、平均）、上或下木塞长度
	替钻井液	起止时间、替入液性能、替入量（预计与实际）、替压、碰压、试压、各油层浸泡时间
	打水泥塞	起止时间、下油层套管根数及深度、方法（两侧或一侧）、水泥用量、固井液平均密度、加催凝剂名称及数量、是否返出地面
固井质量检查	固井声幅测井	开井时间、候凝时间、套管头至补心距离及套管下沉情况、声幅测井时间、井段及比例尺、水泥塞深度、套外水泥返高、声幅曲线显示情况及固井质量分析
	磁性定位自然伽马测井	时间、井段、比例尺
	井口位置	套管法兰短节长、套管法兰至补心距、四通高、四通上法兰至补心距

7.2 安全检查表制度

安全检查表法是将一系列项目列出并按检查表进行分析，以确定系统、场所的状态是否符合安全要求，通过检查发现系统中存在的安全隐患，提出改进措施的一种方法。检查项目可以包括场地、周边环境、设施、设备、操作、管理等各方面。

安全检查的最有效工具是安全检查表。它是为检查某些系统的安全状况而事先制定的问题清单。为了使检查表能全面查出不安全因素，又便于操作，根据安全检查的需要、目的、被检查的对象，可编制多种类型的相对通用的安全检查表，如项目工程设计审查用的安全检查表，项目工程竣工验收用的安全检查表，企业综合安全管理状况的检查表，企业主要危险设备、设施的安全检查表，不同专业类型的检查表，面向车间、工段、岗位不同层次的安全检查表等。制定安全检查表的人员应为熟悉该系统或该专业的安全技术法规、标准和安全操作规程的工程技术人员、作业职工等。按照安全检查表进行安全检查，可提高检查质量，防止漏掉主要的不安全因素（危险因素）。安全检查表的制定、使用、修改、完善的过程，实际是对安全工作的不断总结提高的过程。

7.2.1 特点

（1）安全检查表能够事先编制，可以做到系统化、科学化，不漏掉任何可能导致事故的因素，为事故树的绘制和分析做好准备。

（2）可以根据现有的法律、法规、标准规范等检查执行情况，得到正确的结论。

（3）通过事故树分析和编制安全检查表，将实践经验上升到理论，从感性认上升到理性认识，并再去指导实践，能够充分认识各种影响事故发生的因素的危险程度。

（4）它是按照事件的重要程度顺序排列，有问有答，通俗易懂，能使人们清楚地知道哪些事件最重要、哪些次要，促进职工正确操作，起到安全教育的作用。

（5）它可以与安全生产责任制相结合，按照不同的检查对象使用不同的安全检查表，易于分清责任，还可以提出改进方案。

（6）它简单易学，容易掌握，符合我国现阶段的实际情况，为安全预测和决策提供坚实的基础。

(7) 只能作定性的评价。

(8) 只能对已经存在的对象进行评价。

7.2.2 内容

安全检查表的内容决定其应用的针对性和效果。安全检查表必须包括系统的全部主要检查部位，不能忽略主要的、潜在的不安全因素，应从检查部位中引申和发掘与之有关的其他潜在危险因素。每项检查要点要定义明确，便于操作。安全检查表的格式内容应包括分类、项目、检查要点、检查情况及处理、检查日期及检查者。通常情况下，检查项目内容及检查要点要用提问方式列出，检查情况用"是""否"或者用"√""×"表示。

7.2.3 分类

7.2.3.1 设计审查用安全检查表

设计审查用安全检查表主要在设计人员、安全监察人员及安全评价人员设计审核时，对企业生产性建设和技改工程项目进行设计审核时使用，也可作为"三同时"安全预评价审核的依据。其主要内容应包括：

(1) 平面布置；

(2) 装置、设备、设施工艺流程的安全性；

(3) 机械设备设施的可靠性；

(4) 主要安全装置与设备、设施布置及操作的安全性；

(5) 消防设施与消防器材；

(6) 防尘防毒设施、措施的安全性；

(7) 危险物质的储存、运输、使用；

(8) 通风、照明、安全通道等方面。

这些内容要求系统、全面、明了，符合安全防护措施规范和标准，并按一定格式的要求列成表格。

7.2.3.2 企业（厂级）安全检查表

企业（厂级）安全检查表主要用于全厂性安全检查和安全生产动态的检查，为安全监察部门进行日常安全检查和24小时安全巡回检查时使用。其主要内容包括：

(1) 各生产设备设施装置装备的安全可靠性、各个系统的重点不安全部位和不安全点（源）；

(2) 主要安全设备、装置与设施的灵敏性、可靠性；

(3) 危险物质的储存与使用；

(4) 消防和防护设施的完整可靠性；

(5) 作业职工操作管理及遵章守纪等。

检查要突出重点部位的危险因素源点及影响大的不安全状态和不安全行为，按一定格式要求列成表格。

7.2.3.3 各专业性安全检查表

各专业性安全检查表主要用于专业性的安全检查或特种设备的安全检验，如防火防爆、防尘防毒、防冻防凝、防暑降温、压力容器、锅炉、工业气瓶、配电装置、起重设备、机动车辆、电气焊等。检查表的内容应符合专业安全技术防护措施要求，如设备结构的安全性、设备安装的安全性、设备运行的安全性、运行参数指标的安全性、安全附件和报警信号装置的安全可靠性、安全操作的主要要求、特种作业人员的安全技术考核等，按一定格式要求列成表格。

7.2.4 编制

7.2.4.1 主要依据

安全检查表应列举需查明的所有能导致工伤或事故的不安全状态或行为。为了使检查表在内容上能结合实际、突出重点、简明易行、符合安全要求，应依据以下4个方面进行编制：

(1) 有关标准、规程、规范及规定；
(2) 事故案例和行业经验；
(3) 通过系统分析确定的危险部位及防范措施；
(4) 研究成果。

7.2.4.2 格式

安全检查表的格式没有统一的规定，可以依据不同的要求，设计不同需要的安全检查表。原则上应条目清晰、内容全面，要求详细、具体。

表7.2 为安全检查表格式实例。

表7.2 安全检查表格式实例

序号	检查项目	检查内容	依据标准	结论	备注

另外，可以根据不同的职责范围、岗位、工作性质，制定不同类型的安全检查表，设计不同的表格。

7.2.4.3 程序

编制安全检查表和对待其他事物一样，都有一个处理问题的程序。

(1) 系统功能的分解。一般工程系统都比较复杂，难以直接编制总的安全检查表。我们可按系统工程观点将系统进行功能分解，建立功能结构图。这样既可以显示各构成要素、部件、组件、子系统与总系统之间的关系，又可以通过各构成要素的不安全状态的有机组合编制总系统的检查表。

(2) 人、机、物、管理和环境因素。车间中的人、机、物、管理和环境都是生产系统的子系统。从安全的观点出发，不只是考虑"人—机系统"，应该是"人—机—物—管理—环境系统"。

(3) 潜在危险因素的探求。一个复杂的或新的系统，人们一时难以认识其潜在的危险因素和不安全状态。对于这类系统，可以采用类似"黑箱法"原理探求，即首先设想系统可能存在哪些危险及其潜在部分，并推论其事故发生过程和概率，然后逐步将危险因素具体化，最后寻求处理危险的方法。通过分析不仅可以发现其潜在的危险因素，而且可以掌握事故发生的机理和规律。

7.2.4.4 注意事项

(1) 编制安全检查表的过程，实质是理论知识、实践经验系统化的过程。一个高水平的安全检查表需要专业技术的全面性、多学科的综合性和对实际经验的统一性。为此,应组织技术人员、管理人员、操作人员和安全人员深入现场共同编制。

(2) 按检查隐患要求列出的检查项目应齐全、具体、明确,突出重点,抓住要害。为了避免重复,尽可能将同类性质的问题列在一起,系统地列出问题或状态。另外,应规定检查方法,并有合格标准,防止检查表笼统化、行政化。

(3) 各类检查表都有其适用对象,各有侧重,是不宜通用的。

(4) 危险部位应详细检查,确保一切隐患在可能发生事故之前就被发现。

(5) 编制安全检查表应将安全系统工程中的事故树分析、事件树分析、预先危险性分析、危险和可操作性分析等方法进行综合。

7.3 安全检查表在钻井作业中的应用

石油天然气钻井工程存在大量不确定因素,具有很大的风险性。在钻井作业的不同阶段、不同环节,均存在着不同程度和不同形式的风险,因此需要在对单因素分析的基础上,综合评价各种因素。针对石油天然气钻井作业的特殊性,运用安全检查表制度,系统辨识和诊断系统或设备中的不安全因素,拟定好问题清单,作为实施时的蓝本。特点是能全面细致地了解系统中存在的不安全因素,依次查找、分析和预测钻井作业过程中所存在的风险因素以及可能导致的危险、危害后果和严重程度,合理提出可行的安全防护措施,以便指导钻井作业过程中风险监控和事故预防,达到降低事故率、减少事故损失的目的。以下将从钻井安全管理和设备设施两方面用安全检查表进行分析。

7.3.1 安全管理检查表

安全管理检查表如表 7.3 所示。

表 7.3 安全管理检查表

序号	检查内容	依据	实际情况	结果
一	安全生产组织管理机构			
1	矿山、金属冶炼、建筑施工、道路运输单位和危险物品的生产、经营、储存单位,应当设置安全生产管理机构或者配备专职安全生产管理人员	《中华人民共和国安全生产法》第二十一条	成立了安全生产领导小组,设置了专职安全管理人员	符合
二	安全生产管理制度			
1	建立、健全本单位安全生产责任制	《中华人民共和国安全生产法》第十八条	建立了较为完善的安全生产责任制	符合
三	安全培训和教育			
1	生产经营单位的主要负责人和安全生产管理人员必须具备与本单位所从事的生产经营活动相应的安全生产知识和管理能力	《中华人民共和国安全生产法》第二十四条	总经理和安全生产管理人员都取得了安全生产任职资格证	符合
2	生产经营单位应当对从业人员进行安全生产教育和培训	《中华人民共和国安全生产法》第二十五条	对员工定期进行安全教育	符合

续表

序号	检查内容	依据	实际情况	结果
三	安全培训和教育			
3	生产经营单位的特种作业人员必须按照国家有关规定经专门的安全作业培训,取得相应资格,方可上岗作业	《中华人民共和国安全生产法》第二十七条	特种作业人员已经取得特种作业操作资格证书	符合
四	安全投入			
1	有关生产经营单位应当按照规定提取和使用安全生产费用,专门用于改善安全生产条件。安全生产费用在成本中据实列支。安全生产费用提取、使用和监督管理的具体办法由国务院财政部门会同国务院安全生产监督管理部门征求国务院有关部门意见后制定	《中华人民共和国安全生产法》第二十条	设有安全专项资金,用于安全培训教育等	符合
五	事故应急预案			
1	危险物品的生产、经营、储存单位以及矿山、金属冶炼、城市轨道交通运营、建筑施工单位应当建立应急救援组织	《中华人民共和国安全生产法》第七十九条	制定了事故应急救援预案	符合
2	危险物品的生产、经营、储存、运输单位以及矿山、金属冶炼、城市轨道交通运营、建筑施工单位应当配备必要的应急救援器材、设备和物资,并进行经常性维护、保养,保证正常运转	《中华人民共和国安全生产法》第七十九条	配置了应急救援器材	符合
六	安全检查			
1	生产经营单位的主要负责人督促、检查本单位的安全生产工作,及时消除生产安全事故隐患,组织制定并实施本单位安全生产教育和培训计划	《中华人民共和国安全生产法》第十八条	组织制定安全检查制度,不定期检查	符合
2	生产经营单位应当建立健全生产安全事故隐患排查治理制度,采取技术、管理措施,及时发现并消除事故隐患。事故隐患排查治理情况应当如实记录,并向从业人员通报	《中华人民共和国安全生产法》第三十八条	安全生产领导小组负责安全检查	符合
七	其他			
1	生产经营单位必须依法参加工伤社会保险,为从业人员缴纳保险费;国家鼓励生产经营单位投保安全生产责任保险。	《中华人民共和国安全生产法》第四十八条	办理了工伤保险	符合
2	生产经营单位应当在有较大危险因素的生产经营场所和有关设施、设备上,设置明显的安全警示标志	《中华人民共和国安全生产法》第三十二条	危险部位设有警示标志	符合
3	生产经营单位应当安排用于配备劳动防护用品、进行安全生产培训的经费	《中华人民共和国安全生产法》第四十四条	配备了劳动防护用品	符合

评价小结:检查项目14项,全部合格。该企业设置了安全生产领导小组,制定了安全生产责任制、安全管理规章制度和操作规程等,对员工进行了安全教育和培训,设立了安全专项资金,制定了事故应急救援预案,配置了应急救援器材及劳动防护用品。该企业的安全管理工作

符合《中华人民共和国安全生产法》等法律法规的要求,具备安全生产的条件。

7.3.2 设备设施安全检查表

设备设施安全检查表如表 7.4 所示。

表 7.4 设备设施安全检查表

检查项目	序号	检查内容	检查依据	实际情况	检查结果
井架	1	基础销子、保险销子是否完好;基础螺栓是否紧固	钻井作业 HSE 风险管理	基础销子、保险销子完好,基础螺栓紧固	合格
	2	井架构件主衡梁拉筋、护圈是否齐全,是否有弯曲、变形、裂纹	钻井作业 HSE 风险管理	井架构件主衡梁拉筋、护圈齐全,无弯曲、变形、裂纹	合格
	3	工作梯栏杆和走台是否齐全、完好	《钻井井场、设备、作业安全技术规程》(SY/T 5974—2014)	工作梯栏杆和走台齐全、完好	合格
起升系统	1	天车是否无损坏,滑轮转动灵活	钻井作业 HSE 风险管理	天车无损坏,滑轮转动灵活	合格
	2	护罩和防跳绳是否齐全、完好	《悬挂运输机安全规程》(GB 11341—2008)	护罩和防跳绳齐全完好	合格
	3	滑轮是否有裂痕或轮缘缺损,滑轮槽是否严重磨损或偏磨	钻井作业 HSE 风险管理	滑轮无有裂痕或轮缘缺损,滑轮槽完好	合格
	4	大钩钩体、大钩颈、销子、保险销子是否无损,且钩口安全紧锁装置、钻动锁装置灵活可靠,安定定位装置灵活可靠	《悬挂运输机安全规程》(GB 11341—2008)	钩体、大钩颈、销子、保险销子无损,安全紧锁装置、钻动锁装置灵活可靠,安全定位装置灵活可靠	合格
	5	两只吊环是否无裂痕、无变形	《钻井井场、设备、作业安全技术规程》(SY/T 5974—2014)	吊环无裂痕、无变形	合格
	6	吊卡有无裂纹,手柄销子带弹簧	钻井作业 HSE 风险管理	吊卡无裂纹,手柄销子带弹簧	合格
	7	提筒是否无裂痕,4 个卡子是否异向卡牢	钻井作业 HSE 风险管理	提筒无裂痕,4 个卡子异向卡牢	合格
	8	钢丝绳规格是否符合钻机型号要求	钻井作业 HSE 风险管理	钢丝绳规格符合钻机型号要求	合格
	9	大绳、前后绷绳、吊物绳套有无压扁、松股、扭折、硬弯,或每一捻距断丝超过 5 丝现象	钻井作业 HSE 风险管理	大绳、前后绷绳、吊物绳套无压扁、松股、扭折、硬弯,或每一捻距断丝超过 5 丝现象	合格
	10	大绳两端是否用铁丝扎紧	钻井作业 HSE 风险管理	大绳两端用铁丝扎紧	合格
旋转系统	1	钻杆盒是否固定可靠,盒面是否平整光滑	钻井作业 HSE 风险管理	钻杆盒固定可靠,盒面平整防滑	合格
	2	转盘链条护罩或方向轴护罩是否齐全	《生产设备安全卫生设计总则》(GB 5083—1999)	护罩齐全	合格

续表

检查项目	序号	检查内容	检查依据	实际情况	检查结果
循环系统	1	钻井泵皮带轮护罩是否齐全固定牢靠	《生产设备安全卫生设计总则》(GB 5083—1999)	护罩齐全,固定可靠	合格
	2	振动筛传动部分护罩是否齐全	《生产设备安全卫生设计总则》(GB 5083—1999)	护罩齐全	合格
	3	除砂器、砂泵护罩是否完好,旋流器管线是否泄漏	《生产设备安全卫生设计总则》(GB 5083—1999)	护罩完好,管线无泄漏	合格
动力与传动系统	1	柴油机和发电机组是否固定牢靠	钻井作业 HSE 风险管理	机组符合安装规范要求,固定牢靠	合格
	2	各传动部分护罩是否完好	《生产设备安全卫生设计总则》(GB 5083—1999)	护罩完好	合格
	3	发电机外壳必须接地,接地电阻不宜超过 4Ω	《生产设备安全卫生设计总则》(GB 5083—1999)	接地电阻 4Ω	合格
	4	闸刀开关上下盖是否齐全,熔断器丝是否符合规定,是否防雨	《生产设备安全卫生设计总则》(GB 5083—1999)	闸刀开关上下盖齐全,熔断器符合规定,防雨	合格
	5	供电线路符合架空标准和是否满足标准化现场要求,电线有无破损、漏电、裸露、乱换现象	机械工业部《电气安全管理规程》	架空线符合标准,电线无破损、漏电、乱换现象,但有裸露现象	不合格
气控系统	1	空气压缩机、储气罐本体外观检查:连接部位是否有裂纹、变形等缺陷;外表面是否无严重腐蚀,漆色是否完好	《压缩空气站设计规范》(GB 50029—2014)	外部检查完好	合格
	2	压缩机、储气罐压力表:指示是否灵敏,刻度是否清晰,铅封是否完整,是否在检验周期内使用	《压缩空气站设计规范》(GB 50029—2014)	压力表完好,有检定合格证	合格
	3	压缩机、储气罐安全阀:铅封是否完好、动作可靠,是否在检验周期内使用	《压缩空气站设计规范》(GB 50029—2014)	安全阀完好,有检定合格证	合格
井口控制器	1	是否有井控设备	钻井作业 HSE 风险管理	有井喷控制装置及控制管汇	合格
测量仪表	1	指重表、压力表安装位置是否合理,是否灵敏可靠,测量精度是否与之匹配	《压缩空气站设计规范》(GB 50029—2014)	安装位置合理,测量范围和精度选择合适	合格
	2	泵压表是否垂直安装,是否加装缓冲装置	钻井作业 HSE 风险管理	泵压表安装正确,未加装缓冲装置	合格
	3	超压自动控制压力表是否灵敏可靠	钻井作业 HSE 风险管理	超压自动控制压力表良好	合格

续表

检查项目	序号	检查内容	检查依据	实际情况	检查结果
辅助设备	1	猫头表面是否平整、光滑,有无沟槽,有无挡绳器	钻井作业HSE风险管理	猫头表面合格,猫头前面有挡绳器	合格
	2	钻机是否装设乱猫头紧急停车开关	钻井作业HSE风险管理	安装了紧急停车开关	合格
	3	绳套两圈,后地锚3个卡子,前地锚2个卡子,开口导向,间距15~20cm	钻井作业HSE风险管理	绳套符合要求	合格
	4	液压钳吊绳用$\phi 12$钢丝绳,无断丝磨损	钻井作业HSE风险管理	吊绳、钢丝绳符合要求,无断丝磨损	合格

评价小结:检查项目34项,其中合格33项,基本合格1项。基本合格的原因是供电线路有裸露情况。通过以上安全检查表对该企业设备设施进行检查,该企业设备设施方面能够达到安全作业的要求。

复习思考题

1. 什么是钻井?
2. 钻井的特点是什么?
3. 钻井设备具体由哪些系统组成?
4. 钻井作业中的"三开"指的是什么?
5. 正常钻进中需要哪些工序,应收集哪些资料?
6. 什么是安全检查表法?
7. 安全检查表分为哪些类?
8. 请编制事故紧急预案的安全检查表。
9. 请编制设备设施动力与传动系统方面的安全检查表。

8 输油管道火灾爆炸事故树分析

随着石油工业的兴起,我国石油天然气管道的生产和使用也逐步发展,输油管道在整个国民经济中的地位日益重要。管道运输作为石油天然气资源的主要运输方式之一,在石油天然气的生产、加工、运输及使用过程中占有举足轻重的地位。目前,随着我国油品开发建设,已形成了几百条油品长输管线。长距离输油管道具有密闭性好、自动化程度高等特点,其安全性优于铁路、公路、船舶等运输方式。但由于储运的介质是原油、轻油等易燃、易爆、易挥发和易于静电聚集的流体,有的还含有毒物质,一旦系统发生事故,泄漏的油品极易造成火灾、爆炸、中毒、环境污染等恶性后果,同时带来恶劣的社会及政治影响。

当油气管道穿过人口稠密的地区或接近重要设施时,火灾爆炸将造成巨大的生命、财产损失;在边远的荒漠、山区,往往因消防力量不足或水源较远等条件限制,灭火困难。输油管道的站场和油库的罐区集中储存着大量油品,装卸操作频繁,引发火灾的危险因素很多。输油管道一旦出现火灾、爆炸事故,不仅直接损失巨大,而且对周围环境及公共安全构成严重威胁,其危害程度极大。2010年7月16日,大连中石油国际储运有限公司输油管道发生火灾爆炸事故,大连附近海域至少50km^{2}的海面被原油污染。2013年11月22日,山东省青岛市中石化东黄输油管道泄漏发生火灾爆炸事故,造成63人遇难、156人受伤,直接经济损失达7.5亿元。因此,预防输油管道泄漏事故的发生,尤其是输油管道火灾爆炸等恶性事故的发生,提高输油管道的安全运行水平,对于油气安全生产和国民经济的稳定发展具有重要意义。

基于输油管道火灾爆炸事故后果的严重性,本章在进行深入调查和查阅大量文献资料的基础上,在对输油管道的火灾爆炸事故进行调查,结合相关的理论和实践,对输油管道火灾爆炸事故进行事故树分析。

8.1 事故树编制说明

事故树又称故障树,是一种描述事故因果关系的有方向的"树"。事故树分析是安全系统工程中重要的分析方法之一。它能对各种系统的危险性进行识别评价,既可以定性分析,又可以定量分析,具有简明、形象化的特点,体现了以系统工程方法研究安全问题的系统性、准确性和预测性。

事故树分析法具有的功用和特点有:(1)可以较全面地描述、分析导致事故的多种因素及其逻辑关系;(2)便于发现和查明系统内固有的和潜在的危险因素,为安全设计、制定技术措施及采取安全管理对策措施提供依据;(3)能够对已发生的事故进行原因分析;(4)使作业人员全面了解和掌握各项防止、控制事故的方法和要点;(5)有助于进行逻辑运算、定量分析与评价。

事故树分析是对既定的生产系统或作业中可能出现的事故条件和可能导致的灾害后果,按工艺流程、先后次序和因果关系绘成程序方框图,表明导致灾害、伤害事故的各种因素之间的逻辑关系。事故树由事件符号、逻辑门和转移符号组成,用以分析系统的安全问题或系统的运行功能问题,并为判明灾害、伤害的发生途径及与灾害、伤害之间的关系,提供一种形象、简洁的表达形式。

事故树分析的基本程序如下：

(1)确定和熟悉系统。确定分析系统的边界和范围，详细了解系统状态及各种参数，绘出工艺流程图或布置图。

(2)调查事故。收集事故案例，进行事故统计，设想给定系统可能发生的事故。

(3)确定顶上事件。要分析的对象事件即为顶上事件，对所调查的事故进行全面分析，从中找出后果严重且较易发生的事故作为顶上事件。

(4)确定目标值。根据经验教训和事故案例，经统计分析后，求解事故发生的概率作为要控制的事故目标值。

(5)调查原因事件。调查与事故有关的所有原因事件。原因事件定义要明确，不能含糊不清。

(6)画出事故树。从顶上事件起，一级一级找出直接原因事件，直到所要分析的深度，按逻辑关系，画出事故树。

(7)定性分析。按事故树结构求出最小割集和最小径集，确定每个基本事件对顶上事件的影响程度，为制定安全措施的先后次序、轻重缓急提供依据。

(8)定量分析。确定所有原因发生概率，标在事故树上，并进而求出顶上事件(事故)的发生概率，并从数量上说明每个基本事件对顶上事件的影响程度，制定出经济、合理的控制事故方案，实现系统安全的目的。

在输油管道火灾爆炸事故中，由于导致输油管道火灾爆炸事故的原因很多，因而给人以一种"防不胜防"的感觉。本章采用事故树分析法，在对已发生的输油管道火灾爆炸事故调查的基础上，结合相关理论，对输油管道火灾爆炸事故进行分析研究，找出可能导致事故发生的初始因素，并对各因素之间的逻辑关系作出描述，为发现和查明系统内各种固有的或潜在的危险因素提供方便，为事故原因的分析和制定预防措施提供依据。

8.2 输油管道事故树的构造

事故树顶上事件的确定原则是，根据可能发生事故的危险程度，将对系统影响大的灾害或事故作为分析对象，即顶上事件。顶上事件是事故树分析的起点和主体。确定顶上事件应针对分析对象的特点，抓住主要的危险(事故状态)，按照一种事故编制一个事故树的原则进行具体分析。根据这个原则，在输油管道火灾爆炸事故树中，将"输油管道火灾爆炸"设为顶上事件。

编制事故树从顶上事件开始，逐级分析导致顶上事件发生的中间事件和基本事件，按照逻辑关系，用逻辑门符号连接上下层事件。火灾爆炸事故发生必须具备以下3个条件：

(1)有可燃物质存在；

(2)有助燃物质存在，常见者为空气、氧气等；

(3)有能导致燃烧的能源，即火源，如撞击、摩擦、明火、静电火花、雷电等。

三要素同时存在才能发生火灾爆炸事故，由于助燃物是大气中的氧气，无法控制，可不分析；因此将"输油管道泄漏"和"火源"设定为顶上事件下一级的中间事件，当"输油管道泄漏"与存在"火源"两个中间事件同时存在并达到燃烧爆炸浓度范围内时，顶上事件才能发生，因而两个中间事件与顶上事件之间通过与门连接，并将"在燃烧爆炸范围内"设为条件事件。

输油管道油品为甲 B 类火灾危险性物质,在空气中具有易燃性,其挥发的油气与空气混合具有易爆性。当原油或油气暴露在空气中遇激发能量点燃或引爆油品时,会发生火灾爆炸事故。输油管道是一个复杂的大系统,它的不安全因素及引发事故的原因很多,涉及系统本身、人、环境的相互关系,与管道工程的规划、设计、施工、运营、维护和抢修等各方面有关。根据事故统计资料,输油管线油品泄漏的原因分析如下:

(1)管道缺陷。管道缺陷分为管材缺陷、管件缺陷和焊接缺陷。输油管道有裂纹、管道材质质量差,或者法兰间垫片等管件不匹配、老化等原因,会导致管道泄漏;管道焊接不严密、焊接厚度不够、焊缝中有气体等管道缺陷,以及焊缝检验与返修不当,也会造成输油管道在带压输送中破裂。

(2)外部干扰。输油管道的外部干扰主要指在外力的作用下输油管道或设备受到的破坏,其主要原因包括:①自然界产生的外力使管道变形或破裂;②非管道企业或个人人为对管道或设备的破坏。外力破坏分为外单位施工造成破坏、地质因素、自然灾害、违章占压和打孔盗油破坏等 5 个方面。

(3)误操作破坏。管道运行、维护、施工操作人员不严格执行操作规程造成的管道破裂称误操作破坏。这类事故主要是由于上岗人员责任心不强、安全意识淡薄、没有认识到严格执行操作规程的重要性,还有部分事故是由于技术人员及工人的业务素质不高。误操作主要分为运营误操作、维护误操作和施工误操作。

(4)热应力。管道热胀冷缩,造成管道弯头严重变形,管道干线在热应力作用下发生拱起、损坏及管道被直接冻裂等。

(5)管道腐蚀穿孔。管道常具有防腐层和外加设置阴极保护系统,以保护管道免受外界腐蚀性物质的侵害。但防腐层在管道施工中可能会破损或开裂,或与管线本体剥离,或防腐材料质量差、涂层施工质量差,加之土壤中的水、盐、碱及杂散电流的作用,防腐层会失去防护作用。而阴极保护系统由于电位不足或出现过保护、自身材料电位差异,也会失去防护作用。防腐层或阴极保护系统长期失去保护作用,严重时会造成管道管壁穿孔或破裂,导致油品泄漏。管道腐蚀穿孔主要分为外部环境造成腐蚀、管道内部腐蚀和设计施工不当造成腐蚀。

对于火源的分析,应根据事故发生的环境而定,可包括违章动火、电火花、静电火花和撞击火花等。

由于任何一种油气泄漏方式、任何一种火源都是顶上事件发生的条件,因此,上下层事件通过或门连接。以此类推,逐级构建向下演绎,构建输油管道火灾爆炸事故树。图 8.1、图 8.2、图 8.3 是在对输油管道火灾爆炸事故进行广泛的调查和研究,反复分析顶上事件、各中间事件及各基本原因事件之间的逻辑关系后,制定的输油管道火灾爆炸事故树。图中各符号说明见表 8.1、表 8.2。

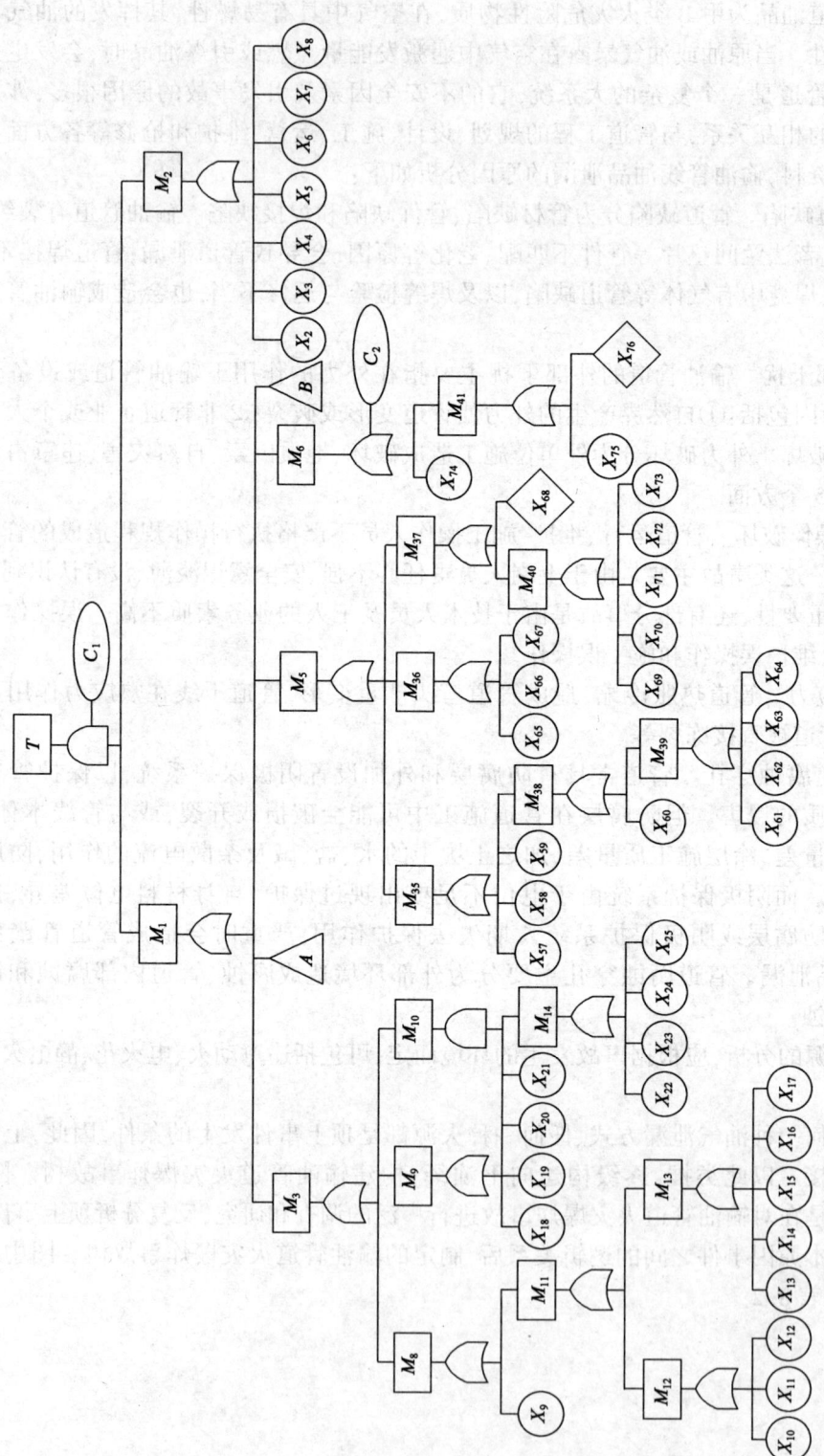

图8.1 输油管道火灾爆炸事故树分析图

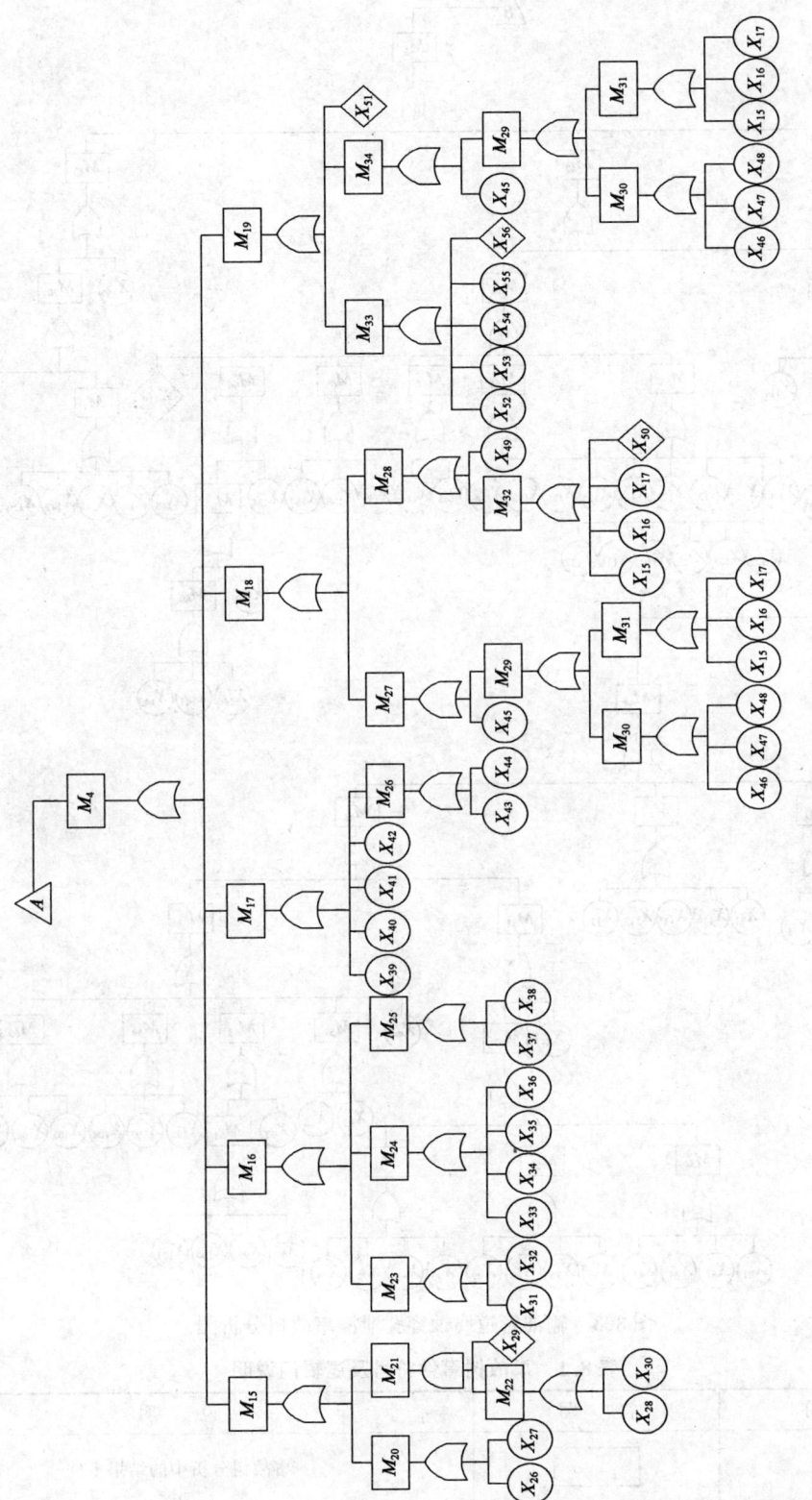

图8.2 输油管道外部干扰泄漏事故树分析图

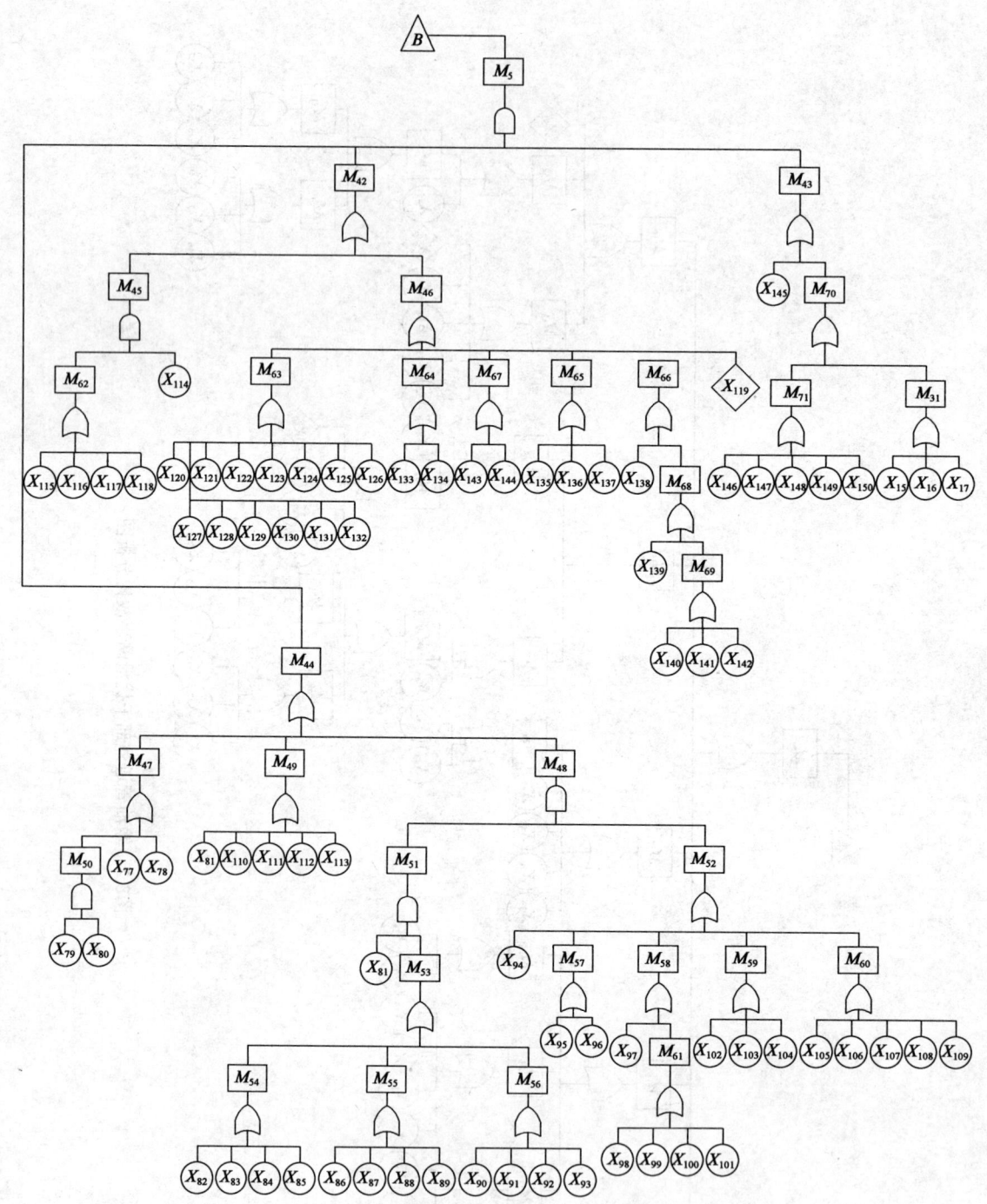

图 8.3 输油管道腐蚀穿孔泄漏事故树分析图

表 8.1 事故树事件符号及逻辑门说明

名 称	符 号	说 明
顶事件		事故树分析中的结果事件
中间事件		位于顶事件和基本事件中的原因事件

续表

名 称	符 号	说 明
基本事件	○	事故分析中不能再进行分析的原因事件
省略事件	◇	没有必要进行下一步分析或原因不明的事件
与门	⌂	仅当所有事件发生时,输出事件才发生
或门	⌂	至少有一个输入事件发生时,输出事件就发生

表8.2 事故树事件代号说明

编号	事件名称	编号	事件名称
T	输油管道火灾爆炸	M_{26}	地震造成破坏
M_1	输油管道泄漏	M_{27}	未及时发生
M_2	火源	M_{28}	未及时处理
M_3	管道缺陷	M_{29}	巡查制度不落实
M_4	外部干扰	M_{30}	日常巡查失效
M_5	误操作破坏	M_{31}	管理缺陷
M_6	热应力使管道破裂	M_{32}	违章占压处理制度不落实
M_7	腐蚀穿孔	M_{33}	公共教育不足
M_8	管材缺陷	M_{34}	未及时发现
M_9	管件缺陷	M_{35}	运营误操作
M_{10}	焊接缺陷	M_{36}	维护误操作
M_{11}	材料管理制度不健全	M_{37}	施工误操作
M_{12}	工人因素	M_{38}	操作人员失误
M_{13}	管理因素	M_{39}	操作人员培训
M_{14}	检验与返修不当	M_{40}	管沟施工
M_{15}	外单位施工造成破坏	M_{41}	操作温度高
M_{16}	地质因素	M_{42}	管道腐蚀
M_{17}	自然灾害	M_{43}	未及时发现和处理管道腐蚀
M_{18}	违章占压	M_{44}	外部环境造成腐蚀
M_{19}	打孔盗油破坏	M_{45}	管道内部腐蚀
M_{20}	意外破坏	M_{46}	设计施工不当
M_{21}	违章施工	M_{47}	土壤腐蚀性强
M_{22}	无管线布置材料	M_{48}	杂散电流腐蚀
M_{23}	管道穿越地质断裂带	M_{49}	其他外部因素
M_{24}	地基下沉	M_{50}	储存腐蚀性液体场所泄漏
M_{25}	其他干扰因素	M_{51}	杂散电流干扰

续表

编号	事件名称	编号	事件名称
M_{52}	防护措施失效	X_{19}	管件不匹配
M_{53}	电气化铁路杂散电流	X_{20}	管件失效
M_{54}	轨地过渡电阻小	X_{21}	焊接接头缺陷
M_{55}	牵引变电所影响	X_{22}	未按规定检修
M_{56}	回流轨纵向电阻大	X_{23}	严密性试验
M_{57}	管道与轨道间距小	X_{24}	强度试验
M_{58}	排流保护失效	X_{25}	无损探伤
M_{59}	经营管理不善	X_{26}	有管线布置材料
M_{60}	阴极保护失效	X_{27}	施工失误
M_{61}	管道排流保护失效	X_{28}	未与管道企业协调
M_{62}	防腐措施	X_{29}	外单位施工
M_{63}	面漆设计施工不当	X_{30}	无管线布置材料
M_{64}	防腐措施不当	X_{31}	施工前未勘测地质
M_{65}	底漆设计施工不当	X_{32}	未采取有效措施
M_{66}	电化学防护不符合要求	X_{33}	地下管线交叉施工
M_{67}	防腐层损伤	X_{34}	地面运动
M_{68}	电化学防护不当	X_{35}	靠近管线打桩
M_{69}	阴极保护	X_{36}	地基未处理
M_{70}	日常维护制度不落实	X_{37}	恶意破坏
M_{71}	日常检测失效	X_{38}	其他外部干扰
C_1	在燃烧浓度爆炸范围内	X_{39}	洪水
X	违章动火	C_2	补偿器失效
X_3	烟头	X_{40}	泥石流发生
X_4	电火花	X_{41}	塌方发生
X_5	撞击火花	X_{42}	滑坡发生
X_6	静电火花	X_{43}	地震
X_7	雷电火花	X_{44}	未使用能抗相应级别地震的管材
X_8	其他火源	X_{45}	无管线巡查制度
X_9	管材制造过程有缺陷	X_{46}	巡查人员不认真
X_{10}	未严格区分材料	X_{47}	巡查人员素质低
X_{11}	野蛮装卸	X_{48}	巡查人员弄虚作假
X_{11}	人员责任感不强	X_{49}	无违章占压处理制度
X_{13}	未按国家标准采购	X_{50}	处理时遇到困难
X_{14}	材料无合格证	X_{51}	报警系统故障
X_{15}	领导不重视	X_{52}	公共财产道德意识低
X_{16}	奖惩不力	X_{53}	法制规定不健全
X_{17}	制度不健全	X_{54}	法制执行不严
X_{18}	质量问题	X_{55}	对法律认识不够

续表

编号	事件名称	编号	事件名称
X_{56}	管道安全教育不够	X_{93}	钢轨间距电阻较大
X_{57}	运营规程有误	X_{94}	防腐层破损剥离
X_{58}	SCADA通信系统有误	X_{95}	水平距离较小
X_{59}	安全设备故障	X_{96}	管道埋地深度较浅
X_{60}	操作人员责任感不强	X_{97}	道床排流网失效
X_{61}	基本知识掌握不足	X_{98}	排流方式选择不当
X_{62}	岗位操作规程不足	X_{99}	排流点设置不合理
X_{63}	知识掌握测试不严	X_{100}	参数计算错误
X_{64}	再培训计划不足	X_{101}	施工缺陷
X_{65}	维护方法失误	X_{102}	监控设备故障
X_{66}	维护设备不足	X_{103}	事故处置不及时
X_{67}	维护人员责任感不强	X_{104}	人员经验技能不足
X_{68}	管道安装	X_{105}	阴极保护站间距大
X_{69}	管沟深度不够	X_{106}	未考虑套管屏蔽
X_{70}	边坡稳定性差	X_{107}	保护电位过低
X_{71}	回填土粒径粗大	X_{108}	保护方式选择不当
X_{72}	回填土含水分高	X_{109}	保护材料失效
X_{73}	管沟排水性能差	X_{110}	氧容量电池腐蚀
X_{74}	外保温失效管道冻裂	X_{111}	地下水位高
X_{75}	温控失效	X_{112}	微生物腐蚀
X_{76}	清管操作	X_{113}	管道与地下金属短接引起双金属腐蚀
X_{77}	乱倾倒腐蚀性液体	X_{114}	输送介质有腐蚀性
X_{78}	污水渗入地下	X_{115}	衬里脱落
X_{79}	管道穿越腐蚀性液体储存场所	X_{116}	缓蚀剂失效
X_{80}	腐蚀性液体储存场所泄漏	X_{117}	内涂层变薄
X_{81}	土壤电阻率低	X_{118}	清管效果差
X_{82}	未采取绝缘安装	X_{119}	其他设计施工因素
X_{83}	地下水影响	X_{120}	面漆漏漆
X_{84}	沉降	X_{121}	涂层设计厚度不足
X_{85}	其他腐蚀	X_{122}	面漆选择不当
X_{86}	牵引电流过大	X_{123}	底漆未干就涂面漆
X_{87}	变电所间距小	X_{124}	面漆与固化剂未按比例调配
X_{88}	无辅助回流线	X_{125}	面漆与固化剂调配时未充分搅拌
X_{89}	供电方式不当	X_{126}	面漆使用前未充分搅拌
X_{90}	回流线钢材电阻较大	X_{127}	调配好后过期仍使用
X_{91}	回流轨长度较短	X_{128}	配置好未按要求静置
X_{92}	回流轨横截面积小	X_{129}	涂层施工厚度不足

续表

编号	事件名称	编号	事件名称
X_{130}	面漆与底漆涂刷时间间隔过长	X_{141}	最小保护电流密度不当
X_{131}	施工时温度太低	X_{142}	未考虑套管屏蔽作用
X_{132}	前一道面漆未干就涂下一道面漆	X_{143}	下沟时损伤
X_{133}	除锈不彻底	X_{144}	不按规定回填
X_{134}	焊缝表面清理不干净	X_{145}	无日常维护制度
X_{135}	底漆选择不当	X_{146}	检测人员弄虚作假
X_{136}	底漆漏漆	X_{147}	不按时检测
X_{137}	底漆未凉就涂漆	X_{148}	检测器失效
X_{138}	不按规定回填	X_{149}	无检测设备
X_{139}	牺牲阳极保护	X_{150}	检测人员素质低
X_{140}	非焊接管道采用电缆焊接		

8.3 事故树的定性分析

根据最小割集定义知,每个最小割集都表示顶上事件发生的一种可能,即最小割集越多,顶上事件发生的可能性越多,系统的危险性越大。该事故树有 2044 组最小割集,这说明输油管道发生火灾爆炸事故的危险性非常大。

8.3.1 求最小径集

由于最小割集的数量大,对事故树的定性分析可以从最小径集入手。在事故树中,顶上事件不发生常常并不要求所有基本事件都不发生,只要某些基本事件不发生顶上事件就不会发生,这些不发生的基本事件的集合称为径集。在同一事故树中,不包含其他径集的径集称为最小径集。根据事故树可以做出对应的成功树图,由成功树计算出一共有 418 个径集,如下所示:

$$P_1 = \{C_1\}$$
$$P_2 = \{X_2, X_3, X_4, X_5, X_6, X_7, X_8\}$$
$$P_3 = \{X_9, X_{10}, \cdots, X_{144}\}$$
$$P_4 = \{C_2, X_9, X_{10}, \cdots, X_{144}\}$$
$$\cdots\cdots$$
$$P_{35} = \{X_9, X_{10}, \cdots, X_{150}\}$$
$$P_{36} = \{C_2, X_9, X_{10}, \cdots, X_{21}, X_{26}, X_{28}, X_{30}, X_{31}, \cdots, X_{42}, X_{43}, X_{45}, \cdots, X_{150}\}$$
$$\cdots\cdots$$
$$P_{44} = \{C_2, X_9, X_{10}, \cdots, X_{21}, X_{26}, X_{29}, X_{30}, X_{31}, \cdots, X_{42}, X_{43}, X_{45}, \cdots, X_{150}\}$$
$$\cdots\cdots$$
$$P_{48} = \{C_2, X_9, X_{10}, \cdots, X_{21}, X_{27}, X_{29}, X_{31}, \cdots, X_{42}, X_{43}, X_{45}, \cdots, X_{150}\}$$
$$\cdots\cdots$$
$$P_{60} = \{C_2, X_9, X_{10}, \cdots, X_{21}, X_{26}, X_{29}, X_{31}, \cdots, X_{42}, X_{44}, X_{45}, \cdots, X_{150}\}$$

$$P_{64} = \{C_2, X_9, X_{10}, \cdots, X_{21}, X_{27}, X_{29}, X_{31}, \cdots, X_{42}, X_{44}, X_{45}, \cdots, X_{150}\}$$
……
$$P_{68} = \{C_2, X_9, X_{10}, \cdots, X_{20}, X_{21}, X_{26}, X_{28}, X_{30}, \cdots, X_{42}, X_{43}, X_{45}, \cdots, X_{81}, X_{110}, X_{111},$$
$$X_{112}, X_{113}, X_{114}, X_{119}, \cdots, X_{144}\}$$
……
$$P_{162} = \{C_2, X_9, X_{10}, \cdots, X_{20}, X_{22}, X_{23}, X_{24}, X_{25}, X_{27}, X_{29}, X_{31}, \cdots, X_{42}, X_{44}, X_{45}, \cdots,$$
$$X_{81}, X_{110}, X_{111}, X_{112}, X_{113}, X_{115}, \cdots, X_{144}\}$$
……
$$P_{418} = \{C_2, X_9, X_{10}, \cdots, X_{20}, X_{22}, X_{23}, X_{24}, X_{25}, X_{27}, X_{29}, X_{31}, \cdots, X_{42}, X_{44}, X_{45}, \cdots,$$
$$X_{81}, X_{94}, \cdots, X_{144}\}$$

8.3.2 结构重要度分析

结构重要度分析是在不考虑各基本事件发生的概率的情况下,分析各基本事件的发生对顶上事件的发生所产生的影响程度。结构重要度系数是从事故树结构上反映基本事件的重要程度,为从结构上改进系统的安全性提供依据。基本事件的结构重要度越大,它对顶事件的影响作用就越大。

根据最小径集求得结构重要度系数近似判别值,其顺序为:

$I(C_1) > I(X_2) = I(X_3) = I(X_4) = I(X_5) = I(X_6) = I(X_7) = I(X_8) > I(X_9) = I(X_{10}) = I(X_{11}) = I(X_{12}) = I(X_{13}) = I(X_{14}) = I(X_{15}) = I(X_{16}) = I(X_{17}) = I(X_{18}) = I(X_{19}) = I(X_{20}) = I(X_{21}) = I(X_{26}) = I(X_{29}) = I(X_{31}) = I(X_{32}) = I(X_{33}) = I(X_{34}) = I(X_{35}) = I(X_{36}) = I(X_{37}) = I(X_{38}) = I(X_{39}) = I(X_{40}) = I(X_{41}) = I(X_{42}) = I(X_{43}) = I(X_{45}) = I(X_{46}) = I(X_{47}) = I(X_{48}) = I(X_{49}) = I(X_{50}) = I(X_{51}) = I(X_{52}) = I(X_{53}) = I(X_{54}) = I(X_{55}) = I(X_{56}) = I(X_{57}) = I(X_{58}) = I(X_{59}) = I(X_{60}) = I(X_{61}) = I(X_{62}) = I(X_{63}) = I(X_{64}) = I(X_{65}) = I(X_{66}) = I(X_{67}) = I(X_{68}) = I(X_{69}) = I(X_{70}) = I(X_{71}) = I(X_{72}) = I(X_{73}) = I(X_{145}) = I(X_{146}) = I(X_{147}) = I(X_{148}) = I(X_{149}) = I(X_{150}) > I(X_{110}) = I(X_{111}) = I(X_{112}) = I(X_{113}) = I(X_{114}) = I(X_{115}) = I(X_{116}) = I(X_{117}) = I(X_{118}) = I(X_{119}) = I(X_{120}) = I(X_{121}) = I(X_{122}) = I(X_{123}) = I(X_{124}) = I(X_{125}) = I(X_{126}) = I(X_{127}) = I(X_{128}) = I(X_{129}) = I(X_{130}) = I(X_{131}) = I(X_{132}) = I(X_{133}) = I(X_{134}) = I(X_{135}) = I(X_{136}) = I(X_{137}) = I(X_{138}) = I(X_{139}) = I(X_{140}) = I(X_{141}) = I(X_{142}) = I(X_{143}) = I(X_{144}) = I(X_{22}) = I(X_{23}) = I(X_{24}) = I(X_{25}) = I(X_{27}) = I(X_{28}) = I(X_{30}) = I(X_{44}) = I(X_{74}) = I(X_{75}) = I(X_{76}) = I(X_{77}) = I(X_{78}) = I(X_{79}) = I(X_{80}) = I(X_{81}) = I(C_2) > I(X_{82}) = I(X_{83}) = I(X_{84}) = I(X_{85}) = I(X_{86}) = I(X_{87}) = I(X_{88}) = I(X_{89}) = I(X_{90}) = I(X_{91}) = I(X_{92}) = I(X_{93}) = I(X_{94}) = I(X_{95}) = I(X_{96}) = I(X_{97}) = I(X_{98}) = I(X_{99}) = I(X_{100}) = I(X_{101}) = I(X_{102}) = I(X_{103}) = I(X_{104}) = I(X_{105}) = I(X_{106}) = I(X_{107}) = I(X_{108}) = I(X_{109})$

8.4 预防事故的对策及建议

8.4.1 事故预防措施

从上述的分析可知,事故树的最小割集为 2044 组,说明顶上事件发生的途径较多,因而,系统发生事故的危险性比较大;最小径集为418组,说明控制事故发生的方案有418种。因而在制定输油管道火灾爆炸事故的预防措施时,应以最小径集为依据,并考虑含结构重要度大的基本事件的最小径集。综合考虑所有162组最小径集,要使输油管道火灾爆炸事故不发生,可以考虑以下方案:

(1)杜绝 P_1 的发生。要使 P_1 不发生,则需使 C_1 不发生。

(2)杜绝 P_2 的发生。要使 P_2 不发生,则需使 P_2 中的 $X_2,X_3,X_4,X_5,X_6,X_7,X_8$ 共7个基本原因事件不发生。

(3)杜绝 P_{44} 的发生。要使 P_{44} 不发生,则需使 P_{44} 中的 $C_2,X_9,X_{10},\cdots,X_{21},X_{26},X_{29},X_{30},X_{31},\cdots,X_{42},X_{43},X_{45},\cdots,X_{150}$ 共64个基本原因事件不发生。

(4)杜绝 P_{48} 的发生。要使 P_{48} 不发生,则需使 P_{48} 中的 $C_2,X_9,X_{10},\cdots,X_{21},X_{27},X_{29},X_{31},\cdots,X_{42},X_{43},X_{45},\cdots,X_{150}$ 共64个基本原因事件不发生。

(5)杜绝 P_{60} 的发生。要使 P_{60} 不发生,则需使 P_{60} 中的 $C_2,X_9,X_{10},\cdots,X_{21},X_{26},X_{29},X_{31},\cdots,X_{42},X_{44},X_{45},\cdots,X_{150}$ 共64个基本原因事件不发生。

(6)杜绝 P_{64} 的发生。要使 P_{64} 不发生,则需使 P_{64} 中的 $C_2,X_9,X_{10},\cdots,X_{21},X_{27},X_{29},X_{31},\cdots,X_{42},X_{44},X_{45},\cdots,X_{150}$ 共64个基本原因事件不发生。

在上述6个方案中应选择出最有利于采取预防措施的方案。直观而言,一般以消除最少事件的最小径集中基本原因事件最有利。若 $P_1=\{C_1\}$ 能被彻底消除,则顶上事件就不发生。要控制"在燃烧爆炸浓度范围内",虽可以采取使输油管道周围均处于良好通风状况的措施,但从实际操作的角度出发却不可行。这是由于输油管道传输距离很长,要使所有管道周围都处于良好的通风状况,即使投入巨大的资金和人力、物力,也不能完全做到这一点。这样预防的方案只剩下5种,即杜绝 P_2、P_{44}、P_{48}、P_{60}、P_{64} 的发生。

我们再继续分析,杜绝 P_2 其实就是加强火源的管理、杜绝火源的产生。然而这在实际工作中也是难以做到的,这是由于这里的火源不仅包括企业自身的火源管理,还包括外在的火源管理。例如要消除 X_2 就难以做到,"违章动火"不仅包括企业自身的违章动火管理,还包括外单位,这就要求外单位在动火时也加强管理,同时在输油管道附近动火时加强与管道企业的协调与联系;X_8 也是很难消除的事件,"其他火源"所包含的内容极其广泛,彻底消除存在着极大的困难,但还是可以通过加强对输油管道地区居民的安全教育等途径取得明显的效果,所以杜绝 P_2 的方案仍具有一定的实用价值。

方案(3)、(4)、(5)、(6)虽然所包含的基本事件很多,但基本上均与管道企业自身的工作有关,因而可操作性较强。管道企业可以通过完善制度、加强协调、落实措施等工作,使其得到很好的控制,从而大大减少输油管道发生火灾爆炸事故的可能性,真正做到保障安全。

由上述分析得到预防输油管道火灾爆炸事故发生的主要措施有:

(1)管材缺陷的存在将直接导致管线整体强度的降低,为管线腐蚀的发生提供条件,直接影响着管线运行的可靠性。应按照国家标准采购管材,严格执行材料管理制度,加强管材质量检查,提高制造工艺水平,建立严格的施工质量检测制度,选择合适的焊接工艺。

(2)建立完善并严格执行各项规章制度和操作规程,定期进行巡线检查,严格控制运行参数;加强施工作业管理,严格执行危险作业票证制度,严禁违章动土;加强管道日常维护与管理,定期开展管道安全检查和压力管道检验。

(3)自然灾害的发生对管道的破坏基本上都是毁坏性的,因此要采用抗震管材并加强对自然灾害的预测,做好防备。

（4）安装安全监测预警和防控技术装置。在发生油品泄漏时，这些装置能及时发出警报，以此来确定漏油准确地点和数量，同时，在抢修过程中，随时对现场进行气体浓度检测，防止油气达到爆炸极限。

（5）实施警民联动，严厉打击打孔盗油等各种非法活动；加强管道安全知识宣传，搞好工农共建，建立良好的社会环境。

（6）完善管道阴极保护系统或在易腐蚀地段增设牺牲阳极；管道穿越电气化铁路或与高压输电线路平行敷设时，应增设杂散电流排流措施；加注缓蚀剂；使用非金属管道代替金属管道或采取内防腐措施。

（7）避免明火或火花产生。地面敷设管道和高电阻地区的埋地敷设管道应设置管道防静电措施，防止静电积聚。

（8）建立完整管道火灾爆炸事故应急预案，减少人员伤亡，降低事故损失。

8.4.2　提高输油管道安全运行水平的建议

总结50年来国内输油管道的运行管理经验，分析多发事故的原因，根据对输油管道火灾爆炸事故的调查，外部干扰在输油管道火灾爆炸事故中的比例最高，因而如何消除外部干扰就显得尤为关键。建议从以下4个方面做好输油管道的安全管理工作。

（1）加强施工质量管理。施工现场的安装和设备操作不当最容易导致管道发生泄漏。在管道施工建设过程中，普遍存在有管道质量不过关、违章施工、违章指挥等安全隐患问题。施工方、工程监理方和管道企业方应按照管道施工作业技术规程和标准，严格保证施工作业工程质量关，明确各级管理者的责任。对施工现场作业人员严格进行技术培训，保证具备相应的操作技能，做到持证上岗；做到"五个从严"，即从严审核施工技术方案的确认、从严把好施工作业过程的运行监视控制关（尤其要特别注意焊接过程每道工序的检测质量）、从严进行施工作业结束后的监测和测量程序、从严纠正和整改施工过程中不符合工程质量要求的问题、从严贯彻管道施工质量终身责任追究制。

（2）强化运行安全管理，严控第三方破坏。近些年，以"打孔盗油"为主的第三方破坏所造成的管道泄漏事故居高不下，管道企业遭受了巨大的经济损失，同时周边环境也被污染，更为严重的会发生火灾爆炸事故。

石油化工企业的生产作业队大多处于偏僻的野外乡村，输油管道敷设途经的地段往往是经济欠发达的地区，当地居民收入普遍偏低，法律及公共财产保护意识薄弱，再加上个别地方执法不严，造成偷窃油气、破坏管道问题屡禁不止。

为此，管道企业应首先加强针对输油管线周边群众的普法教育，与地方政府建立长效的合作和协商沟通机制，通过实施帮贫解困项目等措施，解决地方经济发展问题；其次应提高输油管道的泄漏探测技术，强化管道巡线，巡线检查时发现薄弱环节及隐患，及时进行维护，在管道集输系统安装检测和报警装置等措施，实现对管道的全时段实时动态监控；再次对于管道警示标识不清晰的地段要及时采取相应措施，及时发现和制止在管道上方的各类违章施工行为；最后与公安执法部门密切配合，加大监察和执法力度，严厉打击偷窃、破坏国家财产的违法行为。

（3）落实动火作业管理制度。国内的部分石油管道已到设计寿命的后期，管道维修作业和管道泄漏后的抢修作业不可避免。需要从管道泄漏抢修及管道动火管理等方面落实安全管理措施，防止二次事故的发生及事故扩大化。

（4）建立应急预案体系。输油管道从设计之初就应该避开地壳活动较为剧烈的地区，从而避免在日后的运营过程中可能遭受地震等自然灾害的破坏。但自然灾害具有不可预见性，这就要求管道企业要预先制定科学完备的应急预案体系。建立应急预案体系要遵循科学实用、快速高效、操作性强的原则，在事故发生的第一时间上报情况并迅速启动应急预案。

复习思考题

应用事故树分析法对油库静电火灾爆炸事故进行分析，并提出预防事故发生的方案措施。

9 球罐区危险和可操作性分析

危险和可操作性分析是由英国帝国化学工业公司(ICI)于1974年依据故障类型及影响分析的思路开发建立的,是一种预先制定好内容框架、针对装置设施的设计和操作进行危险识别的定性分析方法。危险和可操作性分析通过确定工艺过程中存在的危险及操作问题,利用其良好的指向性系统地检查工艺过程,包括对设计条件和意图发生的种种偏差,确定偏差可能导致的危险或引起的操作问题,为项目的风险管理提供依据。本章将详细阐述危险和可操作性分析流程及节点的划分原则,并以球罐区某球罐输入管线为例进行危险和可操作性分析。

9.1 分析流程说明

危险和可操作性分析是一种用于辨识设计缺陷、工艺过程危险及可操作性问题的结构化、系统化的分析方法,其分析的过程是由各专业人员组成的分析组按一定的原则将工艺过程划分为合理的分析节点(或称工艺单元),然后再针对每一个分析节点,识别出那些具有潜在危险的偏差。分析组对每个有意义的偏差都进行分析,分析它们的可能原因、后果、已有安全保护等,同时提出应该采取的措施和行动。这就是危险和可操作性分析的核心内容。

危险和可操作性分析方法可按分析的准备、完成分析和编制分析结果报告三个主要步骤进行,其流程如图9.1所示。

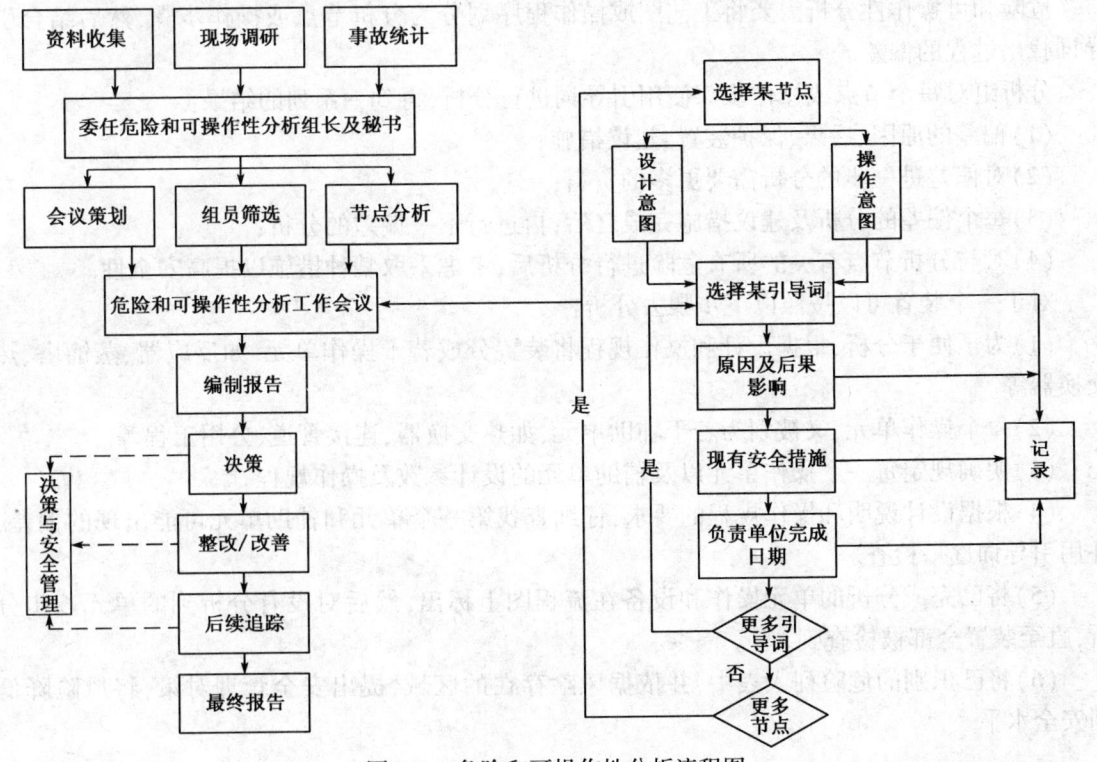

图9.1 危险和可操作性分析流程图

9.1.1　分析的准备

在危险和可操作性分析中准备工作非常重要,具体的准备工作如下:

(1)确定分析的目的、对象和范围。分析的目的、对象和范围必须尽可能地明确。分析对象通常由装置或项目的负责人确定,并取得分析组的协助。应当按照分析组指出的正确的方向和既定目标开展相应的分析工作,而且要确定应当考虑哪些危险后果。例如,如果要求确定装置什么地方发生泄漏和采取怎样的措施才能使对公众安全的影响减到最小,这种情况下,危险和可操作性分析应着重分析相关偏差所造成的后果及相应的安全保护措施失效的可能性。

(2)分析组的组成。分析组人员应具有危险和可操作性分析经验,分析组最少由4人组成,包括组织者、记录员、2名熟悉过程设计和操作的人员。一般5~7人是比较理想的。如果评价组的人数太少,由于参加人员的知识和经验的限制,最终得出的分析结果会大打折扣。

(3)所要获取的必要资料。所要获取的必要资料包括设备设计图、设备原理图、工艺流程图、工艺设计图等等一系列必需的资料。

(4)将资料变成适当的表格并拟定分析顺序。此阶段所需时间与过程的类型有关。对连续工艺过程,工作量相对较小,只需要对照图纸确定分析节点,并制订详细的计划。

(5)安排会议次数和时间。一旦有关数据和图纸收集整理完毕,组织者开始着手制订会议计划。首先确定会议所需时间,一般来说每个分析节点平均需20~30min。

9.1.2　完成分析

危险和可操作性分析需要将工艺图或操作程序划分为分析节点或操作步骤,然后结合引导词找出过程的偏差。

分析组对每个节点或操作步骤使用引导词进行分析,得到一系列的结果:

(1)偏差的原因、后果、保护装置、建议措施;

(2)对偏差进一步的分析需要更多的资料;

(3)每个偏差的分析及建议措施完成之后,再进行下一偏差的分析;

(4)对与分析节点有关的所有危险进行分析后,考虑采取某种措施以提高安全性。

对于一个装置可以按照以下步骤去分析:

(1)为了便于分析,根据设计和操作规程将装置分成若干操作单元,如反应器、蒸馏塔、热交换器等。

(2)每个操作单元,又被划为若干辅助单元,如热交换器、连接管道、公用工程等。

(3)明确规定每一个操作单元以及辅助单元的设计参数及操作规程。

(4)根据设计说明和操作规程的要求,仔细查找第一个单元和辅助单元可能出现的偏差,并用引导词逐一检查。

(5)将已完成分析的单元操作和设备在流程图上标出,然后对没有分析到的单元逐步分析,直至装置全部被检查到。

(6)将已识别的危险列入表中,并依据风险存在的区域,提出安全管理对策,将风险降低到安全水平。

9.1.3 编制分析结果报告

分析结果报告如表9.1所示。

表9.1 危险和可操作性分析结果报告

项目:某石化公司球罐区危险和可操作性分析(HAZOP)					
节点序号:1					
节点说明:输入管线					
偏差	可能原因	后果	安全措施	改善建议	负责单位
无流量					
逆流					
流量偏低					
流量偏高					
其他流量					
压力偏低					
压力偏高					
温度偏低					
温度偏高					

危险和可操作性分析涉及过程的各个方面(包括工艺、设备、仪表、控制、环境等),考虑到评价人员的水平往往与实际有差距,因此,对某些具体问题必须反复听取不同专家的意见,必要时对某些部分的分析可以延期进行,获得更多的资料后再进行分析。

9.2 评价单元划分

对连续工艺过程,危险和可操作性分析的对象是分析节点或称工艺单元。危险和可操作性分析的第一步即是将生产过程根据工艺流程划分为合理的分析节点。一般说来,节点划分应按以下规则进行。

9.2.1 分析节点划分原则

划分分析节点,是分析组组长的工作。但分析人员了解节点的划分原则,有利于分析工作的深入、完善。分析节点的划分首先要考虑功能,即一个节点表现为完成一个特定的功能,基本规则如下:

(1)依据管线及仪表图,按照工艺流程进行;
(2)从管线及仪表图的进入管线开始;
(3)直至设计意图的下个改变;
(4)直至工艺条件的重大变化;
(5)直至下一个设备。

此外,节点的划分还要考虑分析的目的、合理的边界/切割点、划分方法的一致性等因素。黄金法则是"使之保持简单",因为大而复杂的节点会增大分析失误的可能性。

9.2.2 常见分析节点类型

根据危险和可操作性分析的经验,在对工艺流程划分节点时,基本上按表9.2类型来划分,当然也应根据分析目的、工艺流程的危险程度不同进行合理调整。

表9.2 常见节点类型表

序号	节点	序号	节点	序号	节点
1	管线	6	塔	11	软管
2	泵	7	压缩机	12	公共工程和服务设施
3	分批反应器	8	鼓风机	13	其他
4	连续反应器	9	熔炉/炉子	14	以上基本节点的合理组合
5	罐/槽/容器	10	热交换器		

9.2.3 偏差的确定

偏差为引导词与工艺参数的组合,一般表示如下:

$$引导词 + 工艺参数 = 偏差$$

工艺参数分为两类,一类是概念性的工艺参数(如反应、转化);另一类是具体(专业)的工艺参数(如温度、压力)。对于概念性的工艺参数,当与引导词组合成偏差时,常发生歧义,如"过量+反应"可能是指反应速度快,也可能是指生成了大量的产品。对具体的工艺参数,有必要对一些引导词进行修改,因为有些引导词与工艺参数组合后可能无意义或不能称之为"偏差",如"伴随+压力";或者有些偏差的物理意义不确切,应拓展引导词的外延和内涵。用引导词来描述要分析的问题可以确保危险和可操作性分析方法的统一性,同时能够将要分析的问题系统化。应用一套完整的引导词,可以导出所有可能的偏差,而不致被遗漏。常见工艺参数有实际意义的偏差组成见表9.3所示。

表9.3 常用工艺参数偏差表

引导词	工艺参数			
	流量	温度	压力	液位
无	无流量	—	—	无液体
过量	流量大	温度高	压力高	液位高
减量	流量小	温度低	压力低	液位低
伴随	流体质量含量增大或污染	—	—	—
部分	流体质量含量减小	—	—	—
相逆	逆流	—	—	—
异常	取样	—	泄压或压力波动	—

注:—表示不存在有实际意义的偏差。

9.3 2000m³ 液化丙烯球罐危险和可操作性分析

9.3.1 球罐区概况

某球罐区有19台球罐,其中2000m³ 的球罐有9台,1000m³ 的球罐有2台,400m³ 的球罐有4台,200m³ 的球罐有4台。该工区主要负责接收、储存、供输液化石油气、液化丙烯;接收并储备联合工区、气分工区生产的液化石油气、液化丙烯,按规定进行沉降、脱水、计量并向装车场、联合聚丙烯装置输送液化石油气。液化石油气的储存温度为50℃,储存压力为1.6MPa。

9.3.2 球罐区危险和可操作性分析

根据19台球罐的操作规程、储存介质及罐体容积,结合危险和可操作性分析过程的节点划分原则,将分析对象划分为8类,每一类分为3个分析节点,分别为输入管道、罐体、输出管道,累计24个分析节点。选取2000m³ 的液化丙烯球罐的输入管道为研究对象,对其进行危险和可操作性分析,并列出相关分析报告。其中液化丙烯罐的流程如图9.2所示。

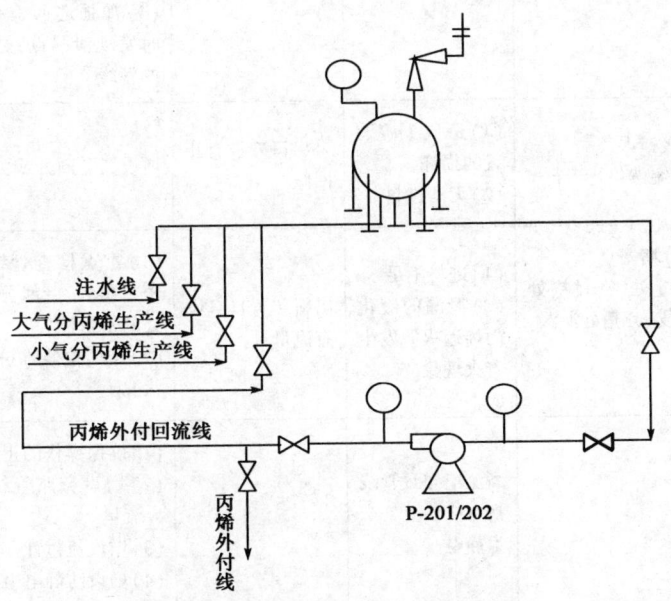

图9.2 2000m³ 液化丙烯球罐流程简图

选取液位、压力、温度、流量4个指标为工艺参数,结合相关的引导词,构造有意义的偏差,见表9.4。

表9.4 有意义的偏差

引导词	无	较多	较少	反向	其他
液位	无意义	有意义	有意义	无意义	无意义
压力	无意义	有意义	有意义	无意义	无意义
温度	无意义	有意义	有意义	无意义	无意义
流量	有意义	有意义	有意义	有意义	有意义

组织相关部门专家,通过专家分析的方法,分别分析罐体"液位偏高""液位偏低""压力偏高""压力偏低""温度偏高""温度偏低""无流量""流量偏高""流量偏低""逆流""其他"各种异常状况的可能原因、后果、现有的安全措施及应该开展的改进工作。

液化丙烯罐及输入输出管线的危险和可操作性分析结果如表9.5、表9.6、表9.7所示。

表9.5 液化丙烯罐及输入输出管线的危险和可操作性分析

项目:某石化公司球罐区危险和可操作性分析(HAZOP)					
节点序号:1					
节点说明:输入管线					
偏差	可能原因	后果	安全措施	改善建议	负责单位
无流量	(1)管线阀门关闭或卡死 (2)外界低温,导致管线中的水冻结管线 (3)输入管线断裂 (4)操作失误,错误将阀门关闭	无法进料	切罐	(1)加强阀门及泵的维护检修 (2)增设热水伴热管线,以防冬季低温冻裂管线 (3)通过管线敲击等简单方式查找管线堵塞处,及时疏通管线 (4)加强巡回检查制度,及时发现泄漏点,更换断裂处的管线	
逆流	(1)管线连接错误 (2)泵故障,突然停止运行	(1)造成上游装置的损坏 (2)无法进料	泵出口处设有止回阀	增设紧急断开或关断系统	
流量偏低	(1)管线部分堵塞 (2)管线焊缝处、密封垫处或管线的分支、死角处泄漏 (3)泵故障 (4)进料减少	(1)进料不足 (2)泄漏的液化丙烯遇火源发生着火现象	出料装置自身设有流量计	(1)重点检查管线焊缝处、密封垫处、管线分支和死角处的密封性 (2)定期检修维护泵的工作状况	
流量偏高	(1)来料增多 (2)多泵操作 (3)泵故障	高流速导致管线拐弯或法兰处产生静电		(1)确保操作的正确性 (2)增设旁路管线,疏导过大流量 (3)增设流量计 (4)增设防静电措施	
其他流量	(1)管线过热导致气液混合 (2)水压试验残留的液体	输送的液化石油气不纯	设有氮气吹扫程序	确保操作的正确性	
压力偏低	(1)泵故障 (2)管线泄漏 (3)来料减少	输送的流体量不足,导致后续操作无法正常进行	泵的进出口处有压力表	(1)定期重点检查管线的易漏点 (2)增设管线压力表、压力高低限报警装置 (3)与调度员联系,加大液化石油气的供应	
压力偏高	(1)输送的液体湍流 (2)日光照射 (3)装料时气相阀没有打开 (4)来料增加	(1)爆管 (2)液化丙烯泄漏	泵的进出口处有压力表	(1)增涂管线防晒层,并设管线安全阀 (2)增设管线压力表,压力高低限报警装置	

续表

偏差	可能原因	后果	安全措施	改善建议	负责单位
温度偏低	(1)低温或霜冻 (2)来料温度偏低	输送流体中的水分结冰,降低流速或冻裂管线	(1)临时采用胶带缠绕管线,达到保温效果 (2)人工巡检,敲击管线寻找堵塞点	(1)增设温度计 (2)增设热水伴热线,防止低温冻裂管线	
温度偏高	(1)日光照射 (2)环境温度升高 (3)来料温度偏高	压力升高,液体气化,影响液体的正常输送	管线之间用隔热胶隔热	(1)为管线涂隔热防晒涂层 (2)增设管线温度计	

表9.6　液化丙烯罐及输入输出管线的危险和可操作性分析

项目:某石化公司球罐区危险和可操作性分析(HAZOP)

节点序号:2

节点说明:液化丙烯球罐

偏差	可能原因	后果	安全措施	改善建议	负责单位
液位偏低	(1)液位计故障,显示液位高于实际液位 (2)球罐出口阀、放空阀、安全阀内漏 (3)垫片老化,造成液体泄漏 (4)球罐底部积水,冬季气温低,未能及时排水,造成法兰冻裂,导致泄漏 (5)冬季气温低,输入管线中的水冻结,堵塞管线 (6)夏季雷电、地震等自然灾害引起储罐破裂	(1)输送的物料达不到标准,影响后续操作 (2)液化丙烯泄漏	(1)设有备用的空罐进行倒罐 (2)设有顶替注水措施 (3)工作人员定期现场监测液位变化 (4)罐体周围设有气体泄漏检测装置	(1)增设液位计、高低液位报警装置 (2)增设紧急切断、关闭系统 (3)严寒季节,从球罐底部引出的排污管线根部应加装伴热或保温装置,并及时排除罐内积水,防止底部阀门冻裂 (4)增设热水伴热管线	
液位偏高	(1)液位计故障,显示液位低于实际液位 (2)管排生产阀门、管排回流阀门内漏 (3)出口阀故障或出口管线堵塞 (4)泵故障	(1)冒罐、溢流 (2)安全阀起跳	(1)设有倒罐措施 (2)设有安全阀、放空阀 (3)工作人员定期现场监测	(1)增设高低液位报警装置、高液位联动等自动保护装置 (2)定期检修维护液位计,确保其准确可靠工作 (3)查找内漏阀门并及时更换	
压力偏低	(1)压控阀故障 (2)液位观测人员工作失误,进料不足 (3)罐体底部低温结冰冻裂,液体泄漏 (4)罐内液位偏低	液体泄漏,遇火源易发生燃烧爆炸事故	(1)设有压力监控系统 (2)工作人员定期现场观测液位变化	(1)定期检查、维护压控阀的准确可靠性 (2)增设液位计	

续表

偏差	可能原因	后果	安全措施	改善建议	负责单位
压力偏高	(1)日光照射 (2)外界温度升高 (3)压控阀故障,压力监控系统故障 (4)装料时气相阀未打开 (5)进料温度偏高 (6)安全阀失灵 (7)液位偏高	(1)打不进料 (2)冒罐、溢流 (3)安全阀起跳	(1)设有倒罐泄压措施 (2)设有喷淋降温措施 (3)设有放空阀、安全阀	(1)为罐体增设隔热保温涂层 (2)定期检修、维护压控装置、安全阀、放空阀的准确稳定性	
温度偏低	(1)温度计故障,显示温度高于实际温度 (2)低温或霜冻	压力偏低	罐体装有温度计	(1)定期校验温度计,确保其灵敏可靠性 (2)为球罐增设隔热保温涂层	
温度偏高	(1)日光照射 (2)环境温度升高 (3)温度计故障,显示温度低于实际温度	温度升高,罐内压力增大	有发生溢流、冒罐危险	(1)为罐体增设隔热保温涂层 (2)定期检修维护温度计的准确性	
其他(罐体发生振动)	(1)罐体底座刚度小或地脚螺栓松动 (2)液体流速过大或液体太多 (3)管线振动引起	易导致罐内液体泄漏	地脚螺栓基础加固	(1)更换松动的地脚螺栓 (2)控制流体流量,降低罐内液面高度 (3)加固管线	

表9.7 液化丙烯罐及输入输出管线的危险和可操作性分析

项目:某石化公司球罐区危险和可操作性分析(HAZOP)
节点序号:3
节点说明:输出管线

偏差	可能原因	后果	安全措施	改善建议	负责单位
无流量	(1)球罐内液位过低,无法出料 (2)输出管线上的阀门关断或损坏卡死 (3)外界低温,导致液化气中的水冻结,堵塞管线或阀门	(1)无法出料 (2)造成泵的损坏	特定工作人员定期检查管线的畅通性	(1)加强巡回检查制度,发现故障阀门及时更换 (2)定期维护检修泵的可靠性 (3)增设热水伴热管线,防止冬季低温造成管线的冻结	
逆流	(1)管线连接错误 (2)泵故障,突然停止运行	(1)无法出料 (2)造成泵的损坏	泵设有流量计,通过观测流量计调节流量	增设紧急断开或关断系统	

续表

偏差	可能原因	后果	安全措施	改善建议	负责单位
流量偏低	(1) 管线部分堵塞 (2) 管线在焊缝处、密封垫处或管线分支、死角处泄漏 (3) 泵故障 (4) 罐内液位偏低	(1) 出料不足 (2) 液体泄漏,遇火源易发生火灾爆炸事故	泵体设有流量计,通过观测流量计调节流量	(1) 重点检查管线易漏点(焊接处、密封垫处、管线分支和死角处) (2) 定期维护检修泵的工作状况 (3) 增设管线流量高低限报警装置	
流量偏高	(1) 罐内液位偏高,压强偏大 (2) 多泵操作 (3) 泵故障	管线内液体流速偏高易造成管线拐弯或法兰处产生静电	泵体设有流量计,通过观测流量计调节流量	(1) 确保操作的正确性 (2) 定期维护检修泵的可靠性 (3) 增设静电防护措施	
其他流量	(1) 管线过热导致气液混合 (2) 试压检测残留的液体	出料不纯	设有氮气吹扫程序	(1) 加强管线的隔热保温功能 (2) 确保操作的准确性	
压力偏低	(1) 管线泄漏 (2) 罐内液位较低 (3) 泵故障 (4) 出料偏高	液化丙烯泄漏	泵进出口处设有流量计	(1) 定期重点检查管线的易漏点(管线分支、死角、焊缝和密封垫处) (2) 增设管线压力表	
压力偏高	(1) 罐内液位过高,输送的流体流量偏高 (2) 日光照射 (3) 输送的液体湍流	爆管	泵进出口处设有流量计	(1) 加强管线的隔热保温功能,为管线涂防晒层,避免日光直射管线 (2) 加设管线安全阀	
温度偏低	(1) 来料温度偏低 (2) 环境低温或霜冻	液化石油气中的水分在低温下冻结,堵塞管线,降低出料量	管线上临时缠有用于保温功效的胶带	(1) 增设管线温度计 (2) 增加热水伴热管线,防止低温结冰冻裂管线	
温度偏高	(1) 来料温度偏高 (2) 日光照射 (3) 环境温度升高	管内压力升高,液体气化,影响液体的正常输送	罐体设有喷淋降温系统	(1) 通过罐体喷淋降温系统,降低罐内液体温度 (2) 增设管线温度计 (3) 为管线涂隔热保温涂层,避免日光的直射	

通过危险和可操作性分析研究小组系统全面的分析,提高了风险预防意识和责任感,有助于企业预先发现事故潜在风险,并为企业制定了可能发生事故的处理措施,提高了正常生产运行的可靠性。危险和可操作性分析结束后,企业把危险和可操作性分析的记录表作为员工的培训教材,应用于员工的培训。如对员工操作失误或违反操作规程带来的后果进行分析教育,有针对性地对员工进行培训,提高人员的安全意识,减少操作失误。实践证明,进行危险和可操作性分析,可以预防事故、消除隐患,提高系统的可靠性和安全性。

复习思考题

1. 请简述危险和可操作性分析的流程。
2. 危险和可操作性分析中,分析节点的划分原则是什么?
3. 对某液化气球罐罐体及输入输出管线进行危险和可操作性分析。

10 加油站模糊综合评价

加油站在城市交通中起着至关重要的作用。加油站经营的油品具有易燃、易爆、易挥发、易产生静电和毒性等危险特性,一旦发生事故,不易控制。

通过对加油站事故案例的分析发现,发生火灾爆炸事故时,加油站是事故主体,危害性最大,造成的人员伤亡和财产损失最严重。根据统计,事故发生的主要环节为卸油、加油、动火作业、检修、维护、改造施工、油罐拆迁、清罐等。其中加油和卸油环节发生的事故占事故总数的50%,动火作业相对较少,为5%,但是动火作业的不当操作往往直接造成爆炸、火灾等十分严重的后果。

加油站发生的事故是由多个因素相互作用引起的,在加油站整个系统中,各因素分布在不同的层次且相互联系。目前针对加油站的安全评价方法主要有安全检查表、道化学法和层次分析法。安全检查表法只能定性地对加油站的安全管理状况、设备运行情况以及防护措施进行逐项检查,不能定量判断导致事故发生的主要原因。道化学法主要应用于火灾爆炸影响区域的研究。层次分析法在验证判断矩阵一致性方面较为繁琐,同时无法得出具体的安全等级。三者均存在一定的局限性。针对影响加油站安全状况多层次、多因素的特点,使用模糊综合评价方法,能够对加油站进行定性和定量评价,理清各因素间的关联性、重要度,有助于及时发现隐患,找出不足,采取措施,预防事故。

10.1 加油站安全评价指标体系

由于影响加油站安全状况的因素有很多且实际情况复杂,因此将加油站涉及的因素从"人、机、环、管"四个方面进行分析,构成安全评价指标体系的准则层,再将它们分别分析找出危险危害因素,得到指标层,进而构建加油站安全评价指标体系。

10.1.1 加油站危险危害因素分析

(1)环境因素。加油站长期存储大量成品油,作业环境必须达到规定的条件,否则将会随时出现安全事故。随着城市交通日益发达,加油站的规模和数量也不断增加,加油站的选址定点是否合理将决定着站区周围环境。加油站属于危险场所,且每天有大量人员、车辆往来,所以站内的作业场所布局就十分重要。

(2)人员因素。加油站中大部分作业需要工作人员操作,员工的身体状况、作业技能水平和安全素质尤为重要。领导的安全意识对于员工有着指导意义,提升领导的安全意识可以防止安全事故的发生。加油站大多建在道路两侧,有些甚至毗邻住宅区,要对周边居民进行安全教育和情况通报,提升周边居民的安全意识。

(3)设备设施因素。加油站内长期储存易燃、易爆、易挥发的成品油,消防设备、防静电设备、防雷电设备、防爆设备都是必须安装并能够正常使用的。加之日常需要将油品运送至加油站,卸油作业设备一定要达到安全标准。对加油站而言,最主要的任务是油品的销售,加油作业设备也要符合规定,且由专人操作和管理。

(4)安全管理因素。油品的销售是整个石油产业链中最后的环节。加油站数量庞大,规模环境各异,大部分由个体业主经营,管理起来比较困难。但是根据标准,应急预案制定与演练、安全教育培训与考核是每一个加油站要做到的,还要有安全组织机构负责安全规章制度制定和落实。

10.1.2 建立安全评价指标体系

根据上述分析,将研究对象划分为 3 个层次:加油站安全状况为目标层;环境因素、人员因素、设备设施因素及安全管理因素为准则层;各个具体的指标构成指标层。本模型共 18 个评价指标,按照属性分为 4 个子集,如图 10.1 所示。

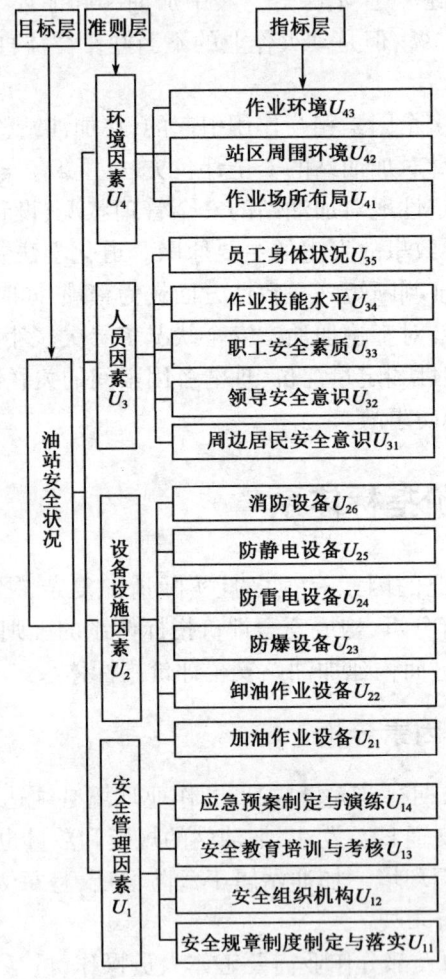

图 10.1 加油站安全评价指标体系

10.1.3 计算加油站安全评价指标权重

根据模糊层次分析法原理,计算各指标因素相对权重,在层次分析法中,为了定量判断,需要将任意两个指标的相对优劣程度进行定量描述。其中层次分析法采用 0.1~0.9 标度方法,对不同情况的评比给予如表 10.1 所示的数量标度。

表10.1 0.1~0.9标度及含义

标 度	含 义
0.5	两元素比较,同等重要
0.6	两因素比较,一个比另一个稍微重要
0.7	两因素比较,一个比另一个明显重要
0.8	两因素比较,一个比另一个重要得多
0.9	两因素比较,一个比另一个极端重要
0.1,0.2,0.3,0.4	反比较

首先由目标层和准则层的四个指标,建立 $S-U$ 判断矩阵。通过大量历史资料的分析调研和现场调研,参照表10.1,对准则层进行两两对比打分,得出 $S-U$ 判断矩阵:

S	U_1	U_2	U_3	U_4
U_1	0.5	0.4	0.6	0.7
U_2	0.6	0.5	0.7	0.8
U_3	0.4	0.3	0.5	0.6
U_4	0.3	0.2	0.4	0.5

可以直接利用 Matlab 软件利用模糊一致判断矩阵 $S-U$ 求权重值 W。Matlab 代码如下:
A = [0.5,0.4,0.6,0.7;0.6,0.5,0.7,0.8;0.4,0.3,0.5,0.6;0.3,0.2,0.4,0.5]
$$[s,t] = \text{eig}(A)$$
$$W = s(:,1)$$

将上面求得的值进行归一化处理,然后求得评价因素权重向量:
$$A = \frac{W_i}{\sum_{k=1}^{n}(\prod_{j=1}^{n} r_{kj})^{\frac{1}{n}}} \quad (i = 1,2,\cdots,n)$$

求得权重向量 W_0 为
$$W_0 = (0.56800, 0.6407, 0.4353, 0.3325)^T$$

归一化处理后, A_0 为
$$A_0 = (0.2764, 0.3292, 0.2236, 0.1780)^T$$

同理,可以求出指标层相对于准则层的权重,建立 U_1、U_2、U_3、U_4 判断矩阵,并求出各自权重 W_1、W_2、W_3、W_4。因计算过程相似,只给出 $S-U$ 计算矩阵。

$U_1 - (U_{11}、U_{12}、U_{13}、U_{14})$ 权重向量 W_1 为
$$W_1 = (0.5959, 0.3938, 0.4949, 0.4949)^T$$

归一化处理后, A_1 为
$$A_1 = (0.3010, 0.1989, 0.2500, 0.2500)^T$$

$U_2 - (U_{21}、U_{22}、U_{23}、U_{24}、U_{25}、U_{26})$ 权重向量 W_2 为
$$W_2 = (0.5116, 0.4284, 0.4284, 0.2620, 0.1436, 0.4284)^T$$

归一化处理后, A_2 为
$$A_2 = (0.2128, 0.1782, 0.1782, 0.1090, 0.1205, 0.1782)^T$$

$U_3 - (U_{31}、U_{32}、U_{33}、U_{34}、U_{35})$ 求得权重向量 W_3 为
$$W_3 = (0.3825, 0.5654, 0.4740, 0.4740, 0.2911)^T$$

归一化处理后, A_3 为

$$A_3 = (0.1749, 0.2585, 0.2167, 0.2167, 0.1331)^T$$

$U_4 - (U_{41}、U_{42}、U_{43})$权重向量$W_4$为

$$W_4 = (0.5000, 0.6000, 0.7000)$$

归一化处理后，A_4为

$$A_4 = (0.2778, 0.3333, 0.3889)^T$$

10.2 单因素模糊综合评价

根据加油站安全指标评价体系，可以发现影响加油站安全现状的因素比较复杂，并且各因素之间还有层次之分。这种情况就先对准则层的因素进行评价，然后再对目标层进行综合评价，在此以准则层的安全管理因素为例进行单因素分析。

10.2.1 建立评价指标的因素集

综合评价指标因素集U是影响评价对象的各个因素组成的集合：

$$U = \{U_1, U_2, U_3, U_4\}$$

将其按照各个属性可以分成不同的子集，以安全管理因素U_1为例，可以得到子集指标集：

$$U_1 = \{U_{11}, U_{12}, U_{13}, U_{14}\}$$

10.2.2 建立评价等级集合

评价集是由评价对象可能得出的评估结果组成的集合，表示为

$$V = \{V_1, V_2, V_3, V_4, V_5\}$$

根据指标层的性质和实际操作，将评价结果分为5个等级，V_1为好，V_2为较好，V_3为中等，V_4为较差，V_5为差。安全等级加权值S如表10.2所示。同时根据表10.3判断加油站的安全等级。

表10.2 安全等级加权值S

安全级别	好	较好	中等	较差	差
分数	95	80	65	45	30

表10.3 安全等级判断表

系统安全得分F	>90	80~89	60~79	40~59	<40
安全级别	好	较好	中等	较差	差

10.2.3 建立评价矩阵

由若干专家或小组对各子因素状况按照评价集投票，建立评价矩阵。表10.4为安全管理的评价表。

表10.4 安全管理因素的评价表

评价内容	评价情况R_1				
	好	较好	中	较差	差
应急预案制定与演练U_{14}	0.4	0.3	0.2	0.1	0
安全教育培训与考核U_{13}	0.2	0.3	0.3	0.2	0
安全组织机构U_{12}	0	0.4	0.1	0.4	0.1
安全规章制度制定与落实U_{11}	0	0.4	0.2	0.2	0.2

由表 10.4 得到安全管理因素的评价矩阵为

$$R_1 = \begin{bmatrix} 0.4 & 0.3 & 0.2 & 0.1 & 0 \\ 0.2 & 0.3 & 0.3 & 0.2 & 0 \\ 0 & 0.4 & 0.1 & 0.4 & 0.1 \\ 0 & 0.4 & 0.2 & 0.2 & 0.2 \end{bmatrix}$$

10.2.4 单因素模糊综合评价结果

根据 $B_1 = A_1 \cdot R_1$,可以得到安全管理单因素的综合评价结果:

$$B_1 = \{0.1602, 0.3500, 0.1949, 0.02199, 0.0750\}$$

根据 $F_1 = B_1 \cdot S^T = 67.8845$,由表 10.3 可以判断安全管理因素的安全等级为"中等"。

同理,对设备设施因素、人员因素、环境因素依次使用单因素模糊综合评价法,各因素的综合评价结果如表 10.5 所示。

表 10.5 影响因素权重及安全性综合评价

准则层		指标层		评价情况 R_i					B_i	安全等级
因素	权重	因素	权重	好	较好	中	较差	差		
U_1	0.2764	U_{11}	0.3010	0.4	0.3	0.2	0.1	0	$B_1 = (0.1602, 0.3500,$ $0.1949, 0.2199, 0.0750)$	中等
		U_{12}	0.1989	0.2	0.3	0.3	0.2	0		
		U_{13}	0.2500	0	0.4	0.1	0.4	0.1		
		U_{14}	0.2500	0	0.4	0.2	0.2	0.2		
U_2	0.3292	U_{21}	0.2128	0.1	0.4	0.2	0.2	0.1	$B_2 = (0.2327, 0.3074,$ $0.2965, 0.1190, 0.0213)$	中等
		U_{22}	0.1782	0.2	0.3	0.4	0.1	0		
		U_{23}	0.1782	0.4	0.2	0.3	0.1	0		
		U_{24}	0.1090	0.3	0.3	0.3	0.1	0		
		U_{25}	0.1205	0.3	0.3	0.3	0.1	0		
		U_{26}	0.1782	0.2	0.3	0.4	0.1	0		
U_3	0.2236	U_{31}	0.1749	0.2	0.3	0.4	0.1	0	$B_3 = (0.1650, 0.4174,$ $0.2658, 0.1384, 0)$	中等
		U_{32}	0.2585	0.1	0.5	0.1	0.3	0		
		U_{33}	0.2167	0.1	0.4	0.4	0.1	0		
		U_{34}	0.2167	0.2	0.5	0.2	0.1	0		
		U_{35}	0.1331	0.1	0.5	0.3	0	0		
U_4	0.1780	U_{41}	0.2778	0.2	0.6	0.2	0	0	$B_4 = (0.1667, 0.3833,$ $0.3111, 0.1389, 0)$	中等
		U_{42}	0.3333	0.1	0.3	0.3	0.3	0		
		U_{43}	0.3889	0.2	0.3	0.4	0.1	0		

由表 10.5 可知,准则层的设备设施因素、人员因素、环境因素的安全等级都为"中等"。

10.3 加油站模糊综合评价

由以上分析可知各因素的综合评价结果 B_i,将 B_i 组合成总评价矩阵 $B = (B_1, B_2, B_3, B_4)^T$,得

$$B = \begin{bmatrix} 0.1602 & 0.3500 & 0.1949 & 0.2199 & 0.0750 \\ 0.2327 & 0.3074 & 0.2965 & 0.1190 & 0.0213 \\ 0.1650 & 0.4174 & 0.2658 & 0.1384 & 0 \\ 0.1667 & 0.3833 & 0.3111 & 0.1389 & 0 \end{bmatrix}$$

进而求系统安全性评价矩阵 C，由 $C = A \cdot B$，得
$$C = (0.1875, 0.3595, 0.2663, 0.1556, 0.0277)$$

求系统安全总得分：

$F = C \times S^{\mathrm{T}} = 0.1875 \times 95 + 0.3595 \times 80 + 0.2663 \times 65 + 0.1556 \times 40 + 0.0277 \times 30 = 70.937$

此加油站系统的安全总得分为70.937，根据表10.3，安全等级为"中等"，且各因素的安全等级也为"中等"，因此该加油站还是存在安全隐患，为保证加油站的安全生产，需要采取相应的安全措施。

针对该加油站的安全现状，提出以下安全措施：(1)制定合理可行的安全规章制度，并严格执行；(2)做好员工安全教育培训，提高员工的安全意识水平；(3)定期检查站区及周围环境，及时排除危险隐患；(4)定期检查设施设备，维修或更换易损设施设备。

复习思考题

1. 模糊综合评价法的定义和特点是什么？
2. 简述模糊综合评价法的评价步骤和内容。
3. 以加油站模糊综合评价为例，结合工程实际，选取评价对象构建安全评价指标体系，确定权重并进行单因素和综合评价。

11 基于 Fluent 的泄漏事故后果模拟

11.1 Fluent 软件介绍

Fluent 是由美国 Fluent 公司于 1983 年推出的 CFD(计算流体力学)软件。它是继 Phoenics 软件之后第二个投放市场的基于有限体积法的软件。Fluent 是目前功能最全面、适用性最广、国内使用最广泛的 CFD 软件之一。

Fluent 提供了非常灵活的网格特性,让用户可以使用非结构网格,包括三角形、四边形、四面体、六面体、金字塔形网格来解决具有复杂外形的流动,甚至可以用混合型非结构网格。它允许用户根据解的具体情况对网格进行修改(细化/粗化),非常适合于模拟具有复杂几何外形的流动。除此之外,为了精确模拟物理量变化剧烈的大梯度区域,如自由剪切层和边界层,Fluent 还提供了自适应网格算法。该算法既可以降低前处理的网格划分要求,又可以提高计算求解的精度。Fluent 可读入多种 CAD 软件的三维几何模型和多种 CAD 软件的网格模型。

Fluent 可用于二维平面、二维轴对称和三维流动分析,可完成多种参考系下的流场模拟、定常或非定常流动分析、不可压或可压流动计算、层流或湍流流动模拟、牛顿流体或非牛顿流体流动、惯性与非惯性坐标系中的流体流动、传热和热混合分析、化学组分混合和反应分析、多相流分析、固体与流体耦合传热分析、多孔介质分析、运动边界层追踪等。针对上述每一类问题,Fluent 都提供了优秀的数值模拟格式供用户选择。因此,Fluent 已广泛应用于化学工业、环境工程、航天工程、汽车工业、电子工业和材料工业等。

Fluent 可让用户定义多种边界条件,如流动入口及出口边界条件、壁面边界条件等,可采用多种局部的笛卡儿和圆柱坐标系的分量输入,所有边界条件均可以随着空间和时间的变化,包括轴对称和周期变化等。Fluent 提供的用户自定义子程序功能,可让用户自行设定连续方程、动量方程、能量方程或组分输运方程中的体积源项、自定义边界条件、初始条件、流体的物性、添加新的标量方程和多孔介质模型等。Fluent 的湍流模型包括 $k-\varepsilon$ 模型、Reynolds 应力模型、LES 模型、标准壁面函数、双层近壁模型等。

Fluent 是用 C 语言写的,可实现动态内存分配及高级数据结构,具有很大的灵活性与很强的处理能力。此外,Fluent 使用 Client/Server 结构,它允许同时在用户桌面工作站和强有力的服务器上分离地运行程序。在 Fluent 中,解的计算与显示可以通过交互式的用户界面来完成。用户界面是通过 scheme 语言写的,高级用户可以通过写菜单宏、菜单函数自定义及优化界面。用户还可以使用基于 C 语言的用户自定义函数功能对 Fluent 进行扩展。

11.1.1 Fluent 的运行

Fluent 可以按照开始→程序→Fluent Inc Products→Fluent6.3.26→Fluent6.3.26 的路径或双击桌面上的快捷方式启动。

启动 Fluent 后出现如图 11.1 所示的对话框。其中 2D 表示二维单精度求解器,3D 表示三维单精度求解器;若勾选 Double Precision,则表示设置求解器精度为二维或三维双精度求解器。

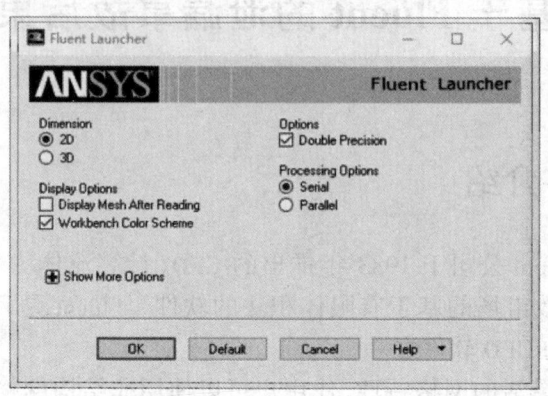

图 11.1　Fluent 求解器

在所有的操作系统上都可以进行单精度和双精度计算。对于大多数情况来说,单精度计算已经足够,但在下面这些情况下需要使用双精度计算:

(1)计算域非常狭长(比如细长的管道),用单精度表示节点坐标可能不够精确。

(2)如果计算域是许多由细长管道连接起来的容器,各个容器内的压强各不相同,加上某个容器的压强特别高的话,那么在采用同一个参考压强时,用单精度表示其他容器内压强可能产生较大的误差,这时可以考虑使用双精度求解器。

(3)在涉及两个区域之间存在很大的热交换或者网格的长细比很大时,用单精度可能无法正确传递边界信息,并导致计算无法收敛,或精度达不到要求,这时也可以考虑采用双精度求解器。

11.1.2　Fluent 求解方法的选择

Fluent 提供了非耦合求解、耦合隐式求解以及耦合显式求解三种方法。非耦合求解方法用于不可压缩或低马赫数压缩性流体的流动。耦合求解方法则可以用于高速可压缩流动。Fluent 默认设置是非耦合求解,但对于高速可压缩流动,或需要考虑体积力(浮力或离心力)的流动,求解问题时网格要比较密,建议采用耦合隐式求解方法求解能量和动量方程,可较快地得到收敛解,缺点是需要的内存比较大(是非耦合求解迭代时间的 $1.5\sim2.0$ 倍)。如果必须要耦合求解,但机器内存不够时,可以考虑用耦合显式解法器求解问题。该求解器也耦合了动量、能量及组分方程,但内存却比耦合隐式求解方法小,缺点是收敛时间比较长。

11.1.3　Fluent 模拟步骤

利用 Fluent 软件进行求解的步骤如下:

(1)确定几何形状,生成计算网格。

(2)选择求解器(2D 或 3D 等)。

(3)输入并检查网格。

(4)选择求解方程:层流或湍流(或无黏流)、化学组分或化学反应、传热模型等。确定其他需要的模型,如风扇、热交换器、多孔介质等模型。

(5)确定流体的材料物性。

(6)确定边界类型及边界条件。
(7)设置计算控制参数。
(8)流场初始化。
(9)求解计算。
(10)保存计算结果,进行后处理。

11.2 数值模拟计算模型的构建

球罐具有储藏量大、耗材少、占地面积小、基础工程简单等特点。我国自 1985 年开始建造第一台球罐以来,球罐建设得到了飞速发展,广泛应用于石油、化工、冶金等部门。液化石油气(LPG)主要成分具有易燃易爆、相态易变等特点,一旦泄漏,体积急剧膨胀至液态的约 250 倍;同时在长周期使用过程中,罐内液化气中的水、酸性物与球罐内壁发生反应,可对球罐内壁造成腐蚀,导致罐内介质泄漏,形成移动的危险源,遇火源可发生严重的火灾爆炸二次事故,对周围环境、人员、设备等造成巨大的伤害。

计算流体力学(CFD)方法通过建立各种条件下的基本守恒方程(质量、动量、能量及组分等),并结合相应的初始条件和边界条件,以及数值计算理论和方法,可模拟气体扩散的三维非定常态湍流流动过程,从而可获得复杂流场内各个位置上的基本物理量(如速度、温度、压力、浓度)的分布,以及这些物理量随时间的变化情况。

本章以 CFD 为基本工具,重点模拟在不同风速以及不同障碍物情况下,液化石油气球罐区泄漏扩散的时空演化规律,为快速准确地确定液化石油气扩散的浓度范围、安全地进行人员疏散、减少事故损失提供依据。

11.2.1 风速对球罐区泄漏扩散影响的计算模型

设 x、y 轴方向平行于水平地面,z 轴方向垂直于水平地面,建立的风速对液化石油气泄漏扩散影响的模拟计算模型见图 11.2。模拟对象设为 100m × 40m × 40m 区域内位于(0,0,−15)点处 1000m³ 液化石油气球罐赤道带的圆洞泄漏,泄漏圆孔半径为 0.002m,泄漏速度为 80m/s,分别研究风速为 0m/s、2m/s、5m/s 三种情况下泄漏扩散规律。设风的方向为 x 轴正方向,泄漏方向与风的方向相反。

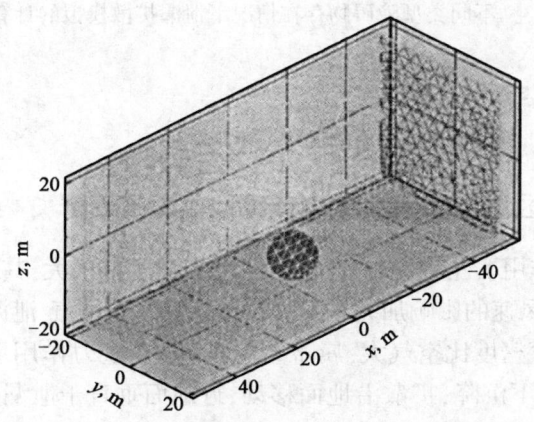

图 11.2 风速对液化石油气泄漏扩散影响的模拟计算模型

11.2.2 不同类型障碍物存在情况下对球罐区泄漏扩散影响的计算模型

构建的不同类型障碍物存在情况下对液化石油气泄漏扩散影响的模拟计算模型见图11.3。模拟区域为120m×60m×40m的长方体区域,障碍物分别为:12m×12m×12m、对称中心位于(0,0,0)点的楼房,半径为6m、长12m、中心位于(0,0,6)点且沿y轴放置的圆柱形储罐(简称柱罐);半径为6m、球心在(0,0,6)点处的球罐。障碍物位于下风向,距泄漏口30m。泄漏源为1000m^3液化石油气球罐赤道带半径为0.002m的圆孔泄漏,泄漏速度为80m/s,泄漏方向与风向相反,风速为5m/s。由于泄漏源以及障碍物附近泄漏气体各个参数的变化梯度较大,因此将该区域的网格加密,同时为了保证计算时间,在远离泄漏区域的方向上网格不断加粗。

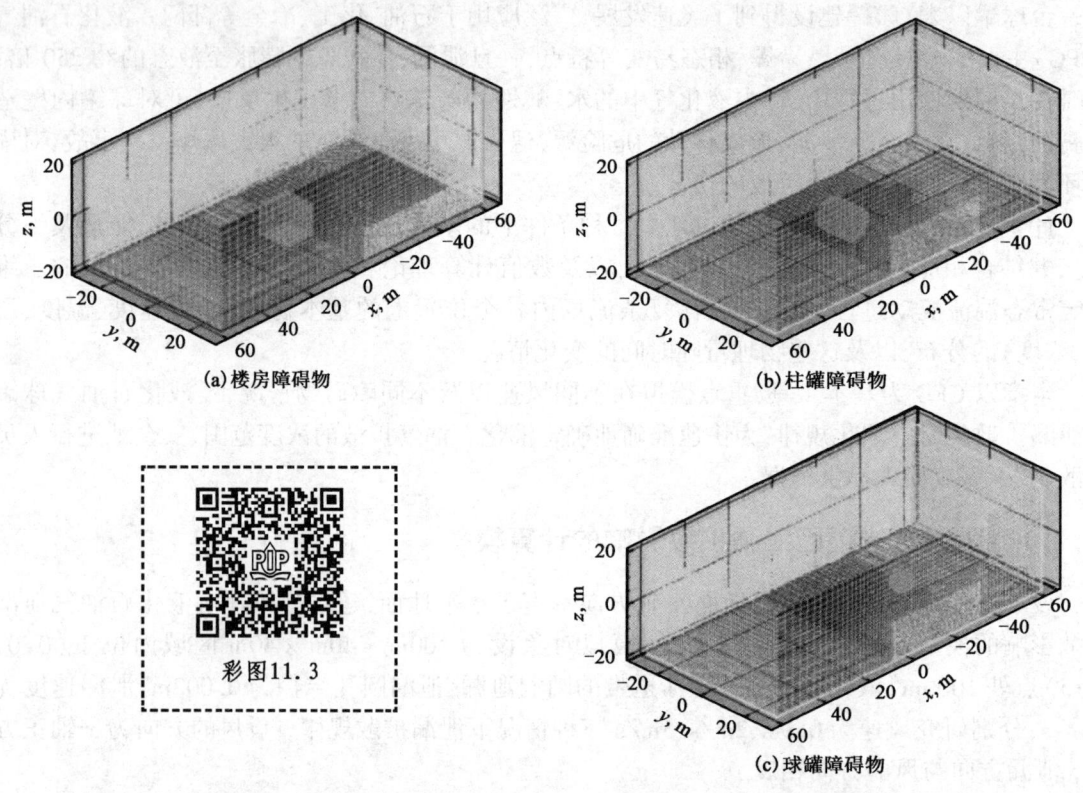

图11.3 不同类型障碍物存在情况下泄漏扩散模拟的计算模型

11.3 数值模拟结果与分析

11.3.1 风速对球罐区泄漏扩散的影响分析

液化石油气在有风作用下,泄漏口附近喷射速度和梯度都很大,其扩散受风速的影响很小,随着扩散距离的增加,受风速的影响加大。不同风速下液化石油气泄漏60s时轴面浓度云图见图11.4。由于液化石油气密度比空气大,属于重气范畴,在重力作用下,液化石油气的沉积卷积效应明显,泄漏后会向下沉降,扩散沿地面移动,近地面垂直于泄漏方向污染距离大,加之地面又是人员活动频繁的地方,焊接、汽车尾气、摩擦静电等火源出现的可能性高,其危险性高。

不同风速对液化石油气泄漏轴线上浓度的影响曲线见图11.5。

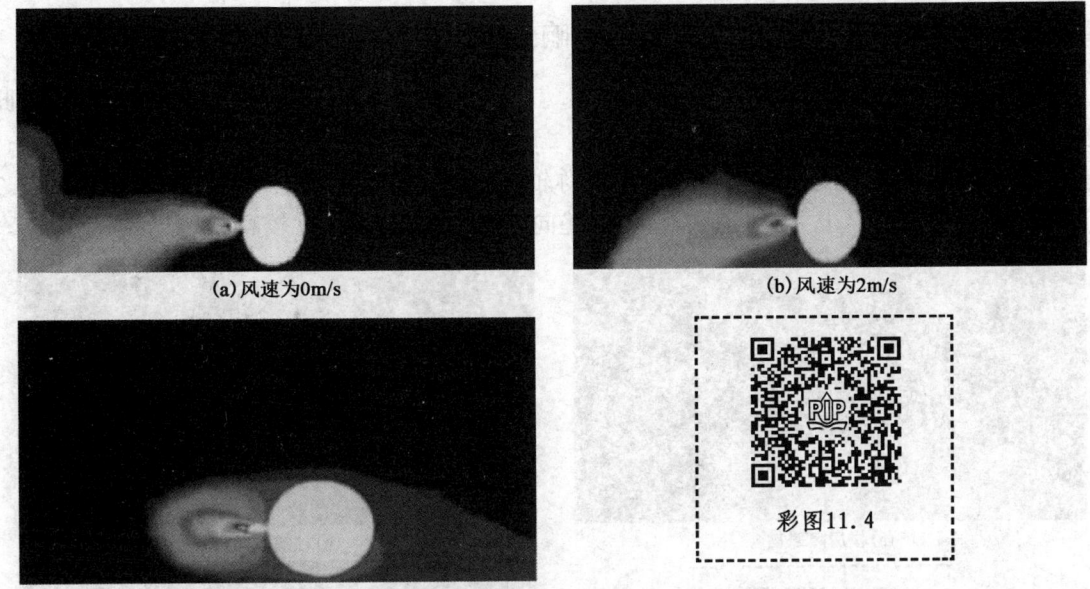

图 11.4 不同风速下泄漏轴面浓度云图

结合不同风速下液化石油气泄漏轴面浓度(图 11.4)和不同风速对泄漏轴线上浓度的影响曲线(图 11.5)可知:在静风条件下,气体扩散只在泄漏方向上进行;当有垂直于泄漏面的风时,风将泄漏气体向下风向输送,风速不但会改变扩散方向,同时也会影响扩散距离,风速越小,泄漏沿喷射方向扩散距离越远,顺风方向扩散距离越近;在有风条件下,风速越大,大气湍流越剧烈,泄漏的油气与空气掺混效果越好,越容易被稀释,相比较而言所能达到的最高浓度值越小,60s 时风速为 2m/s 的泄漏轴线上最高摩尔分数可达 0.062,而风速为 5m/s 的最高摩尔分数仅为 0.046。

另外,风速还能改变气体泄漏扩散达到平衡的时间。为此选取气体泄漏扩散在 10s、60s、120s 和 180s 这 4 个时间点的泄漏轴线上浓度值作曲线,观察所得的曲线图(图 11.6)可知:当风

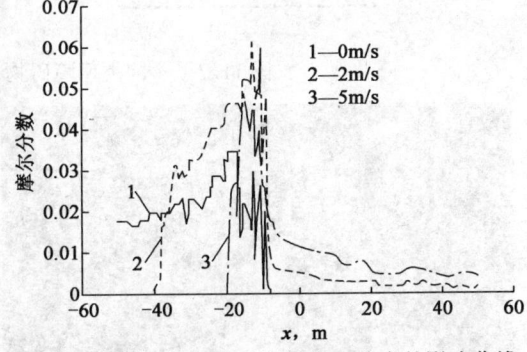

图 11.5 不同风速对泄漏轴线上浓度的影响曲线

速为 2m/s 时,泄漏扩散在 120s 几乎达到泄漏平衡;当风速为 5m/s 时,泄漏扩散在 60s 即可达平衡状态。可见,风速越大,泄漏扩散越容易达到平衡。

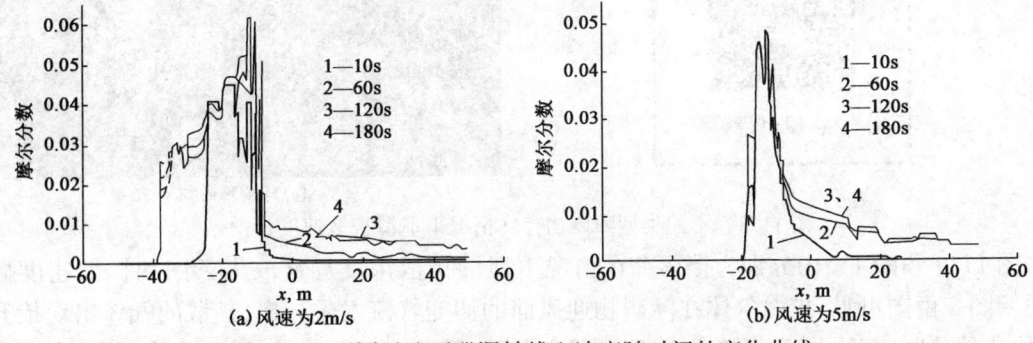

图 11.6 不同风速下泄漏轴线上浓度随时间的变化曲线

11.3.2 障碍物对球罐区泄漏扩散的影响分析

液化石油气的密度大于空气,属于重气范畴,泄漏后在重力作用下,一般沿地面扩散,因此地形条件是影响其扩散行为的主要因素。

通过观察不同类型障碍物存在情况下对称轴面上泄漏扩散浓度云图和速度云图(图 11.7 和图 11.8)可知:障碍物后方风速明显减小,趋向于零,但泄漏物浓度较高。

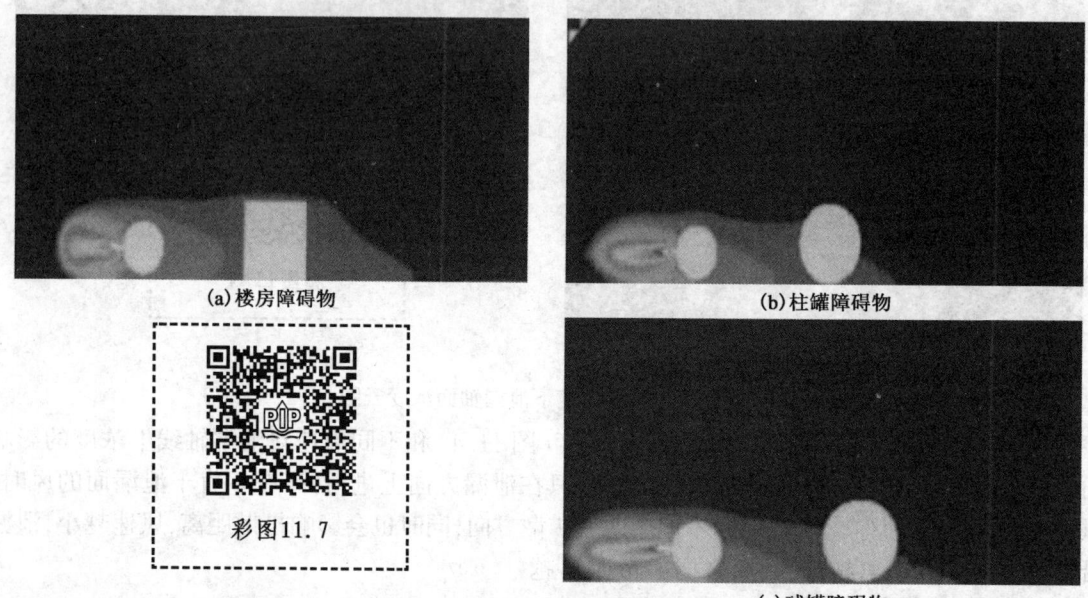

图 11.7　不同类型障碍物存在情况下泄漏扩散浓度云图

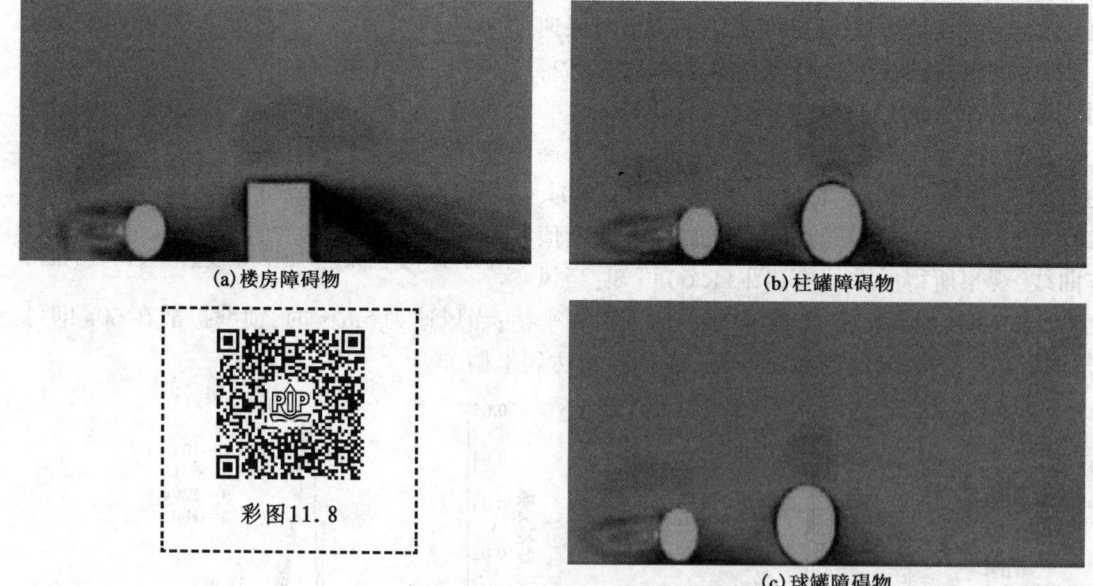

图 11.8　不同类型障碍物存在情况下泄漏扩散速度云图

图 11.9 和图 11.10 分别为楼房存在情况下泄漏扩散浓度局部放大云图和扩散速度局部放大云图。由图可见:扩散气体在障碍物迎风面的切变气流发生分离,扩散的气体出现抬升现象,形成位移区;障碍物后方气压低,形成了空腔区,随着时间的延长,在重力作用下,向下流动

的空气携带的油气会在此积聚,导致油气浓度不断升高,当无新鲜空气稀释时,很容易形成燃爆性混合气体,属于高危险部位。

图 11.9　楼房存在情况下泄漏扩散浓度局部放大云图

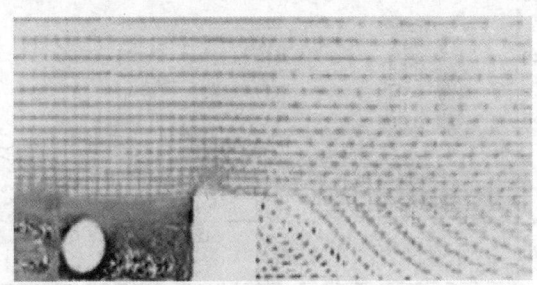

图 11.10　楼房存在情况下泄漏扩散速度局部放大云图

液化石油气在水平面上泄漏扩散的浓度云图见图 11.11 和图 11.12。其中,图像颜色代表泄漏气体的摩尔浓度。

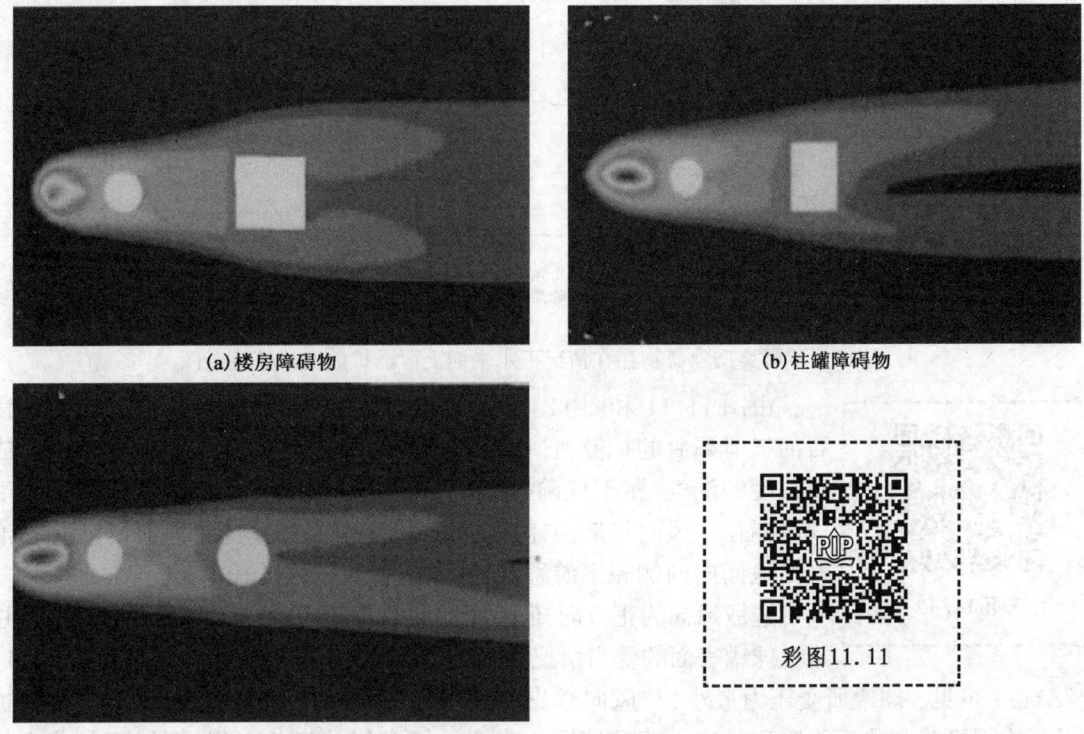

图 11.11　不同类型障碍物存在情况下水平面上泄漏扩散的浓度云图

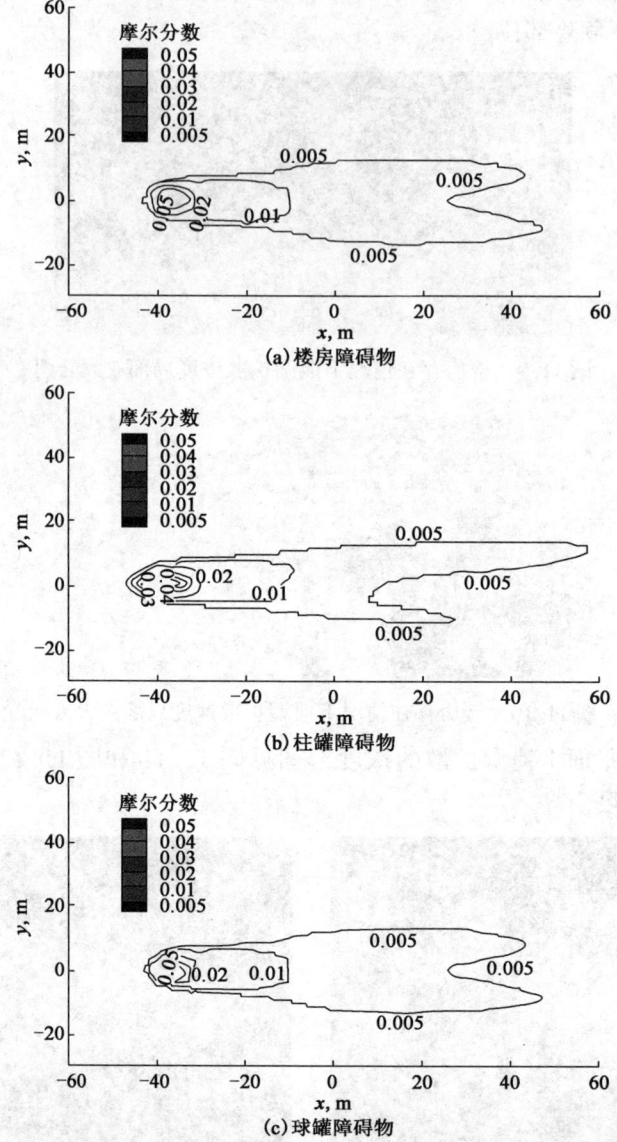

图 11.12　不同类型障碍物存在情况下水平面上泄漏扩散的浓速度云图

彩图 11.12

由图 11.11 和图 11.12 可以看出：建筑物、储罐等会直接影响液化石油气泄漏后的扩散轨迹，在障碍物的内侧、背风侧的空腔区内会形成高浓度的油气，属于危险性较高的部位；当风速为 5m/s 时，液化石油气泄漏在顺风向扩散的速度大于侧风向扩散的速度，泄漏的液化石油气贴地面向两侧和下游移动，地面位置油气浓度较高。

选取风向为正方向，研究距泄漏源相同距离、尺寸相似的建筑物、柱罐及球罐表面的受力情况（x 轴正方向为力的方向），其结果见表 11.1。

由表 11.1 可见，球罐所受压力最小，与风向垂直的建筑物所受的作用力最大，这与气体在扩散过程中遇到障碍物后沿障碍物表面爬升情况相吻合。结合相关经验可得，迎风面的曲率越大，所受的作用力越小，此结论可指导罐区设备承压的稳定性设计。

表 11.1　不同类型障碍物的受力情况　　　　　　　　　单位:N

模拟对象	压力	黏性力	总作用力
楼房	1363.7092	17.7301	1381.4393
柱罐	1299.0494	29.8007	1328.8501
球罐	516.3770	23.9335	540.3105

11.3.3　结论

(1)风速影响液化石油气泄漏的扩散轨迹、扩散距离以及泄漏扩散达到平衡的时间。风速越大,湍流越明显,泄漏气体扩散速度越快,所形成的可燃蒸气云浓度梯度越大,同一时刻最高浓度值越小;在泄漏情况相同的情况下,适当增大风速有助于降低危险。

(2)液化石油气属于重气,扩散过程中受地面障碍物的影响较大,障碍物的存在改变了气体的常规扩散规律,泄漏气体会从障碍物的两侧绕行,障碍物两侧浓度较高;在障碍物的空腔区内,由于存在回流现象,泄漏气体一旦进入很难继续扩散,使浓度积累而增高,成为高危险区;泄漏气体在扩散途中沿不同曲率障碍物爬升时对障碍物的作用力不同,据此可指导罐区装置的承压性能设计。

12 基于 FDS 的储罐火灾事故后果模拟

随着计算机技术、数值计算技术的发展,计算机模拟分析逐步在安全评价中得以运用。本章通过介绍 FDS 火灾动力学模拟软件,对某项目原油储罐进行火灾事故后果模拟,分析不同风速对原油储罐火灾的影响。

12.1 软件介绍

FDS(fire dynamics simulator)是美国国家标准和技术研究院(NIST)开发的一种计算流体力学(CFD)模拟程序,在火灾安全工程领域应用十分广泛。

FDS 的主程序用于求解微分方程,可以模拟火灾导致的热量和燃烧产物的低速传输,气体、固体表面之间的辐射和对流传热,材料的热解,火焰的传播和火灾蔓延,水喷淋、感温探测器和感烟探测器的启动,水喷头喷雾和水抑制效果等。FDS 还附带有一个 Smokeview 程序,可用来显示和查看 FDS 的计算结果,它可以显示火灾的发展和烟气的蔓延情况,还可用来评判火场中的能见度。

FDS 采用数值方法求解一组描述低速、热驱动流动的 Navier – Stokes 方程(N – S 方程),重点关注火灾导致的烟气运动和传热过程。对于时间和空间,FDS 均采取二阶的显式预估校正方法。FDS 中包括大涡模拟(large eddy simulation, LES)和直接数值模拟(direct numerical simulation, DNS)两种方法。DNS 主要适用于小尺寸的火焰结构分析,而对于在空间较大的多室建筑结构内的烟气流动过程,则应选择 LES。FDS 默认的运行方式是 LES。

大涡模拟的基本思想是在流场的大尺度结构和小尺度结构(Kolmogorov 尺度)之间选择一个滤波宽度对控制方程进行滤波,从而把所有变量分成大尺度量和小尺度量。大尺度量用瞬时的 N – S 方程直接模拟,小尺度量则采用亚格子模型进行模拟。火灾烟气的湍流输运主要由大尺度漩涡运动决定,对大尺度结构进行直接模拟可以得到真实的结构状态。由于小尺度结构具有各向同性的特点,因而对流场中小尺度结构采用统一的亚格子模型是合理的。

FDS 中采用的是 Smagorinsky 亚格子模型,该模型基于一种混合长度假设,认为涡黏性正比于亚格子的特征长度 Δ 和特征湍流速度。根据 Smagorinsky 模型,流体动力黏性系数表示为

$$\mu_{LES} = \rho (C_S \Delta)^2 \left[\frac{1}{2}(\nabla u + \nabla u^T):(\nabla u + \nabla u^T) - \frac{2}{3}(\nabla \cdot u)^2 \right]^{\frac{1}{2}} \tag{12.1}$$

$$\Delta = (\delta x \delta y \delta z)^{1/3}$$

式中 C_S——Smagorinsky 常数;
 ρ——流体密度,kg/m³;
 u——速度矢量;
 T——环境温度,K。

流体的导热系数和物质扩散系数分别表示为

$$\kappa_{\text{LES}} = \frac{\mu_{\text{LES}} c_p}{Pr} \tag{12.2}$$

$$(\rho D)_{i\text{LES}} = \frac{\mu_{\text{LES}}}{Sc} \tag{12.3}$$

式中 D——扩散系数；
Sc——流体的施密特数；
Pr——普朗特数；
c_p——流体比定压热容。

大涡模拟能够较好地处理湍流和浮力的相互作用，可以得到较为理想的结果，因此目前在火灾过程的模拟计算中得到了相当广泛的应用。

为了合理描述火灾这种特殊的燃烧过程，需要建立适当的燃烧模型。目前在 FDS 中包含有限反应速率和混合分数两种燃烧模型。有限反应速率模型适用于直接数值模拟，混合分数燃烧模型则适用于大涡模拟。在 FDS 中默认的是混合分数模型。

FDS 采用矩形网格来近似表示所研究的建筑空间，用户搭建的所有建筑组成部分都应与已有的网格相匹配，不足一个网格的部分会被当一个整网格或者忽略掉。

FDS 对空间的所有固体表面均赋予热边界条件以及材料燃烧特性信息，固体表面上的传热和传质通常采用经验公式进行处理。

12.2 模拟事故背景

原油库是原油储运的重要场所，储罐数量多，原油储量大，生产设施多，工艺复杂，是火灾爆炸的危险源。以我国某石化公司储运车间的原油罐区为例，该罐区内包括四座钢制外浮双盘储罐，单罐容积为 $10 \times 10^4 \text{m}^3$，还有两座 $5 \times 10^4 \text{m}^3$ 原油储罐，原油总储量为 $48 \times 10^4 \text{m}^3$，其布置如图 12.1 所示。现利用 FDS 对 2 号储罐(直径为 80m，高 21m，油品充装系数为 75%)发生全表面池火灾事故进行模拟。根据罐区的油品资料，选取了具有代表性的原油热物性，见表 12.1。

表 12.1 原油的热物性参数取值表

参 数 定 义	单 位	取 值
燃烧热	kJ/kg	42700
最大燃烧速率	kg(m²·s)	0.027~0.119
密度	kg/m³	780
热传导率	W(m·K)	0.15
比热容	kJ(kg·K)	2.4
燃料转化为 CO 的质量分数	%	0.01
燃料转化为烟粒子的质量分数	%	0.1
燃烧效率	%	0.68~0.85

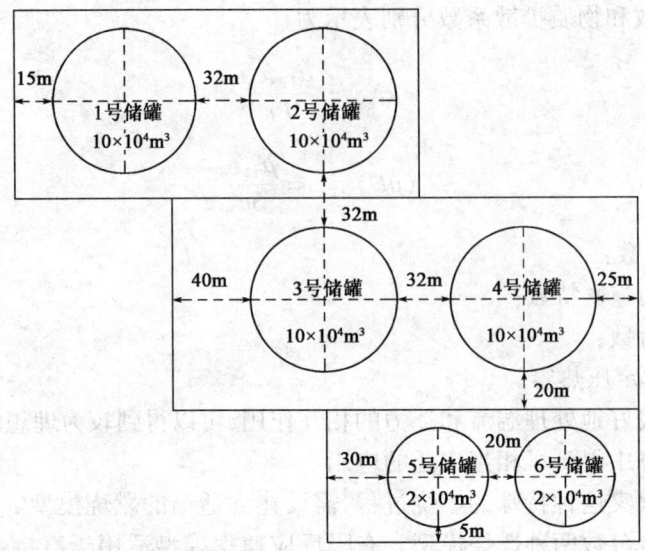

图 12.1 罐区布置图

12.2.1 原油的燃烧速度计算

由第 5 章池火灾计算公式(即式 5.32)可得:

$$m_f = \frac{dm}{dt} = \frac{0.001 H_c}{c_p(T_b - T_0) + H_{vap}}$$

$$= \frac{0.001 \times 4.27 \times 10^7}{2400 \times (380.53 - 282.65) + 3.5 \times 10^5}$$

$$= 0.073$$

式中 m_f——可燃液体燃烧的质量速度,kg/(m²·s);
H_c——液体燃烧热,J/kg;
H_{vap}——液体的汽化热,J/kg;
c_p——液体的比定压热容,J/(kg·K);
T_b——液体的常压沸点,K;
T_0——环境温度,K。

12.2.2 火焰高度的计算

由式(5.34),无风时,火焰高度为

$$L = 42D\left(\frac{m_f}{\rho_0\sqrt{gD}}\right)^{0.61}$$

$$= 42 \times 80 \times \left(\frac{0.073}{1.293 \times \sqrt{9.8 \times 80}}\right)^{0.61}$$

$$= 76.2$$

式中 L——火焰高度,m;
m_f——单位面积燃烧速率,kg/(m²·s);
ρ_0——空气密度,$\rho_0 = 1.293$ kg/m³;
g——重力加速度,$g = 9.8$ m/s²;

D——液池直径,m,$D = (4S/\pi)^{0.5}$。

由式(5.35),风速为4m/s时,火焰高度为

$$H = 55D\left[\frac{m_f}{\rho_0(gD)^{0.5}}\right]^{0.67}\left(\frac{U_w}{U_c}\right)^{-0.21}$$

$$= 50 \times 80 \times \left(\frac{0.073}{1.293 \times (9.8 \times 80)^{0.5}}\right)^{0.67}\left(\frac{4}{3.53^2}\right)^{-0.21}$$

$$= 89.4(m)$$

风速为8m/s时,火焰高度为

$$H = 55D\left[\frac{m_f}{\rho_0(gD)^{0.5}}\right]^{0.67}\left(\frac{U_w}{U_c}\right)^{-0.21}$$

$$= 55 \times 80 \times \left[\frac{0.073}{1.293 \times (9.8 \times 80)^{0.5}}\right]^{0.67} \times \left(\frac{8}{3.53^2}\right)^{-0.21}$$

$$= 84.9(m)$$

风速为12m/s时,火焰高度为

$$H = 55D\left[\frac{m_f}{\rho_0(gD)^{0.5}}\right]^{0.67}\left(\frac{U_w}{U_c}\right)^{-0.21}$$

$$= 55 \times 80 \times \left[\frac{0.073}{1.293 \times (9.8 \times 80)^{0.5}}\right]^{0.67} \times \left(\frac{12}{3.53^2}\right)^{-0.21}$$

$$= 69.3(m)$$

式中 U_w——当量风速,m/s;
U_c——特征风速。

12.2.3 热辐射通量计算

由式(5.38),无风时,热辐射通量为

$$q_0 = \frac{0.25\pi D^2 m_f f H_c}{0.25\pi D^2 + \pi DL}$$

$$= \frac{0.25 \times \pi \times 80^2 \times 0.073 \times 0.15 \times 4.27 \times 10^7}{0.25 \times \pi \times 80^2 + \pi \times 80 \times 76.2}$$

$$= 9.72 \times 10^4 (W/m^2)$$

风速为4m/s时,热辐射通量为

$$q_0 = \frac{0.25\pi D^2 m_f f H_c}{0.25\pi D^2 + \pi DL}$$

$$= \frac{0.25 \times \pi \times 80^2 \times 0.073 \times 0.15 \times 4.27 \times 10^7}{0.25 \times \pi \times 80^2 + \pi \times 80 \times 89.4}$$

$$= 8.55 \times 10^4 (W/m^2)$$

风速为8m/s时,热辐射通量为

$$q_0 = \frac{0.25\pi D^2 m_f f H_c}{0.25\pi D^2 + \pi DL}$$

$$= \frac{0.25 \times \pi \times 80^2 \times 0.073 \times 0.15 \times 4.27 \times 10^7}{0.25 \times \pi \times 80^2 + \pi \times 80 \times 84.9}$$

$$= 8.91 \times 10^4 (W/m^2)$$

风速为 12m/s 时,热辐射通量为

$$q_0 = \frac{0.25\pi D^2 m_f f H_c}{0.25\pi D^2 + \pi DL}$$

$$= \frac{0.25 \times \pi \times 80^2 \times 0.073 \times 0.15 \times 4.27 \times 10^7}{0.25 \times \pi \times 80^2 + \pi \times 80 \times 69.3}$$

$$= 1.05 \times 10^5 (\text{W/m}^2)$$

式中　q_0——火焰表面热辐射通量,W/m^2；
　　　f——热辐射系数,通常 f 可取 0.15。

由第 5 章池火灾计算公式得到 10×10^4 m^3 原油储罐发生全表面池火灾时原油燃烧速度为 0.073 kg/(m^2·s),无风情况下火焰高度为 76.2 m,风速为 4 m/s、8 m/s、12 m/s 时火焰高度分别为 89.4 m、84.9 m 及 69.3 m；无风时火焰表面热辐射通量为 9.72×10^4 W/m^2,风速为 4 m/s、8 m/s、12 m/s 时火焰表面热辐射通量分别为 8.55×10^4 W/m^2、8.91×10^4 W/m^2 及 1.05×10^5 W/m^2。

12.3　后果模拟

FDS 通常采用基于油品单位面积的热释放速率或者热物性参数两种方式来定义火源。但是后者在预测燃烧速率时存在潜在的误差,导致对油品表面的热流的计算大于真实数据。所以本章采用第一种恒定的热释放速率来简化计算。燃油单位面积的热释放速率 Q 为

$$Q = \eta_1 H_c m_f \tag{12.4}$$

式中　η_1——燃烧效率；
　　　H_c——燃烧热,kJ/g；
　　　m_f——质量燃烧速率,kg/(m^2·s)。

对于直径为 80 m 的 10×10^4 m^3 燃烧原油储罐,构建如图 12.2 所示储罐火灾模型,其燃烧速率为 0.073 kg/(m^2·s),结合表 12.1 中的参数可由式(12.4)计算原油单位面积的热释放速率 Q。设定单位面积热释放速率 Q 为 2369 kW/m^2。

彩图 12.4

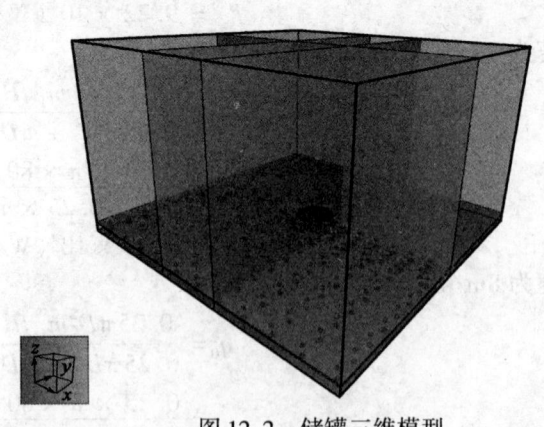

图 12.2　储罐三维模型

12.3.1 火焰羽流形态分析

图 12.3 是储罐发生全表面火灾后稳定燃烧时的火焰羽流形态。清洁燃烧区位于底部可见的火焰层,高度较低,但该区域的原油燃烧十分高效,并且热辐射能量极高;烟气覆盖区位于清洁燃烧区上方,中间相接的区域为间歇区,多数时间被烟气覆盖,间歇性地暴露出火焰,该区域汇集了清洁燃烧区的不燃和部分燃烧的气体;烟气覆盖区存在大量的烟颗粒,能够将邻近设备、储罐覆盖,从而加重威胁。从图中可以直观看出,无风时,火焰主要向上部发展,烟气基本竖直向上运动;而在有风情况下,风力对于火焰的形状和烟气影响较大。

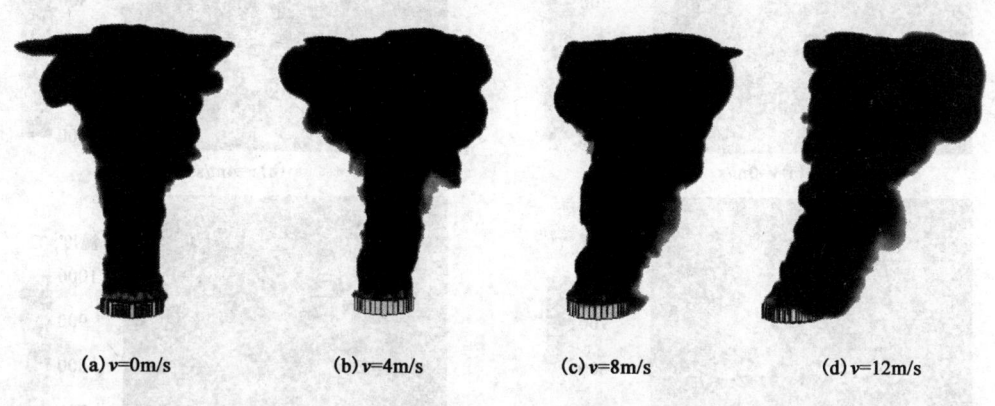

(a) $v=0m/s$　　(b) $v=4m/s$　　(c) $v=8m/s$　　(d) $v=12m/s$

图 12.3　不同风速 v 下的火焰羽流形态

12.3.2 火焰温度分析

由图 12.4 可以看出,原油在发生火灾时,储罐上方的环境温度迅速升高,火焰边缘到火焰中心温度逐渐升高,表面空气沿着该方向卷吸。高温区域集中在火焰下方,随着高度的增加而明显减小,并且随着风速的增大,火焰的温度越来越低,高温区域逐步缩减。以温度 1000℃ 为例,无风时大于此阈值的区域截面面积较大,高度约 120m;在风速为 12m/s 时,仅集中在火焰上方 50m 上下。

彩图 12.4

12.3.3 火焰热释放速率分析

由火焰热释放速率(HRR)随燃烧时间的变化趋势可以看出火灾从油品被点燃、扩大再到稳定燃烧的全过程。图 12.5 是储罐全表面火灾的 HRR 趋势图。

从火焰热释放速率与时间关系曲线图中能够看出,在开放的环境下,原油从被点燃到燃烧最剧烈所需要的时间很短,不到 10s 便达到峰值,这个峰值代表了火焰达到最大的发展阶段,并且此处的热释放速率峰值跳动幅度明显;风速为 12m/s 时的 HRR 值比静风情况下的 HRR 值下降了约 13.5%,表明在风的影响下储罐在燃烧初期处于不稳定状态,过了这个阶段,热释放速率便逐渐下降,并且波动幅度缩减。在 20s 之后,火焰热释放速率逐渐趋于平稳,跳动趋势变化不大。

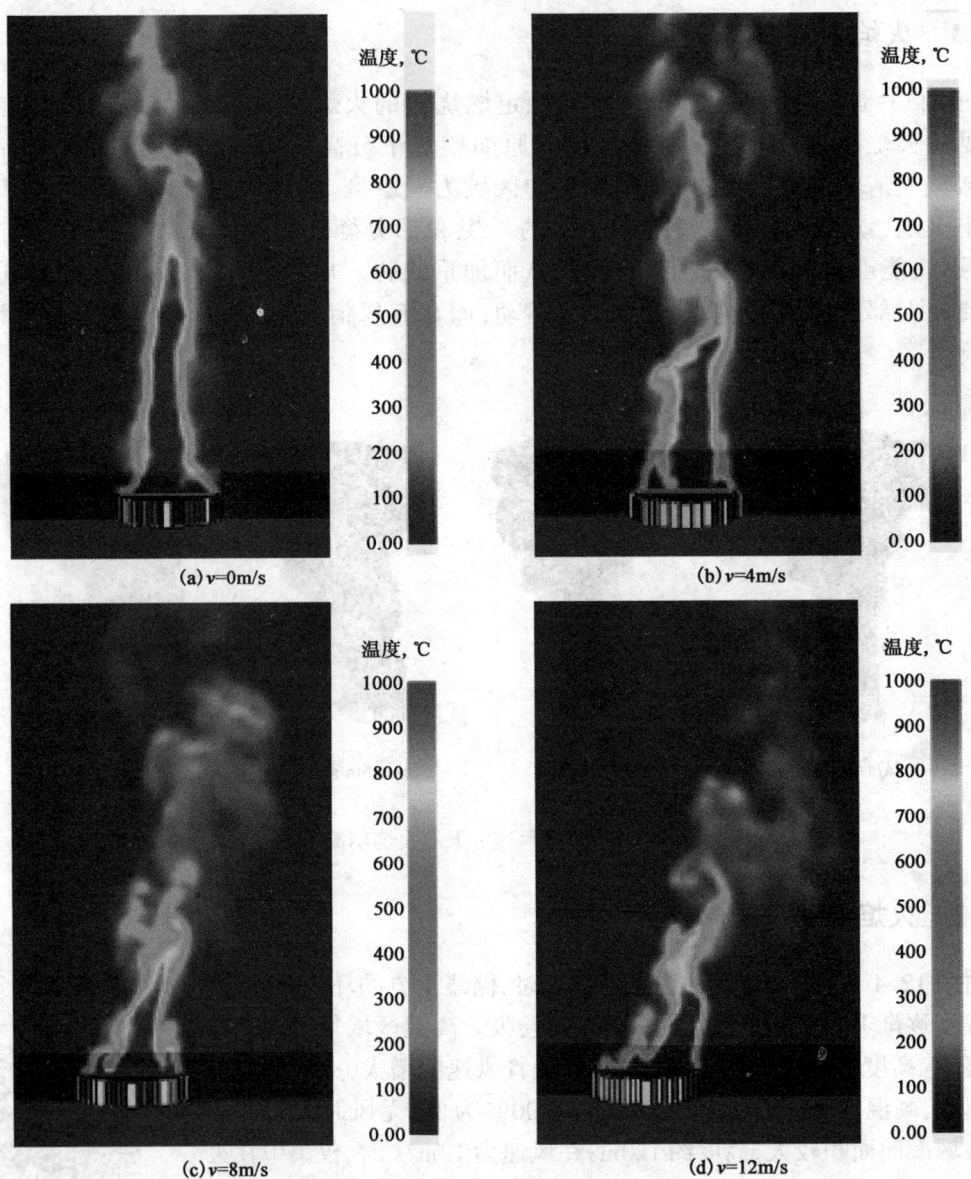

图 12.4 不同风速下的中心火焰温度切片

12.3.4 热辐射强度分析

通过图 12.6 可以看出不同风速下热辐射强度的分布状态,高热辐射区域会随着风速的增大向下风向偏移,而且偏移程度和热辐射强度受风速影响,风速越大,效果越明显;下风向范围内火灾热辐射强度高于上风向,灾害向下风向转移;在同一平面上,风速对较近距离处影响程度大于远距离处,说明风速对热辐射传播的影响作用随距离增加而逐渐减小。

12.3.5 不同高度处热辐射规律分析

从图 12.7 中可以看出,在罐顶高度(21m)平面上,火焰热辐射强度随距离增大呈指数衰

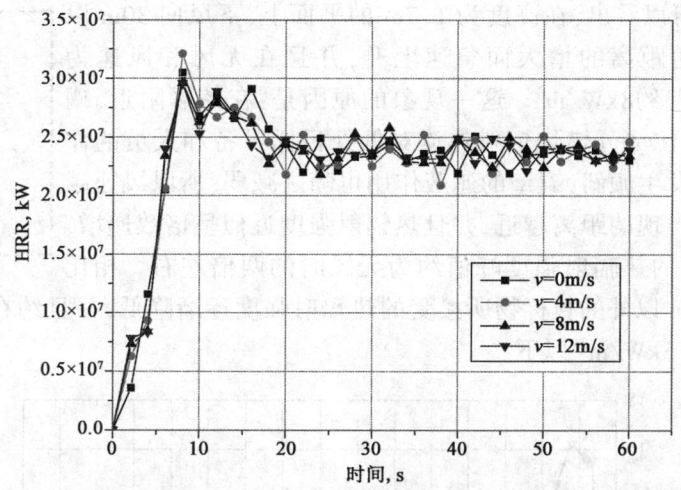

图12.5 不同风速下的HRR趋势图

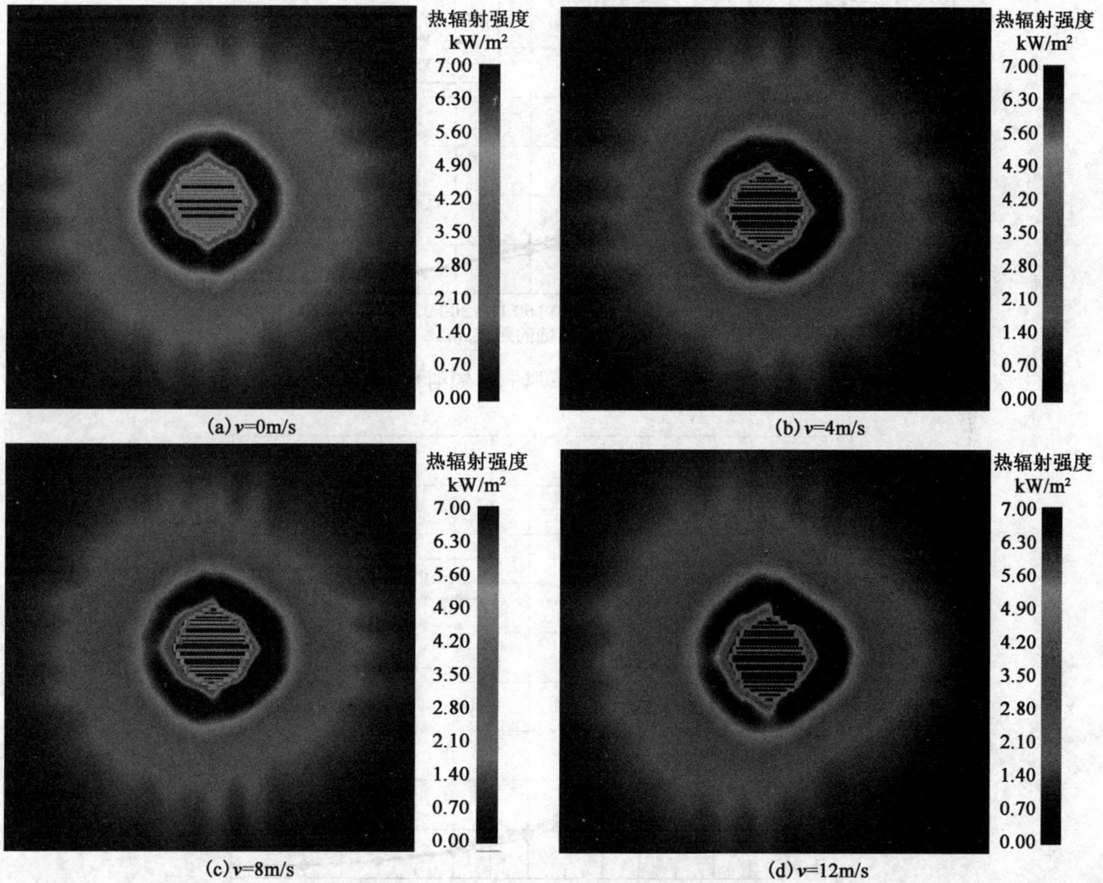

(a) $v=0$m/s

(b) $v=4$m/s

(c) $v=8$m/s

(d) $v=12$m/s

图12.6 不同风速下的热辐射强度云图

减,而衰减速度随距离增大逐渐减缓。约在一倍储罐直径(80cm)以外位置处的热辐射强度变化较小;当风速在 0~8m/s 以内时,热辐射强度整体呈增加趋势,但风速为12m/s时,热辐射强度在下风向40m左右已经低于8m/s时的热辐射强度值,表明某一固定点处的热辐射强度值并不与风速呈线性正相关关系。

从图 12.8 中可以看出,在高度为 1.7m 的平面上,下风向 30m 以内的热辐射强度随距离的增大而急速上升,并且在无风和风速为 12m/s 时的峰值相差约 8kW/m²。这一现象的原因是:在储罐附近,罐体自身的高度遮挡住部分燃烧辐射热流对低处目标设备和人员的作用;但是由于火焰发生倾斜,罐壁的遮蔽作用也随之减弱,所以风速越大,辐射强度峰值出现的距离越近,并且热辐射强度近似呈倍数递增,如风速为 12m/s 时的热辐射强度峰值约为无风时的两倍左右。相比之下,在下风侧 40m 以外的目标物所接受的热辐射强度逐渐降低,并且约在三倍储罐直径位置处辐射热降至 1.5kW/m² 以下。

彩图 12.6

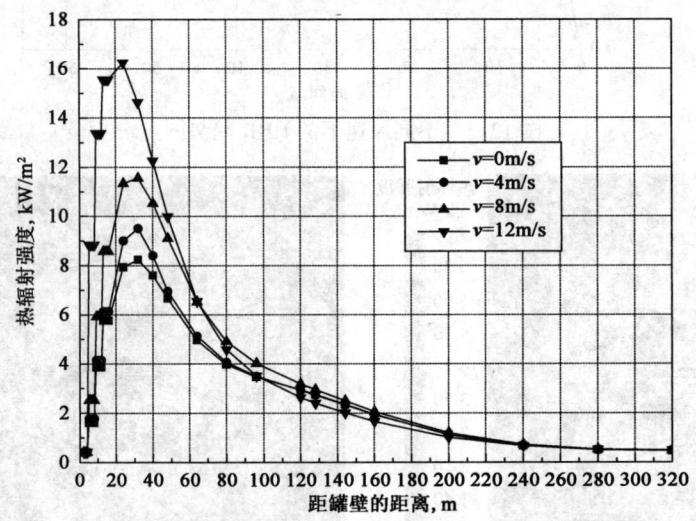

图 12.7　不同风速下火源下风向热辐射规律($H=21m$)

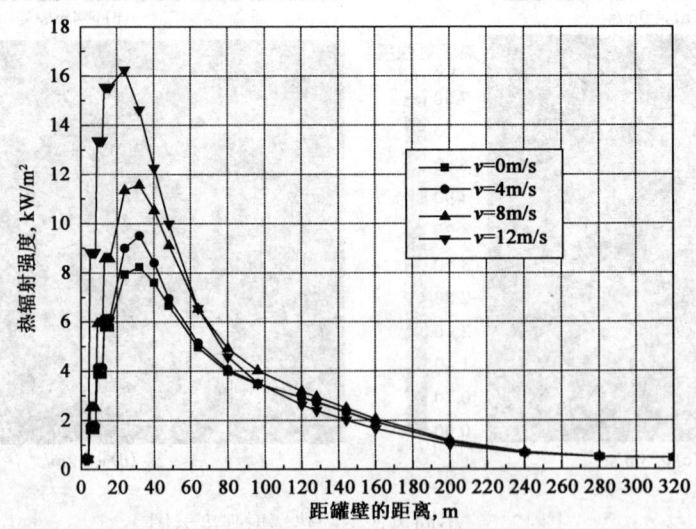

图 12.8　不同风速下火源下风向热辐射强度($H=1.7m$)

模拟结果表明,$10\times10^4 m^3$ 原油储罐全表面火灾蔓延非常迅速,在稳定燃烧时,火焰的高温区域主要集中在火焰下方,随着高度的增加而明显减小,并且随着风速的增大,火焰的温度越来越低,高温区域也逐步缩减;在稳定燃烧过程中,风速对热辐射传播的影响作用随距离增加呈减小趋势,在罐顶高度(21m)平面上,火焰热辐射强度随距离增大而呈指数衰减,衰减速度随距离增大逐渐减缓;在高度为1.7m的平面上,下风向30m以内的热辐射强度随距离的增大而近似呈倍数上升,在40m以外的目标物所接受的热辐射强度逐渐降低。

12.4 结论

为防止事故发生时高温火焰环境下储罐内物料过热而迅速气化导致罐内超压、破裂所引起的二次伤害,应采用水冷却周围储罐外壁,降低罐内温度。同时在泄压装置设计方面应考虑到事故状态下泄压装置的动作时间,避免动作时间过缓而导致储罐破裂。此外,为了防止发生池火灾,防止因池面积的扩大而导致灾害的扩大,应根据储罐容积来设计事故状态下防护堤的半径和高度。火源是引起火灾、爆炸的一个重要因素,应采取措施消除和控制火源。设计罐区与周围办公、住宅等建筑物距离时,在满足防火防爆间距要求的同时,还应考虑根据罐区储量估算的爆炸冲击波或火灾热辐射所导致的各种破坏、伤害半径的大小,以减少突发事故对罐区外人员、建筑物造成的伤害和破坏。

参 考 文 献

[1] 林柏泉,张景林. 安全系统工程. 北京:中国劳动社会保障出版社,2009.
[2] 沈斐敏. 安全系统工程理论与应用. 北京:煤炭工业出版社,2001.
[3] 徐志胜. 安全系统工程. 北京:机械工业出版社,2007.
[4] 李美庆. 安全评价员实用手册. 北京:化学工业出版社,2007.
[5] 安全评价通则:AQ 8001—2007.
[6] 生产过程危险和有害因素分类与代码:GB/T 13861—2009.
[7] 于晓东. 真空管道运输系统危险因素辨识及评价. 成都:西南交通大学,2006.
[8] 尤秋菊,朱伟,白永强,等. 北京市燃气管网危险因素的事故树分析. 油气储运,2009, 28(9):27-30.
[9] 狄彦,帅健,王晓霖,等. 油气管道事故原因分析及分类方法研究. 中国安全科学学报, 2013(7):109-115.
[10] 梁永宽,杨馥铭,尹哲祺,等. 油气管道事故统计与风险分析. 油气储运,2017(4): 472-476.
[11] 黄萍,徐晶晶,赖永生,等. 基于HFACS和AHP的油气管道泄漏爆炸事故人因分析. 安全与环境工程,2016(6):114-118.
[12] 王晓波,李诗赞,代雪云,等. 基于事故树与贝叶斯网络的管道泄漏事故溯源方法. 油气储运,2017(9):1013-1018.
[13] SHAHRIAR A, SADIQ R, TESFAMARIAM S. Risk analysis for oil & gas pipelines: A sustainability assessment approach using fuzzy based bow-tie analysis. Journal of Loss Prevention in the Process Industries, 2012,25(3):505-523.
[14] LU L, LIANG W, ZHANG L, et al. A comprehensive risk evaluation method for natural gas pipelines by combining a risk matrix with a bow tie model. Journal of Natural Gas Science and Engineering, 2016(25):124-133.
[15] 武胜男,樊建春,张来斌. 基于屏障模型的海上钻完井作业风险分析. 中国安全科学学报,2012(11):93-100.
[16] 原文娟. 基于屏障的在役海底管道量化风险评价技术研究. 北京:中国地质大学(北京),2014.
[17] 狄莎莎. 城镇油气管道风险评价指标体系研究. 北京:中国地质大学(北京),2017.
[18] 蔡良君. 基于模糊层次分析法的管道风险因素权重分析. 天然气与石油,2010,28(2): 1-3.
[19] Muhlbauer W K. Pipeline Risk Management Manual. 2nd Ed. Houston:Gulf Publishing Company, 1996.
[20] Muhlbauer W K. Pipeline Risk Management Manual. 3rd Ed. Houston:Gulf Publishing Company, 2004.
[21] 付建华,王毅辉,李又绿,等. 油气管道全生命周期安全环境风险管理. 天然气工业, 2013,33(12):138-143.
[22] 董玉华,高惠临,周敬恩,等. 长输管线失效状况模糊事故树分析方法. 石油学报, 2002(4):85-89.

[23] 郑贤斌,陈国明.基于FTA油气长输管道失效的模糊综合评价方法研究.系统工程理论与实践,2005,25(2):139-144.
[24] 胡翀,刘书海,王德国,等.基于变权综合理论的天然气管道动态风险评价.中国安全科学学报,2012,22(7):82-88.
[25] 全恺,梁伟,张来斌,等.基于故障树与贝叶斯网络的川气东送管道风险分析.油气储运,2017(9):1001-1006.
[26] GUO Y B, MENG X L, MENG T, et al. A novel method of risk assessment based on cloud inference for natural gas pipelines. Journal of Natural Gas Science and Engineering, 2016(30):421-429.
[27] EL-ABBASY M S, SENOUCI A, ZAYED T, et al. Artificial neural network models for predicting condition of offshore oil and gas pipelines. Automation in Construction, 2014(45):50-65.
[28] SEO J K, CUI Y S, MOHD M H, et al. A risk based inspection planning method for corroded subsea pipelines. Ocean Engineering, 2015(109):539-552.
[29] WU J S, ZHOU R, XU S D, et al. Probabilistic analysis of natural gas pipeline network accident based on Bayesian network. Journal of Loss Prevention in the Process Industries, 2017(46):126-136.
[30] WANG W H, SHEN K L, WANG B B, et al. Failure probability analysis of the urban buried gas pipelines using Bayesian networks. Process Safety and Environmental Protection, 2017:678-686.
[31] 赵忠刚,姚安林,赵学芬.油气管道风险分析的质量评价研究.安全与环境学报,2005(5):28-32.
[32] 郝永梅,邢志祥,沈明,等.基于贝叶斯网络的城市燃气管道安全失效概率.油气储运,2012(4):270-273.
[33] 王春雪,吕淑然.城市燃气管道泄漏致灾混合概率风险评价研究.中国安全科学学报,2016(12):146-151.
[34] GUO YB, MENG X L, WANG D, et al. Comprehensive risk evaluation of long distance oil and gas transportation pipelines using a fuzzy Petri net model. Journal of Natural Gas Science and Engineering, 2016(33):18-29.
[35] 张文艳,姚安林,李又绿,等.埋地燃气管道风险程度的多层次模糊评价方法.中国安全科学学报,2006(8):32-36.
[36] 马欣,梁政.一种长输管道风险因素综合分析方法.天然气工业,2007(2):117-118.
[37] 黄小美,李百战,彭世尼,等.基于层次分析和模糊综合评判的管道风险评价.煤气与热力,2008(2):13-18.
[38] 俞树荣,杨慧来,李淑欣.基于模糊层次分析法的长输管道风险分析.兰州理工大学学报,2009(2):58-61.
[39] 魏东吼,郑贤斌.基于SCGM的管道模糊风险分析方法.油气储运,2009(12):31-34.
[40] 曹涛,张华兵,周利剑,等.基于模糊层次分析法的管道第三方破坏风险评价.油气储运,2012(2):99-102.
[41] 刘诗飞,詹予忠.重大危险源辨识及危害后果分析.北京:化学工业出版社,2004.

[42] 邵辉. 系统安全分析. 北京:石油工业出版社,2008.
[43] 刘诗飞,姜威. 重大危险源辨识与控制. 北京:化学工业出版社,2004.
[44] 朱建成. 油库事故理论与分析. 北京:中国石化出版社,2013.
[45] 吴宗之,等. 危险评价方法及其应用. 北京:冶金工业出版社,2001.
[46] 曲文晶,张来斌,马庆春. 液化石油气球罐泄漏扩散的数值模拟. 安全与环境工程,2012(4):119-124.
[47] 王起全,徐德蜀,等. 安全评价操作实务、方法实例模板标准. 北京:气象出版社,2009.
[48] 刘诗飞,姜威,等. 重大危险源辨识与控制. 北京:冶金工业出版社,2012.
[49] 田宏,张福群,等. 安全系统工程. 北京:中国质检出版社,2014.
[50] THOMAS P H. The size of flames from natural fires. London:9th Symposium on Combustion, Academic Press,1963:76-78.
[51] 国家安全生产监督总局. 安全评价. 北京:煤炭工业出版社,2005.
[52] 张乃禄,刘灿. 安全评价技术. 西安:西安电子科技大学出版社,2007.
[53] 董立斋,巩长春. 工业安全评价理论和方法. 北京:机械工业出版社,1988.
[54] 金龙哲,宋存义. 安全科学管理. 北京:化学工业出版社,2004.
[55] 徐德蜀,王起全. 健康、安全、环境管理体系. 北京:化学工业出版社,2006.
[56] 魏新利,李慧萍. 工业生产过程安全评价. 北京:化学工业出版社,2004.
[57] 江汉石油管理局采油工艺研究所. 封隔器理论基础与应用. 北京:石油工业出版社,1983.
[58] 李英,黎文才,崔绍江,等. Y241高压挤注封隔器的研制与应用. 石油矿场机械,2009,37(9):173-174.
[59] 李海. 钻井作业HSE风险管理研究. 西南石油大学学报(社会科学版),2011,6(13):14-16.
[60] 华东石油学院矿机教研室. 石油钻采机械. 2版. 北京:石油工业出版社,1982.
[61] 李校侃,张守军. 钻井生产中的风险管理. 中国高新技术企业,2011(3):128-129.
[62] 王瑞勤. 风险分析:钻井作业实施HSE管理的核心. 安全、健康和环境,2003(6).
[63] 徐永莉. 输油管道泄漏爆炸造成多人伤亡事故树分析. 现代工业和信息化,2015.
[64] 杨筱蘅. 输油管道设计与管理. 东营:中国石油大学出版社,2006.
[65] 杨筱蘅. 油气管道安全工程. 北京:中国石化出版社,2005.
[66] 郑津洋,马夏康,等. 长输管道安全风险辨识、评价、控制. 北京:化学工业出版社,2004.
[67] 张乃禄,肖荣鸽. 油气储运安全技术. 西安:西安电子科技大学出版社,2013.
[68] 朱微,闫晓双,宋云娇. 输油管道风险分析与辨识. 中小企业管理与科技,2015(10):149-150.
[69] 吴兵,陈娟. 输油管道工程的安全性分析. 石油化工腐蚀与防护,2008,25(2):24-26.
[70] 杨杰,王建华,等. 埋地输油管道杂散电流腐蚀故障树分析. 后勤工程学院学报,2012,28(6):39-44.
[71] 母元江,王丰. 油库安全系统工程. 北京:中国石化出版社,2007.
[72] 杨莉. 长输油气管道故障树分析的定量风险评价方法研究. 兰州:兰州理工大学,2006.
[73] 潘永东. 陆上油(气)田油气集输系统安全风险与控制. 北京:中国石化出版社,2009.
[74] 汪跃龙. 石油安全工程. 西安:西北工业大学出版社,2015.

[75] 张斌,赵东风,周乐平,等. HAZOP 分析技术改进研究. 中国安全科学学报,2007, 17(10):160-164.

[76] 赵文芳,姜春明,姜巍巍,等. HAZOP 分析核心技术. 安全、健康和环境,2005, 5(3):1-3.

[77] 王光辉,陈晓春,王志恒,等. 6万吨/年表面活性剂生产装置的 HAZOP 风险评价研究. 北京:北京化工大学,2009.

[78] 张景林,等. 安全评价基础. 北京:兵器工业出版社,1991.

[79] 张国顺,等. 危险源评估与安全理论生产保障体系. 北京:兵器工业出版社,1999.

[80] 马庆春,李海宽,曲文晶,等. 球罐区危险与可操作性分析. CIPC2011 中国国际石油天然气管道会议,河北廊坊,2011.

[81] 肖爱民,等. 安全系统工程学. 北京:中国劳动出版社,1992.

[82] 马庆春,张继旺,张来斌. 基于 FAHP-FCE 模型的加油站安全评析. 安全,2014(6): 18-21,26.

[83] 刘伟. 加油站事故统计与致因分析. 安全,2009(3):15-18.

[84] 张乃禄. 安全评价技术. 3 版. 西安:西安电子科技大学出版社,2016.

[85] 周维,叶义成. 矩阵方法在单因素模糊综合评价中的应用. 中国水运(学术版),2007 (10):202-203,228.

[86] 王金亮,陈全. 模糊层次综合分析法在油库安全评价中的应用. 安防科技,2011(4): 57-60.

[87] 于群,刘畅,等. 浅谈 FDS 火灾模拟及应用. 水利与建筑工程学报,2008,6(4): 124-126.

[88] ZHANG M, SONG W H, WANG J, et al. Accident consequence simulation analysis of pool fire in fire dike. Procedia Engineering, 2014, 84(1):565-577.

[89] 张璐. 大型储罐全表面火灾计算模型及风险区域研究. 北京:中国石油大学(北京),2016.